René Guénon

Estudios sobre la Francmasonería y el Compañerazgo

Tomo I y II

OmniaVeritas

René Guénon
(1886-1951)

Estudios sobre la Francmasonería
y el Compañerazgo
Tomo I y II
1964 y 1965

Título original: *"Études sur la Franc-maçonnerie*
et le Compagnonnage"

Primera publicación en 1964 - Paris,
Éditions Traditionnelles

Publicado por
Omnia Veritas Ltd

ℴMNIA VERITAS

www.omnia-veritas.com

TOMO I

René Guénon

René Guénon

Capítulo I

¿COLONIA O ESTRASBURGO?

Publicado originalmente en "Voile d´Isis", enero-febrero de 1927.

L a cuestión que ha sido considerada en el número de octubre de 1926 del *"Voile d´Isis"* debe, nos parece, dividirse en dos: una cuestión de orden histórico y una cuestión de orden simbólico; y la divergencia señalada no alcanza, en suma, más que al primero de los dos puntos de vista. Por otro lado, la contradicción puede que no sea más que aparente: si la catedral de Estraburgo es el centro oficial de cierto rito "compañeril", la de Colonia ¿no sería igualmente el centro de otro rito? ¿Y no habría, precisamente por esta razón, dos títulos masónicos distintos, uno datado en Estrasburgo y el otro en Colonia, lo que podría haber dado lugar a una confusión? Sería algo a verificar, y habría que saber también si esas dos cartas llevan la misma fecha o fechas diferentes. El asunto es interesante sobre todo desde el punto de vista histórico; éste no es para nosotros el más importante, pero tampoco carece de valor, porque está ligado en cierto modo al punto de vista simbólico mismo: no es, en efecto, arbitrariamente como tal o cual lugar ha sido escogido como centro por organizaciones como aquellas de las que tratamos.

Como quiera que sea, estamos totalmente de acuerdo con el Sr. Albert Bernet, cuando dice que el "punto sensible" debe existir en todas las catedrales que han sido construidas según las reglas verdaderas del arte, y también cuando declara que "hace falta utilizarlo sobre todo desde el punto de vista simbólico". Hay, a tal respecto, un parangón curioso que hacer: Wronski afirmaba que hay en todo cuerpo un punto tal que, si es alcanzado, el cuerpo entero es desagregado por ahí mismo inmediatamente, volatilizado en cierto modo, quedando disociadas todas sus moléculas; y él pretendía haber encontrado el medio de determinar por el cálculo la posición de ese centro de cohesión. ¿No es ésta, sobre todo si es considerada simbólicamente como pensamos nosotros que debe hacerse, la misma cosa exactamente que el "punto sensible" de las catedrales?

La cuestión, en su forma más general, es aquella de lo que podría denominar el "nudo vital" existente en todo compuesto, como punto de unión de sus elementos constitutivos. La catedral construida según las reglas forma un verdadero conjunto orgánico, y por ello tiene, también ella, un "nudo vital". El problema vinculado con este punto es el mismo que aquel que expresaba, en la antigüedad, el famoso símbolo del "nudo gordiano"; pero, sin duda, los Masones modernos quedarían bien sorprendidos si se les dijera que su espada puede desempeñar ritualmente, a este respecto, la misma función que la de Alejandro...

Se puede decir aún que la solución efectiva del problema en cuestión atañe al "poder de las llaves" (*potestas ligandi et solvendi*) entendido en su significación hermética, o, lo que viene a ser lo mismo, que ella corresponde a la segunda fase del *solve et coagula* de los alquimistas. No hay que olvidar que, como señalamos en el artículo de "Regnabit" al cual se refiere el Sr. Paul Redonel, *Janus*, que era entre los Romanos el dios de la iniciación a los Misterios, era al mismo tiempo el patrón de los *Collegia fabrorum*, de las corporaciones de artesanos que se han continuado a través de toda la Edad Media y, por el Compañerazgo, hasta los tiempos modernos; pero bien poco numerosos son sin duda los que, hoy en día, comprenden aún algo del simbolismo profundo de la "Logia de San Juan".

Capítulo II

ACERCA DE LOS CONSTRUCTORES
DE LA EDAD MEDIA

Publicado originalmente en "Le Voile d'Isis", en el n° de enero-febrero de 1927
y retomado en "Études Traditionnelles", n° 486, octubre a diciembre de 1984.

U n artículo de Armand Bédarride, aparecido en "Le Symbolisme" del mayo último, y al cual hemos ya hecho alusión en nuestra crónica de revistas, nos parece susceptible de dar lugar a algunas reflexiones útiles. Este artículo, titulado "Los Ideales de nuestros Precursores", concierne a las corporaciones de la Edad Media consideradas como habiendo transmitido algo de su espíritu y de sus tradiciones a la Masonería moderna.

Notemos primero, a este propósito, que la distinción entre "Masonería operativa" y "Masonería especulativa" nos parece que debe tomarse en muy distinto sentido del que se le atribuye de ordinario. En efecto, lo más habitual es imaginar que los Masones "operativos" no eran más que simples obreros o artesanos, y nada más, y que el simbolismo de significaciones más o menos profundas no habría llegado sino bastante tardíamente, tras la introducción, en las organizaciones corporativas, de personas extrañas al arte de construir. Por otra parte, no es esa la opinión de Bédarride, que cita un número bastante grande de ejemplos, especialmente en los monumentos religiosos, de figuras cuyo carácter simbólico es incontestable; él habla en particular de las dos columnas de la catedral de Würtzbourg, "que prueban, dice él, que los Masones constructores del siglo XIV practicaban un simbolismo filosófico", lo que es exacto, a condición, evidentemente, de entenderlo en el sentido de "filosofía hermética", y no en la acepción corriente según la que no se trataría más que de la filosofía profana, la cual, por lo demás, nunca ha hecho el menor uso de un simbolismo cualquiera. Podrían multiplicarse los ejemplos indefinidamente; el plano mismo de las catedrales es eminentemente simbólico, como ya hemos hecho observar en otras ocasiones; lo que hay que añadir también es que, entre los símbolos usados en la Edad Media, además de aquellos de los cuales los Masones modernos han conservado el recuerdo aun no comprendiendo ya apenas su significado, hay muchos otros de los que ellos no tienen la menor idea[1].

Hace falta, en nuestra opinión, oponerse de alguna forma a la opinión corriente, y considerar a la "Masonería especulativa" como no siendo, desde muchos puntos de vista, más que una degeneración de la "Masonería operativa". Esta última, en efecto, era verdaderamente completa en su orden, poseyendo a la vez la teoría y la práctica correspondiente, y su designación puede, en este aspecto, ser entendida como una alusión a las "operaciones" del "arte sagrado", del cual la construcción según las reglas tradicionales era una de las

---

[1] Hemos tenido últimamente la ocasión de señalar, en la catedral de Estrasburgo y sobre otros edificios de Alsacia, un número bastante grande de marcas de talladores de piedra, datando de épocas diversas, desde el siglo XII hasta principios del XVII; entre esas marcas, las hay muy curiosas, y hemos encontrado especialmente la esvástica, a la cual Bédarride hace alusión, en uno de los capiteles de Estrasburgo.

aplicaciones. En cuanto a la "Masonería especulativa", que nació en un momento en el cual las corporaciones constructivas estaban en plena decadencia, su nombre indica bastante claramente que ella está confinada en la especulación pura y simple, es decir, en una teoría sin realización; sin duda, sería confundirse de la manera más extraña viendo eso como un "progreso". Si aún no hubiera habido ahí más que un aminoramiento, el mal no sería tan grande como lo es en realidad; pero, como hemos ya dicho en diversas ocasiones, ha habido además una verdadera desviación a principios del siglo XVIII, cuando la constitución de la Gran Logia de Inglaterra, que fue el punto de partida de toda la Masonería moderna. No insistiremos más por el momento, pero hemos de destacar que si se quiere comprender verdaderamente el espíritu de los constructores de la Edad Media, tales observaciones son de todo punto esenciales; de otra forma, uno se haría una idea falsa o al menos muy incompleta.

Otra idea que no es menos importante rectificar, es aquella según la cual el empleo de las formas simbólicas habría sido simplemente impuesto por razones de prudencia. Que esas razones hayan existido a veces, no lo contestamos, pero ese no es sino el lado más exterior y el menos interesante de la cuestión; nosotros lo hemos dicho a propósito de Dante y de los "Fieles de Amor"[2], y podemos repetirlo en lo que concierne a las corporaciones de constructores, tanto más cuanto que ha debido haber lazos bastante estrechos entre todas esas organizaciones, de carácter en apariencia tan diferente, pero que participaban todas en los mismos conocimientos tradicionales[3].

---

[2] Ver el "Voile d' Isis" de febrero de 1929. (Actualmente, capítulo IV de *Aperçus sur l'esoterisme chrétien*.

[3] Los Compañeros del "Rito de Salomón" han conservado hasta nuestros días el recuerdo de su conexión con la Orden del Temple.

Ahora bien, el simbolismo es precisamente el modo de expresión normal de los conocimientos de este orden; tal es su verdadera razón de ser, y ello en todos los tiempos y en todos los países, incluso en los casos en los que no era cuestión de disimular lo que fuese, y muy simplemente porque hay cosas que, por su naturaleza misma, no pueden expresarse sino de esta forma.

La equivocación que se comete demasiado frecuentemente al respecto, y de la cual encontramos hasta cierto punto el eco en el artículo de Bédarride, nos parece deberse a dos motivos principales, de los cuales el primero es que, generalmente, se concibe bastante mal lo que era el Catolicismo en la Edad Media. Sería preciso no olvidar que, así como hay un esoterismo musulmán, había también en esa época un esoterismo católico, queremos decir un esoterismo que tomaba su base y su punto de apoyo en los símbolos y los ritos de la religión católica, y superponiéndose a ésta sin oponerse en modo alguno; no es dudoso que ciertas Ordenes religiosas estuvieron muy lejos de ser extrañas a ese esoterismo. Si la tendencia de la mayor parte de los católicos actuales es negar la existencia de esas cosas, ello prueba solamente que ellos no están mejor informados al respecto que el resto de nuestros contemporáneos.

El segundo motivo del error que señalamos, es que se imagina que lo que se oculta bajo los símbolos, son casi únicamente concepciones sociales o políticas[4]; se trata de muy otra cosa que de eso en realidad. Las concepciones de este orden no podían tener, a los ojos de los que poseían ciertos conocimientos, más que una importancia en suma muy secundaria, la de una aplicación posible entre muchas otras;

---

[4] Esta manera de ver es en gran parte la de Aroux y de Rosetti, en lo que concierne a la interpretación de Dante, y se la encuentra también en muchos pasajes de la *Historia de la Magia* de Eliphas Lévi.

añadiremos incluso que, por todas partes donde han llegado a tomar un lugar demasiado grande y a devenir predominantes, han sido invariablemente una causa de degeneración y de desviación[5]. ¿No es ello precisamente, lo que ha hecho perder a la Masonería moderna la comprehensión de lo que ella conserva aún del antiguo simbolismo y de las tradiciones de las cuales, a pesar de todas sus insuficiencias, parece ser, es preciso decirlo, la única heredera en el mundo occidental actual?

Si se nos objeta, como prueba de las preocupaciones sociales de los constructores, las figuras satíricas y más o menos licenciosas que se encuentran a veces en sus obras, la respuesta es bien simple: esas figuras están sobre todo destinadas a despistar a los profanos, que se detienen en la apariencia exterior y no ven más que lo que ella disimula de más profundo. Hay algo ahí que está además lejos de ser particular de los constructores; ciertos escritores, como Boccacio, Rabelais sobre todo y muchos otros aún, han adoptado la misma máscara y usado del mismo procedimiento. Hay que creer que esta estratagema ha sido eficaz, puesto que, en nuestros días aún, y sin duda más que nunca, los profanos se enredan ahí.

Si se quiere ir al fondo de las cosas, hay que ver en el simbolismo de los constructores la expresión de ciertas ciencias tradicionales, relacionadas con lo que se puede, de modo general, designar por el nombre de "hermetismo". Solamente, que no habría que creer, puesto que hablamos aquí de "ciencias", que se trata de algo comparable a la ciencia profana, única conocida por casi todos los modernos; parece que una asimilación de este género, se haya formado en el espíritu de

---

[5] El ejemplo de ciertas organizaciones musulmanas, en las cuales preocupaciones políticas han sofocado en cierto modo la espiritualidad original, es muy nítido a este respecto.

Bédarride, que habla de "la forma cambiante de los conocimientos positivos de la ciencia", lo que se aplica propia y exclusivamente a la ciencia profana, y que, tomando literalmente unas imágenes puramente simbólicas, cree descubrir ahí ideas "evolucionistas" e incluso "transformistas", ideas que están en contradicción absoluta con todo dato tradicional. Hemos desarrollado largamente, en varias de nuestras obras, la distinción esencial de la ciencia sagrada o tradicional y de la ciencia profana; no podemos ni soñar en reproducir aquí todas esas consideraciones, pero al menos hemos juzgado como bueno el atraer la atención una vez más sobre este punto capital.

No añadiremos más que algunas palabras para concluir: no es sin razón que Janus, entre los Romanos, era a la vez el dios de la iniciación a los misterios y el dios de las corporaciones de artesanos; tampoco es por nada que los constructores de la Edad Media conservaran las dos fiestas solsticiales de ese mismo Janus, devenidas con el Cristianismo, los dos san Juan de invierno y de verano: y, cuando se conoce la conexión de San Juan con la vertiente esotérica del Cristianismo, ¿no se ve inmediatamente que, con otra adaptación requerida por las circunstancias y por las "leyes cíclicas", es siempre de la misma iniciación a los misterios de lo que se trata efectivamente?

Capítulo III

UN PROYECTO DE JOSEPH DE MAISTRE
PARA LA UNIÓN DE LOS PUEBLOS

Publicado originalmente en "Vers l'Unité", marzo de 1927.

E mile Dermenghem, a quien ya debíamos un notable estudio sobre *Joseph de Maistre mystique*, ha publicado un manuscrito inédito del mismo autor. Se trata de un memorial dirigido en 1782 al duque Ferdinand de Brunswick (*Eques a Victoria*), Gran Maestre del Régimen Escocés Rectificado, con ocasión de celebrarse la Asamblea General Masónica de Wilhelmsbad. El duque, deseoso de "instaurar el orden y la sabiduría en la anarquía masónica", había dirigido en septiembre de 1780 el siguiente cuestionario a todas las Logias de su obediencia:

"1º ¿ha tenido la Orden por origen una sociedad antigua, y cuál fue tal sociedad? 2º ¿Existen realmente los Superiores Incógnitos, y quiénes son? 3º ¿Cuál es la verdadera finalidad de la Orden? 4º Dicha finalidad ¿es la restauración de la Orden de los Templarios? 5º ¿De qué modo deben organizarse el ceremonial y los ritos para que sean lo más perfectos posible? 6º ¿Debe la Orden ocuparse de las ciencias secretas?" Para responder a dichas cuestiones Joseph de Maistre compuso un memorial particular, aparte de la respuesta colectiva de la Logia "La Perfecta Sinceridad" de Chambéry a la que pertenecía, y donde en su carácter de "Gran Profeso" o miembro del más alto grado del Régimen Rectificado (con el nombre de *Eques a Floribus*) se proponía expresar "los puntos de vista de algunos Hermanos más acertados que otros, que parecían destinados a contemplar verdades de orden superior". Este memorial, como dice E. Dermenghem, es asimismo "la primera obra importante que haya surgido de su pluma".

Joseph de Maistre no admite el origen templario de la Masonería, y aún desconocería el real interés de la cuestión. Llega incluso a escribir: "Qué le importa al universo la destrucción de la Orden del Temple?" Sin embargo, este hecho es por el contrario muy importante, ya que a partir de allí se produce la ruptura de Occidente con su propia tradición iniciática, ruptura que constituye verdaderamente la causa primera de toda la desviación intelectual del mundo moderno. En efecto, tal desviación se remonta más allá del Renacimiento, el cual sólo constituyó una de sus principales etapas, y deberá llegarse hasta el siglo XIV para localizar su comienzo. Joseph de Maistre, que no poseía en ese entonces más que un conocimiento superficial de las cosas del Medioevo, ignoraba cuáles habían sido los medios por los cuales se trasmitió la doctrina iniciática y quiénes fueron los representantes de la verdadera jerarquía espiritual. Pero al menos no dejaba de aceptar claramente la existencia de ambos, lo que ya es mucho, visto y considerando cuál era a fines del siglo XVIII la situación de las múltiples organizaciones masónicas, incluso de aquellas que pretendían proporcionar a sus miembros una iniciación real, y no se limitaban a un formalismo totalmente exterior. Todas intentaban vincularse a algo cuya exacta naturaleza les era totalmente desconocida: reencontrar una tradición cuyos signos estaban todavía por doquier, pero cuyo principio se había perdido. Ninguna poseía ya los "verdaderos caracteres" como se decía en la época, y la

Asamblea General de Wilhelmsbad fue una tentativa de restablecer el orden en medio del caos de los Ritos y de los grados. "Ciertamente, decía J. De Maistre, la Orden no pudo haber comenzado por lo que vemos ahora. Todo indica que la Francmasonería vulgar es una rama desprendida, y posiblemente corrompida, de un tronco antiguo y respetable". Esta es la estricta verdad, pero ¿cómo saber cuál fue el tronco? El mismo de Maistre cita un extracto de un libro inglés donde se trata de ciertas cofradías de constructores, y agrega: "Es notable que este tipo de instituciones coincidiera con la destrucción de los Templarios". Tal observación hubiera debido abrirle otros horizontes, y es sorprendente que no lo haya llevado a reflexionar más, en especial porque el simple hecho de haberlo escrito apenas concuerda con lo que precede. Añadamos además que este asunto no concierne sino a uno de los aspectos de la tan compleja cuestión de los orígenes de la Masonería.

Otro aspecto de la misma cuestión está representado por los intentos de vincular a la Masonería con los Misterios antiguos: "Los más sabios Hermanos de nuestro Régimen piensan que hay serios motivos para creer que la verdadera Masonería no es sino la *Ciencia del Hombre* por excelencia, es decir, el conocimiento de su origen y destino. Algunos añaden que tal Ciencia no difiere esencialmente de la antigua iniciación griega o egipcia". Joseph de Maistre objeta que es imposible saber exactamente lo que fueron tales Misterios antiguos, y qué se enseñaba en ellos, y parece tener sólo una idea bastante mediocre de los mismos, lo que es quizá más sorprendente aún que la actitud análoga que tomó con respecto a los Templarios. En efecto, mientras que no vacila en afirmar muy justamente que en todos los pueblos hay "restos de la Tradición primitiva", ¿cómo no advirtió que los Misterios debían tener precisamente como finalidad principal la de conservar el depósito de esa misma Tradición? Y, no obstante, en cierto sentido, admite que la iniciación, de la que es heredera la Masonería, se remonta "a los orígenes de las cosas", al comienzo del mundo. "La verdadera religión tiene mucho más que dieciocho siglos: nació el día en que nacieron los días". También aquí lo que se le escapa son los medios de transmisión, y puede observarse que se adhiere demasiado fácilmente a esa ignorancia: por cierto, no tenía más que veintinueve años al escribir el memorial.

La respuesta que da a otra cuestión prueba además que la iniciación de Joseph De Maistre, a pesar del alto grado que poseía, estaba lejos de ser perfecta, y ¡cuántos otros masones de los grados más altos, en aquel entonces como hoy en día, sabían mucho menos todavía! Nos estamos refiriendo a la cuestión de los "Superiores Incógnitos". He aquí lo que dijo: "¿Tenemos Maestros? No, no los tenemos. La prueba es simple pero decisiva, y es que no los conocemos... ¿Cómo podríamos haber concertado una obligación tácita con Superiores ocultos, si aún cuando se nos hubieran dado a conocer posiblemente nos habrían desencantado, y por eso mismo nos habríamos apartado de ellos?" Evidentemente, no sabía de lo que se trataba, y cuál sería el modo de obrar de los verdaderos "Superiores Incógnitos". En cuanto a que ni siquiera eran conocidos por los mismos jefes de la Masonería, todo lo que prueba es que ya no había una vinculación efectiva con la verdadera jerarquía iniciática, y la actitud de rechazo a reconocer a dichos Superiores debía hacer desaparecer la última posibilidad todavía existente de restablecerla.

La parte más interesante del memorial es sin duda la que contiene la respuesta a las dos últimas preguntas. En primer lugar, destaquemos lo que concierne a las ceremonias. Joseph de Maistre, para quien "la forma es algo grande", no habla sin embargo del carácter simbólico del ritual ni de su alcance iniciático, lo que es una

lamentable laguna. No obstante, insiste sobre lo que podría llamarse el valor práctico del ritual, y lo que dice es una gran verdad psicológica: "Treinta o cuarenta personas, silenciosamente alineadas a lo largo de las paredes de una cámara tapizada de negro o de verde, diferenciadas asimismo por singular ropaje y no hablando sino con permiso, razonarán sabiamente sobre cualquier objeto que se les proponga. Quitad las colgaduras y los hábitos, apagad de nuevo la vela, permitid sólo que se desplacen de los asientos: veréis a esos mismos hombres precipitarse unos sobre otros, dejar de entenderse, hablar de la actualidad y de las mujeres, y el más razonable de toda la sociedad se inmiscuirá en ello aún antes de poder reflexionar en que su actitud es igual a la de los demás... Cuidémonos especialmente de no suprimir el juramento como lo han propuesto algunos, quizá basados en buenas razones, que sin embargo no podemos comprender. Razonaron muy mal los teólogos que quisieron probar que nuestro juramento es ilícito. Es verdad que sólo la autoridad civil puede ordenar y recibir el juramento en los diferentes actos de la sociedad; pero no puede negarse a un ser inteligente el derecho de certificar con un juramento una determinación interior de su libre arbitrio. El soberano no tiene imperio más que sobre los actos. Mi brazo es suyo, mi voluntad es mía".

A continuación, despliega una especie de plan de trabajos para los diferentes grados, donde cada grado debe tener un objetivo particular, y es sobre este tema que queremos insistir más especialmente aquí. En primer lugar, es importante disipar una confusión. Como la división adoptada por Joseph de Maistre no implica más que tres grados, E. Dermenghem cree haber entendido que su intención fue reducir la Masonería a los tres grados simbólicos. Pero tal interpretación es irreconciliable con la constitución misma del Régimen Escocés Rectificado que, esencialmente, es un Rito de altos grados. Dermerghem no percibió que de Maistre escribió "grados o clases", y es verdaderamente de tres clases de lo que aquí se trata, pudiendo cada una subdividirse en varios grados propiamente dichos. Veamos cómo podría establecerse la distribución: la primera clase comprende los tres grados simbólicos; la segunda corresponde a los grados capitulares, el más importante de los cuales, y posiblemente el único que se practicó de hecho en el Régimen Rectificado, es el de Escocés de San Andrés; finalmente, la tercera clase está formada por los tres grados superiores de Novicio, Escudero y Gran Profeso o Caballero Bienhechor de la Ciudad Santa. Lo que contribuye a demostrar aún más que así debe considerarse la cuestión es el hecho de que, hablando de los trabajos de la tercera clase, el autor exclama: "¡Cuán vasto es el panorama que se abre al celo y a la perseverancia de los G.P!". se trata aquí evidentemente de los Grandes Profesos, grado al que pertenecía nuestro autor, y no de los simples Maestros de la "Logia azul". En fin, no se trata aquí de suprimir los altos grados, antes por el contrario, de asignarles finalidades basadas en sus características propias.

La finalidad asignada a la primera clase es en primer término la práctica de la beneficencia, "que debe ser el objetivo *aparente* de toda la Orden". Pero ello no es suficiente, y hay que agregar una segunda finalidad que es ya más intelectual: "No sólo se formará el corazón del Masón en el primer grado, sino que se esclarecerá su espíritu aplicándolo al estudio de la moral y de la política, que es la moral de los Estados. En las logias se discutirá sobre cuestiones interesantes relativas a estas dos ciencias, e incluso se exigirá que cada Hermano presente su opinión por escrito... Pero el gran objetivo de los Hermanos será sobre todo el de procurarse un conocimiento profundo de su patria, de lo que la misma posee y de lo que le falta, de las causas de la zozobra y de los medios de regeneración".

"La segunda clase de la Masonería debería tener como finalidad, según el sistema propuesto, la instrucción de los gobiernos y la reunión de todas las sectas cristianas". En lo que concierne al primer punto, "deberán ocuparse infatigablemente por eliminar los obstáculos de todo tipo, interpuestos por las pasiones, entre la verdad y la audición de la autoridad... Los límites del Estado no podrían limitar esta segunda actividad, y los Hermanos de las diferentes naciones podrían algunas veces, por un fervoroso acuerdo, lograr los mayores bienes". Respecto al segundo objetivo, dice: "¿No sería acaso digno de nosotros proponernos el auge del Cristianismo como uno de los objetivos de nuestra Orden? Tal proyecto constaría de dos partes, puesto que es necesario que cada comunión trabaje para sí y para aproximarse a las demás... Deberán establecerse comités de correspondencia compuestos especialmente por clérigos de diferentes comuniones a los que habremos captado e iniciado. Trabajaremos de forma lenta pero segura. No emprenderemos ninguna conquista que no sea apropiada para perfeccionar la *Gran Obra*... Todo lo que pueda contribuir al progreso de la religión, a la extirpación de las opiniones peligrosas, en una palabra, a elevar el trono de la verdad sobre las ruinas de la superstición y del pirronismo, será de la incumbencia de dicha clase".

Finalmente, la tercera clase tendrá como objetivo lo que Joseph de Maistre denomina el "Cristianismo trascendente", que, para él, es "la revelación de la revelación" y constituye lo esencial de aquellas "ciencias secretas" aludidas en la última pregunta: así se podrá "encontrar la solución de las diversas y penosas dificultades en los conocimientos que poseemos". Y puntualiza en estos términos: "Los hermanos admitidos en la clase superior tendrán como objetivo de sus estudios y sus reflexiones más profundas la investigación de los hechos y los conocimientos metafísicos... Todo es misterio en los dos Testamentos, y los elegidos de una y otra ley no fueron sino *verdaderos iniciados*. Es necesario entonces interrogar a esta venerable Antigüedad, y preguntarle cómo entendía las *alegorías sagradas*. ¿Quién puede ignorar que esta especie de investigaciones nos proporcionarán armas victoriosas contra los escritores modernos que se obstinan en no ver más que el sentido literal de las Escrituras? Ellos ya quedan desautorizados por la expresión *Misterios de la Religión*, expresión que usamos diariamente sin siquiera comprender el sentido. La palabra *misterio* no significaba en principio sino una verdad oculta bajo ciertas figuraciones con las que las revistieron aquellos que las poseían". ¿Es acaso posible afirmar más clara y explícitamente la existencia del esoterismo en general, y del esoterismo cristiano en particular? En apoyo a tal afirmación, el autor aporta varias citas de autores eclesiásticos y judíos tomadas del *Mundo Primitivo* de Court de Gébelin. En este vasto campo de investigación, cada uno podrá encaminarse conforme sus aptitudes: "Que unos se zambullan intrépidamente en los estudios de erudición que puedan multiplicar nuestros títulos y esclarecer aquellos que poseemos. Que otros, cuyo genio apela a las contemplaciones metafísicas, busquen en la misma naturaleza de las cosas las pruebas de nuestra doctrina. Que otros, en fin, (¡y quiera Dios que sean muchos!) nos trasmitan lo que pudieron aprender de ese Espíritu que sopla por donde quiere, como quiere y cuando quiere". Esta llamada a la inspiración directa no es por cierto lo menos notable de cuanto aquí consideramos.

Este proyecto jamás fue aplicado, y ni siquiera se sabe si pudo llegar a conocimiento del duque de Brunswick; y, sin embargo, no es tan quimérico como algunos podrían llegar a pensar; por el contrario, lo consideramos muy apropiado para suscitar reflexiones interesantes, tanto hoy como en la época para la cual fue pensado, y ése es el motivo por el cual hemos considerado oportuno reproducir extensos párrafos. En suma, la idea general que se desprende de ellos podría formularse de la siguiente manera: sin pretender de ningún modo negar o suprimir las diferencias y particularidades nacionales, de las que por el contrario, y a pesar de lo que pretenden los actuales internacionalistas, se debe tomar conciencia en primer término tan profundamente como sea posible, se trata de restaurar la unidad, supranacional más bien que internacional, de la antigua Cristiandad, unidad destruida por las múltiples sectas que han "desgarrado la ropa sin costura", para de allí elevarse hasta la universalidad, realizando el Catolicismo en el verdadero sentido de la palabra, en el sentido en que igualmente lo entendía Wronski, para quien dicho Catolicismo no habría de tener existencia plenamente efectiva hasta haber llegado a integrar las tradiciones contenidas en los libros sagrados de todos los pueblos. Es esencial observar que la unión tal como la consideraba Joseph de Maistre debería realizarse ante todo en el orden puramente intelectual. Esto mismo es lo que por nuestra parte siempre hemos afirmado, ya que pensamos que no puede haber verdadero entendimiento entre los pueblos, sobre todo entre los que pertenecen a diferentes civilizaciones, si no se fundamenta sobre los principios, en el sentido propio de la palabra. Sin esta base estrictamente doctrinal nada sólido podrá construirse: todas las combinaciones políticas y económicas serán siempre impotentes a este respecto, tanto como las consideraciones sentimentales, mientras que si se realiza el acuerdo sobre los principios, el entendimiento en los demás dominios deberá producirse necesariamente.

Sin duda, la Masonería de fines del siglo XVIII ya no tenía en sí misma lo que le hacía falta para cumplir esta "Gran Obra", de la cual ciertas condiciones muy probablemente se le escaparon al propio Joseph de Maistre; ¿quiere esto decir que semejante plan no podrá jamás intentarse otra vez, de una u otra forma, por alguna organización que posea un carácter verdaderamente iniciático y que posea el "hilo de Ariadna" que le permitiría guiarse en el laberinto de las innumerables formas que velan la Tradición única, y volver finalmente a reencontrar la "Palabra perdida" y hacer surgir "la Luz de las Tinieblas, el Orden del Caos"? No queremos de ningún modo prejuzgar el futuro, pero hay ciertos signos que permiten pensar que, a pesar de las desfavorables apariencias del mundo actual, posiblemente no sea totalmente imposible. Y terminaremos citando una frase un tanto profética de Joseph de Maistre pronunciada en la segunda de las *Veladas de San Petersburgo*: "Debemos aprestarnos para un acontecimiento inmenso en el orden divino, hacia el cual marchamos con una tan acelerada velocidad que sorprenderá a todos los observadores. Temibles oráculos ya anuncian que *los tiempos han llegado*".

Capítulo IV

EL COMPAÑERAZGO Y LOS GITANOS

Publicado en el "Voile d'Isis", octubre de 1928, París.

E n un artículo de G. Milcent publicado en el periódico "Le Compagnonnage" de mayo de 1926 y reproducido en el "Voile d'Isis" de noviembre de 1927, hemos anotado esta frase: "Lo que me sorprendió, y me volvió también un poco escéptico, fue que el C.·. Bernet dice que él preside anualmente la elección del Rey de los Gitanos en Saintes-Maries-de-la-Mer". Habíamos advertido hace tiempo dicha observación pero no habíamos querido levantar la cuestión. Ahora que ha sido presentada así públicamente, no tenemos ninguna razón para no decir algunas palabras tanto más cuanto que ello podría contribuir a aclarar algunos puntos no carentes de interés.

En primer lugar, no es un Rey al que eligen los Gitanos, sino a una Reina, y en segundo lugar la elección no se repite todos los años. Lo que sí se realiza anualmente es la reunión, con o sin elección, de los Gitanos en la cripta de Saintes-Maries de la Mer. Por otra parte es muy posible que algunos, sin pertenecer a la raza gitana, sean admitidos a esta reunión y a los ritos que allí se desarrollan, en razón de sus cualidades o de sus funciones. Pero en lo que respecta a "presidirla" es ya otro asunto, y lo menos que podemos decir es que nos parece inverosímil. Pero como la citada afirmación apareció la primera vez en una entrevista publicada hace tiempo por el "*Intransigeant*", queremos creer que las inexactitudes que contiene deban simplemente imputarse al periodista, quien, como suele suceder, habrá "reforzado" la nota para despertar la curiosidad del público, tan ignorante como el periodista en lo que se refiere a estas cuestiones, y, por tanto, incapaz de percibir sus errores. Así que no pensamos insistir sobre el tema más de lo necesario: el verdadero interés reside en la cuestión más genérica de las relaciones que puedan existir entre los Gitanos y las organizaciones del Compañerazgo.

Milcent, en su artículo, prosigue diciendo "que los Gitanos practican el rito judío, y que podrían existir relaciones con los CC∴ canteros "Extranjeros del Deber de la Libertad". La primera parte de esta afirmación nos parece que contiene una inexactitud o al menos un equívoco: es cierto que la Reina de los Gitanos porta el nombre, o mejor el título, de Sarah, nombre también de la santa que reconocen como patrona y cuyo cuerpo descansa en la cripta de Saintes-Maries. Es cierto también que dicho título, forma femenina de *Sar*, es hebreo y significa "princesa". ¿Pero es esto suficiente como para hablar de un "rito judío"? El Judaísmo pertenece a un pueblo cuya religión es estrechamente solidaria de la raza; ahora bien, los Gitanos, cualquiera que pudiese ser su origen, nada tienen en común con la raza judía. Sin embargo ¿no sería posible que existieran a pesar de todo relaciones debidas a afinidades de carácter más misterioso?

Cuando se habla de los Gitanos es indispensable hacer una distinción demasiado frecuentemente olvidada: hay en realidad dos tipos de Gitanos que parecen ser absolutamente extraños entre sí, y que inclusive llegan a tratarse como enemigos; no tienen las mismas características étnicas, ni hablan la misma lengua, ni ejercen los mismos oficios. Por un lado están los Gitanos orientales o Zíngaros que son principalmente domadores de osos y caldereros; por otro lado están los Gitanos meridionales o Gitanos propiamente dichos[6], llamados "Caraques" en la lengua de Oc y en Provenza, y que son casi exclusivamente tratantes de caballos: solamente estos últimos son los que se reúnen en Saintes-Maries. El marqués de Baroncelli-Javon, en un curioso estudio sobre "Los Gitanos de Saintes-Maries de la Mer", indica numerosos rasgos que les son comunes con los Pieles Rojas de América, y no duda, en virtud de esas coincidencias, y también como resultado de la interpretación de sus tradiciones, en atribuirles un origen atlante. Bien que se trata sólo de una hipótesis, de todos modos es digna de tenerse en cuenta. Pero aún cabe una observación que no hemos visto señalada en ninguna parte y que sin embargo es extraordinaria: así como existen dos tipos de Gitanos, también existen dos tipos de Judíos, los *Ashkenazim* y los *Sephardim*, a los cuales podrían aplicarse consideraciones análogas en lo que concierne a las diferencias de rasgos físicos, de lengua, de aptitudes, y que, tampoco ellos, mantienen siempre las relaciones demasiado cordiales, pues cada uno de ellos pretende representar por sí solo el puro Judaísmo, sea en el aspecto racial, sea en el de la tradición. Hay inclusive, con relación a la lengua, una semejanza bastante sorprendente: ni los Judíos ni los Gitanos tienen, a decir verdad, una lengua completa, propia y definitiva, al menos en lo que hace al uso

---

[6] N. del T: El texto francés es el siguiente: "...les Bohémiens meridionels, ou Gitanes". El término "Bohemio" en castellano se interpreta entre otras acepciones como "Gitano". Pero hemos preferido no usarlo por la confusión que podría dar lugar, ya que inclusive Guénon toma "Bohémien" como nombre genérico de ambos tipos de Gitanos, cuando en realidad se aplica propiamente a los Gitanos orientales. Inclusive "Bohemio" en castellano es equivalente a checo, o lengua checa.

corriente. Tanto unos como otros se sirven de la lengua de las regiones en donde viven, entremezclando algunas palabras que les pertenecen, hebreas en el caso de los Judíos, y, en el caso de los Gitanos, palabras que les vienen también de una lengua ancestral de la cual constituyen los últimos restos. Estas semejanzas pueden explicarse considerando la condición de existencia de estos pueblos forzados a vivir dispersos en medio de extranjeros. Pero hay una cosa que no puede explicarse tan fácilmente: y es que las regiones recorridas por los Gitanos orientales y los Gitanos meridionales son precisamente las mismas que habitan respectivamente los Ashkenazis y los Sefardíes; ¿no sería demasiado simple pretender explicar esto como si se tratara de pura coincidencia?

Estas consideraciones nos llevan a pensar que, si bien no hay vínculos étnicos entre ambos pueblos, quizás existan otros que podríamos calificar de tradicionales, sin detenernos más en precisar su naturaleza. Ahora bien, lo dicho nos lleva al tema del epígrafe del cual nos hemos alejado sólo aparentemente: las organizaciones del Compañerazgo, en las cuales evidentemente no cabe el problema étnico, ¿no podrían tener a la vez vínculos de igual tenor, sea con los Judíos, sea con los Gitanos, o inclusive con los dos al mismo tiempo? Por el momento al menos no tenemos intención de explicar el origen y la razón de tales vínculos, pero nos conformaremos con llamar la atención sobre determinados puntos: ¿No están los "Compañeros" divididos en diferentes ritos rivales, y que, frecuentemente se encuentran en relaciones más o menos hostiles? Sus viajes ¿no comportan itinerarios según los ritos y con vinculaciones igualmente diferentes? ¿No cuentan de algún modo con un lenguaje particular, cuya base está formada por la lengua corriente, pero distinguiéndose de ella en que usan términos especiales, tal como sucede en el caso de los Judíos y los Gitanos? ¿Acaso no es cierto que se usa el vocablo "jerga" para distinguir aquel lenguaje convencional usado en ciertas sociedades secretas, y particularmente por el Compañerazgo, tal como los Judíos lo usan para denominar el suyo propio? Y además ¿ no es cierto acaso que en algunas localidades rurales a los Gitanos se les llama "transeúntes", nombre por el cual terminan confundidos con los buhoneros, y que es, como se sabe, una designación que se aplica igualmente a los Compañeros? Y para terminar, la leyenda del "Judío errante" no podría derivar, como muchas otras, originalmente del Compañerazgo?

Podríamos sin lugar a dudas multiplicar estos interrogantes, pero consideramos que los planteados son suficientes, y que investigaciones dirigidas en este sentido podrían arrojar una luz insospechada sobre ciertos enigmas. Quizá podamos volver nuevamente sobre el tema, si fuera necesario, y agregar nuevas consideraciones, complementarias de las actuales, pero por otra parte, los "Compañeros" de hoy ¿se interesan realmente por lo que atañe a sus tradiciones?

Capítulo V

Un nuevo libro sobre la Orden de los Elegidos Cohen

Publicado originalmente en "Voile d'Isis", París, diciembre de 1929.

René Le Forestier, que se ha especializado en estudios históricos sobre las organizaciones secretas de la segunda mitad del siglo XVIII, sean masónicas u otras, publicó hace algunos meses una importante obra sobre *La Franc-Maçonnerie occultiste au XVIII siècle et l'Ordre des Elus-Cohen"*[7].

Hay que especificar una pequeña reserva sobre el título, porque el vocablo "ocultista", que no parece haber sido usado nunca antes de Eliphas Levi, se presenta dentro de la publicación un poco como un anacronismo; quizás hubiera sido mejor emplear otra palabra, y esto no es una simple cuestión de terminología, ya que lo que se denominó más precisamente "ocultismo", de hecho no es sino un producto del siglo XIX.

La obra está dividida en tres partes. La primera trata de "las doctrinas y prácticas de los Elegidos Cohen"; la segunda de las relaciones entre "los Elegidos Cohen y la tradición ocultista" (y aquí,

---

[7] Darbon Aïné, editor.

el término "esotérica" hubiera sido mucho más apropiado); la tercera finalmente trata "de la organización y de la historia de la Orden".

La parte específicamente histórica está muy bien realizada, y se apoya sobre un serio estudio de la documentación que logró reunir el autor, por lo que no podemos menos que recomendar su lectura. Lo único que lamentamos son algunas lagunas respecto de la biografía de Martines de Pasqually, de la que quedan algunos aspectos oscuros. De todas maneras, el "Voile d'Isis" publicará una nueva documentación al respecto que quizá pueda contribuir a esclarecerlos.

La primera parte constituye una excelente visión de conjunto del contenido del *Traité de la Réintégration des Êtres*, obra mas bien confusa, redactada con estilo incorrecto, y que además quedó inconclusa. No era sencillo extraer de ella una exposición coherente, y debemos congratularnos con Le Forestier por haberlo logrado. De todas maneras subsiste cierta ambigüedad en lo referente a la naturaleza de las "operaciones" de los Elegidos Cohen: ¿eran éstas verdaderamente "teúrgicas" o solamente "mágicas"? Parecería que el autor no comprende que se trata de dos cosas esencialmente distintas, no pertenecientes a un mismo orden. Puede ser que dicha confusión ya haya existido entre los mismos Elegidos Cohen, cuya iniciación parece haber permanecido mas bien incompleta en muchos aspectos, pero hubiera sido oportuno destacar este hecho. Por nuestra parte consideramos que, al parecer, se trataba de un ritual de "magia ceremonial" con pretensiones de teúrgia, lo cual dejaba la puerta abierta a más de una ilusión; y la importancia que se atribuía a simples manifestaciones "fenoménicas", porque lo que Martines llamaba "pases" no eran otra cosa, prueba efectivamente que la esfera de la ilusión no había sido dejada atrás. Lo más peligroso de este asunto, nos parece, reside en que el fundador de los Elegidos Cohen haya podido creerse dueño de conocimientos trascendentales, cuando en realidad se trataba solamente de conocimientos que, aunque fueran reales, revestían características relativamente secundarias. Además, en él, y por las mismas razones, debía de persistir todavía cierta confusión entre lo "iniciático" y lo "místico", puesto que las doctrinas que expone toman siempre un carácter religioso, al par que sus "operaciones" están absolutamente alejadas de dicho carácter. Es lamentable que Le Forestier aparentemente acepte tal confusión, y no tenga una idea clara sobre la distinción existente entre ambos puntos de vista. Por otra parte hay que puntualizar que lo que Martines llama "reintegración" no sobrepasa las posibilidades del ser humano individual, lo cual es evidente para el autor, pero se podrían haber extraído consecuencias muy importantes sobre las limitaciones de las enseñanzas que el jefe de los Elegidos Cohen podía trasmitir a sus discípulos, y en consecuencia del grado de "realización" a la que podía llegar a conducirlos.

La segunda parte nos parece la menos satisfactoria, quizás a su pesar, Le Forestier no tuvo siempre la capacidad de liberarse de cierto espíritu que podríamos calificar de "racionalista", lo cual probablemente sea imputable a su formación universitaria. Dada la existencia de ciertas semejanzas entre las diversas doctrina tradicionales, no debe concluirse necesariamente que haya habido "préstamos" o influencias directas entre ellas: dondequiera que se expresen las mismas verdades es normal que existan tales similitudes, lo cual es válido particularmente en todo lo referente a la ciencia de los números, cuyos significados no provienen en lo más mínimo de un invento humano o de una concepción más o menos arbitraria.

Lo mismo se diga respecto de la astrología, que trata de leyes cósmicas que no dependen de nosotros, y no vemos por qué motivo todo lo que a ellas se refiera debería haber sido tomado de los Caldeos, como si éstos hubieran poseído originalmente el monopolio de tales conocimientos. Lo mismo puede decirse de la angelología, que, por lo demás, se relaciona bastante directamente con la astrología, y que no podemos, a menos de aceptar todos los "prejuicios" de la crítica moderna, considerar que fuera ignorada por los Hebreos hasta la época del cautiverio babilónico. Agreguemos además que Le Forestier no parece poseer una noción totalmente correcta de la Kábbala, nombre que, en el sentido más amplio, significa simplemente "tradición", y que él asimila a veces con una modalidad particular de la redacción escrita de tales o cuales enseñanzas, hasta llegar a decir que "la Kábbala nació en la parte sur de Francia y en la septentrional de España", y de fechar sus comienzos en el siglo XIII: también aquí el espíritu "crítico", que ignora por anticipado cualquier transmisión oral, va demasiado lejos.

Anotamos finalmente una última cuestión: la palabra *Pardes* (que es, como ya explicamos en otras ocasiones, en sánscrito *Paradêsha*, "región suprema", y no una palabra persa que significa "parque de los animales", lo que no nos parece que tenga mucho sentido, no obstante la similitud con los querubines de Ezequiel) no designa de ningún modo una simple "especulación mística", sino más bien la obtención real de un determinado estado que es la restauración del "estado primordial" o "edénico", lo que no deja de presentar estrecha similitud con la "reintegración" tal como la consideraba Martines[8].

---

[8] A tal propósito hemos advertido una confusión asaz divertida en una de las cartas de Willermoz al Barón de Türkheim publicadas por Emile Dermenghem a continuación de los "Sommeils": Willermoz protesta contra la afirmación según la cual el libro *Des Erreurs et de*

Hechas todas estas reservas, es indudable que la forma con la que Martines ha revestido su enseñanza es de inspiración propiamente judaica, lo que no implica necesariamente que él tuviera un origen judío (éste es uno de los puntos que no ha sido suficientemente aclarado todavía), ni tampoco que no haya sido sinceramente cristiano. Le Forestier tiene razón de hablar a este respecto de "Cristianismo esotérico", pero no vemos el porqué debería denegarse a las concepciones de este orden el derecho de proclamarse auténticamente cristianas. Atenerse a las modernas ideas de una religión exclusiva y restringidamente exotérica equivale a despojar al Cristianismo de todo sentido verdaderamente profundo, y significa también desconocer toda la diversidad que hubo en el Medioevo, de la cual posiblemente percibimos los últimos reflejos, ya muy apagados en organizaciones como la de los Elegidos Cohen[9]. Somos bien conscientes de lo que aquí pone en aprietos a nuestros contemporáneos: su preocupación de reducir todas las cosas a una cuestión de "historicidad", preocupación que actualmente parece común tanto a los partidarios como a los adversarios del Cristianismo, pese a que tales adversarios fueron sin duda quienes por primera vez llevaron la discusión a ese terreno. Digámoslo bien claramente: si el Cristo debiera ser considerado únicamente como un personaje histórico, ello sería bien poco interesante. La consideración

---

la *Verité* de Saint Martin decía que "provenía de los Partos". Lo que tomó por el nombre de ese pueblo, que efectivamente nada tenía que ver con el tema, es evidentemente la palabra *Pardes*, que sin duda le era totalmente desconocida. Ya que el Barón de Türkheim había hablado a tal propósito "del *Parthes*, obra clásica de los cabalistas", y que nosotros pensamos que en realidad debe tratarse de la obra titulada *Pardes Rimonin*.

[9] En lugar de "Cristianismo esotérico" sería sin embargo más correcto decir "esoterismo cristiano", es decir, tomando como base el Cristianismo, para indicar así que aquello de que se trata no pertenece al ámbito de la religión. Naturalmente la misma observación es válida para el esoterismo musulmán.

del Cristo-principio asume una importancia de otra índole, y además, una no excluye en absoluto a la otra, porque, como ya dijimos repetidamente, los hechos históricos tiene en sí mismos un valor simbólico, y expresan los principios a su manera y a su nivel. No podemos por el momento insistir más sobre este punto, que por otra parte nos parece suficientemente claro.

La tercera parte está consagrada a la historia de la Orden de los Elegidos Cohen, cuya existencia efectiva fue más bien breve, y a la exposición de lo que se conoce de los rituales de sus diferentes grados, que no parecen haber sido nunca completamente terminados y "puestos a punto", del mismo modo que aquellos de las "operaciones". Quizá no es muy exacto llamar "escoceses", como lo hace Le Forestier, a todos los sistemas de altos grados masónicos sin excepción, ni tampoco catalogar de alguna manera como una simple máscara aquel carácter masónico que Martines otorgó a los Elegidos Cohen. Pero profundizar las discusiones en torno a este asunto nos llevaría demasiado lejos[10].

Queremos solamente llamar la atención más especialmente sobre la denominación de "Réau-Croix" dada por Martines al grado más elevado de su "régimen", como se decía entonces, y en la que Le Forestier no quiere ver más que una imitación o sin más una falsificación de aquella de "Rosa-Cruz" ("Rose-Croix"). Para nosotros se trata de algo más. En la intención de Martines, el "Réau-

---

[10] A propósito de los diversos sistemas de altos grados, nos hemos visto un poco sorprendidos al ver que se atribuye "a la aristocracia de nacimiento y de dinero" la organización del "Consejo de Emperadores de Oriente y de Occidente", cuyo fundador parece haber sido muy simplemente "el señor Pirlet, sastre", como señalan los documentos de la época. Por más que Thory haya estado mal informado sobre ciertos puntos, no puede sin embargo haber inventado esta indicación (*Acta Latomorum*, tomo I, pag. 79)

Croix" debía ser, al contrario, el verdadero "Rosa-Cruz", mientras que el grado que llevaba tal denominación en la Masonería ordinaria era nada más que "apócrifo", siguiendo una expresión que utilizaba frecuentemente. Pero ¿de dónde proviene éste tan extravagante de "Réau-Croix", y cuál puede ser su significado? Según Martines el verdadero nombre de Adán era "*Roux*" (pelirrojo) en lengua vulgar y "Réau" en hebreo, que significaba "Hombre-Dios muy fuerte en sabiduría, virtud y potencia", interpretación que a primera vista al menos parece de fábula. La verdad es que *Adam* significa de hecho y literalmente "rojo": *Adamah* es la arcilla roja, y *Damah* es la sangre, que es igualmente roja. *Edom*, nombre que se le dio a Esaú, también tiene el sentido de "rojo" (pelirrojo). Este color es frecuentemente tomado como símbolo de fuerza o potencia, lo que justifica en parte la explicación de Martines. Por lo que hace a la forma "*Réau*" con toda seguridad no tiene nada de hebraico, pero pensamos que hay que ver allí una asimilación fonética con la palabra *Roeh* "vidente", que fue la primera denominación de los profetas, y cuyo verdadero sentido es en todo comparable con el del sánscrito *rishi*. Como ya indicamos en varias oportunidades[11], este tipo de simbolismo fonético no tiene nada de excepcional, y no sería de extrañar que Martines se hubiera servido del mismo para aludir a una de las principales características inherentes al "estado edénico", y, consecuentemente, para significar la posesión de dicho estado. Si es así, la expresión "Réau-Croix", con el agregado de la Cruz del "Reparador" al primer nombre "Réau", indica, en el lenguaje utilizado en el *Tratado de la Reintegración de los Seres*, "el menor restablecido en sus prerrogativas", vale decir, el "hombre

---

[11] Le Forestier señala además otro ejemplo en el mismo Martines: se trata de la asociación que establece, por una especie de anagrama entre "Noaquitas" y "Chinos" (el efecto fonético resulta mucho más significativo en francés: "Noachites" y "Chinois", N.del T.)

regenerado", quien efectivamente es el "segundo Adán" de San Pablo, y que también es el verdadero "Rosa-Cruz"[12]. En realidad no se trata entonces de una imitación del término "Rosa-Cruz", del que por otra parte hubiera sido mucho más sencillo apropiarse lisa y llanamente como tantos otros hicieron, sino de una de las numerosas interpretaciones o adaptaciones a los que éste puede dar legítimamente. Lo que naturalmente no quiere decir que las pretensiones de Martines en lo que se refiere a los efectos reales de su "ordenación de Réau-Croix" estuvieran plenamente justificadas.

Para terminar este demasiado sumario examen, señalemos todavía un último punto: Le Forestier tiene plena razón de ver en la expresión "forma gloriosa", frecuentemente empleada por Martines, y en la cual "gloriosa" es de algún modo sinónimo de "luminosa", una alusión a la *Shekinah* (que algunos viejos rituales masónicos, por curiosa deformación, llaman el *Stekenna*[13]. Lo mismo puede aplicarse a la expresión "cuerpo glorioso", que es corriente en el Cristianismo, inclusive en aquél exotérico y ello desde San Pablo: "Sembrado en la corrupción, resucitará en la gloria...", y también de la denominación de la "luz de gloria", en la cual, según la teología más ortodoxa, se opera la "visión beatífica". Esto demuestra que no existe oposición alguna entre exoterismo y esoterismo, sólo hay una superposición de éste sobre aquél, siendo el esoterismo el que confiere a las verdades

---

[12] La Cruz es además, por sí misma, el símbolo del "Hombre Universal", y podemos decir que representa la forma misma del hombre reintegrado en su centro original, de donde ha sido separado por la "caída", o, según el vocabulario de Martines, por la "prevaricación".

[13] La palabra "gloria", aplicada al triángulo que contiene el Tetragrama y aureolado de rayos, que aparece en las iglesias tanto como en las logias, es efectivamente una de las denominaciones de la *Shekinah*, tal como lo hemos explicado en *El Rey del Mundo*.

expresadas de forma más o menos velada por el exoterismo, la plenitud de su sentido superior y profundo.

Capítulo VI

ACERCA DE LOS "ROSA-CRUZ DE LYON"

Publicado originalmente en "Voile d'Isis", de enero de 1930, París.

Actualmente los escritos sobre Martines de Pasqually y sus discípulos se multiplican en este momento de manera bastante curiosa: tras el libro de Le Forestier sobre el que tratamos en esta Revista el mes pasado, he aquí que Paul Vulliaud publica a su vez una obra titulada *Les Rose-Croix lyonnais au XVIIIe. Siècle*[14]. Dicho título no nos parece tan justificado, ya que, en este libro, a decir verdad, fuera de la introducción, no se trata en lo más mínimo de los Rosa-Cruz: ¿podría ser que se haya inspirado en la famosa denominación de "Réau-Croix", de la cual Vulliaud, por lo demás, no se preocupó en absoluto de hallar explicación? Es muy posible, pero el uso del término no implica filiación alguna histórica de los Rosa-Cruz propiamente dichos con los Elegidos Cohen y, en todo caso, no hay razón para agrupar en el mismo epíteto organizaciones tales como la Estricta Observancia y el Régimen Escocés Rectificado, que, ni en su espíritu ni en su forma tenían sin duda ningún carácter rosacruciano. Pero diremos más: en aquellos ritos masónicos donde existe un "grado Rosa-Cruz", se tomó prestado del Rosacrucismo solamente un símbolo, y llamar sin otra

---

[14] "Bibliotheque des Initiations modernes", de. E. Nourry.

justificación "Rosa-Cruz" a sus poseedores sería un equívoco bastante lamentable; hay algo parecido en el título elegido por Vulliaud, quien por lo demás utiliza asimismo otras terminologías, que parecen análogamente carecer de un sentido claro, como por ejemplo el término de "Iluminados"; tales términos se emplean un poco al azar, substituyéndose entre sí más o menos indiferentemente, lo que no puede sino aumentar la confusión del lector, quien, entre otras cosas, ya tiene suficientes dificultades para no extraviarse en la multitud de Ritos y de Ordenes existentes en la época en cuestión. No es nuestra intención insinuar que el mismo Vulliaud carezca de conocimientos precisos al respecto, por lo que preferimos ver, en este uso inexacto de la terminología técnica, una consecuencia casi necesaria de la actitud "profana" que se complace en adoptar, actitud que por otra parte no dejó de sorprendernos, ya que hasta ahora sólo en los ambientes universitarios y "oficiales" nos habíamos cruzado con personas que se vanagloriaban de su condición de profanos, y no creemos que Vulliaud considere a tales ambientes mucho mejor de lo que lo hacemos nosotros.

Otra consecuencia de tal actitud se manifiesta en el tono irónico que Vulliaud se cree obligado a emplear casi constantemente, lo que resulta bastante fastidioso y que por otra parte corre el riesgo de sugerir una parcialidad de la que debería cuidarse todo historiador. Ya en el *Joseph de Maistre, Francmaçon* del mismo autor se daba un poco la misma impresión; nos preguntamos si sería tan difícil para un no-Masón (no decimos "un profano") encarar cuestiones de este tipo sin acudir a un lenguaje polémico que más valdría confinar a aquellas publicaciones específicamente antimasónicas. Por lo que sabemos, la única excepción es Le Forestier, y es una verdadera lástima no hallar en Vulliaud otra excepción, cuando los estudios a que nos tiene acostumbrados deberían predisponer a una serenidad mayor.

Entiéndase bien. Todo esto no aminora en nada el valor y el interés de la abundante documentación publicada por Vulliaud, si bien no es tan inédita como él parece creer[15]. Al respecto no deja de asombrarnos que haya dedicado un capítulo a los *"Sommeils"* ("Sueños") sin siquiera recordar que sobre el tema y con el mismo título ya existía un trabajo de Emile Dermenghem. Por el contrario, a nuestro parecer lo verdaderamente inédito son los extractos de los "cuadernos iniciáticos" transcritos por Louis-Claude de Saint-Martin: las extrañas características de los "cuadernos" generan muchos interrogantes nunca aclarados. Hace tiempo tuvimos ocasión de ver alguno de estos documentos: las extrañas e ininteligibles notas en que abundan nos dieron la impresión clara de que aquel "agente desconocido" a quien se atribuye la autoría, no es más que un sonámbulo (no decimos "médium" ya que sería un flagrante anacronismo). Por lo tanto serían el resultado de experiencias de igual tipo de aquellas de los "Sommeils" lo que disminuye notablemente su alcance "iniciático". En todo caso, lo cierto es que todo esto nada tiene que ver con los "Elegidos Cohen", quienes además en aquel momento, ya habían dejado de existir como organización. Agreguemos que tampoco se trata de cosas que directamente se refieran al Régimen Escocés Rectificado, pese a que en los "cuadernos" se hable repetidamente de la "Logia de la Beneficencia". Para nosotros la verdad es que Willermoz y otros miembros de dicha logia, interesados en el magnetismo, habían

---

[15] Por ejemplo, las cinco "instrucciones" a los Elegidos Cohen reproducidas en el cap. IX, ya habían sido publicadas en 1914 en "France Antimaçonique". Asignemos a cada uno lo que propiamente le pertenece.

creado entre ellos una especie de "grupo de estudios" como se diría hoy, al que otorgaron el nombre un poco ambicioso de "Sociedad de Iniciados". No de otro modo podría explicarse este título que aparece en los documentos, y que claramente indica, por lo mismo de haberse catalogado como "sociedad", que el grupo citado, si bien compuesto de Masones, no reunía como tal ningún carácter masónico. Actualmente sucede todavía con frecuencia que algunos Masones constituyan, con cualquier finalidad, lo que denominan un "grupo fraternal", cuyas reuniones carecen de toda forma ritual. La "Sociedad de los Iniciados" debió de ser algo parecido; tal es, al menos, la única solución plausible que podemos aportar a tan obscura cuestión.

Pensamos que la documentación aportada sobre los Elegidos Cohen tiene otra importancia desde el punto de vista iniciático, a pesar de las lagunas que a este respecto siempre hubo en la enseñanza de Martines y que ya señalamos en nuestro último artículo. Vulliaud tiene toda la razón cuando insiste sobre el error de quienes creyeron que Martines fuera un kabalista. Todo lo que en él hay de inspiración indiscutiblemente judía no implica efectivamente ningún conocimiento de su parte de todo aquello que constituya lo que puede denominarse con propiedad como Kábbala, término que frecuentemente se usa con total despropósito. Por otro lado, la ortografía incorrecta y el estilo defectuoso de Martines, que Vulliaud subraya con una no poco excesiva complacencia, no prueba nada en contra de la realidad de sus conocimientos en un campo determinado. No hay que confundir instrucción profana con saber iniciático: un iniciado de elevadísimo rango (lo que por cierto no fue Martines) puede a la vez ser completamente iletrado, lo que se comprueba frecuentemente en Oriente. Además, Vulliaud parece haberse esmerado en presentar al personaje enigmático y complejo que fue Martines bajo su aspecto más negativo; Le Forestier se ha mostrado sin duda mucho más imparcial; y, después de todo lo dicho, quedan muchos puntos sin aclararse.

La persistencia de tales puntos obscuros demuestra la dificultad de los estudios sobre este tipo de cosas, que parecen a veces haber sido embrolladas intencionalmente. Por ello debemos agradecer la contribución de Vulliaud, a pesar de haberse abstenido de formular conclusiones. Su trabajo al menos nos permite tener a mano una documentación nueva en gran parte y, en su conjunto, muy interesante[16].

Por tanto, ya que su trabajo continuará, confiamos en que Vulliaud no se demore demasiado en bien de sus lectores, quienes sin duda encontrarán ahí muchas otras cosas curiosas y dignas de interés, y quizá el punto de partida para reflexiones que el autor, limitándose a su papel de historiador, no quiere expresar personalmente.

---

[16] De pasada indiquemos un error histórico que es en verdad demasiado grueso como para atribuirlo a un simple descuido: Vulliaud escribe que "Albéric Thomas, en oposición a Papus, fundó con otras personas el Rito de Misraim" (nota de pág. 42). Ahora bien, tal rito se fundó en Italia hacia 1805, y fue introducido por los hermanos Bédarride en Francia en el año 1812.

Capítulo VII

A PROPÓSITO DE LAS PEREGRINACIONES

Artículo publicado originalmente en "Voile d'Isis", nº de junio de 1930.

L a reciente reimpresión, en "Voile d'Isis", del notable artículo de Grillot de Givry a propósito de los lugares de peregrinaje nos induce a volver sobre esta cuestión, a la cual ya habíamos aludido en esta misma publicación, tal como lo recordara Clavelle en su presentación del citado artículo. Anotemos, en primer lugar, que la voz latina *peregrinus*, de la que deriva "peregrino", significa a la vez "viajero" y "extranjero". Esta simple observación sugiere, al punto, algunos paralelos bastante curiosos: en efecto, por una parte, entre los "*Compagnons*", algunos de ellos se reconocen como "viandantes" y algunos otros como "extranjeros", lo que corresponde precisamente a los dos sentidos de *peregrinus* (que, por lo demás, se encuentran también en el término hebreo *gershôn*); y por la otra, en la misma Masonería moderna y "especulativa" las pruebas simbólicas de la iniciación se denominan "viajes".

Por otro lado, en muchas tradiciones de diversa fuente, los diferentes estadios iniciáticos se describen a menudo como las etapas de un viaje; a veces, se trata de un viaje ordinario, a veces también de una navegación, tal como hemos señalado ya en otras ocasiones. Este simbolismo del viaje parece ser que se encuentra más difundido aún que el de la guerra, del cual hablábamos en nuestro último artículo; por lo demás, ambos simbolismos no dejan de presentar entre sí cierta relación, relación que algunas veces ha llegado a reflejarse exteriormente en los hechos históricos; estamos pensando aquí en especial en el estrecho vínculo que existió, durante la Edad Media, entre los peregrinajes a Tierra Santa y las Cruzadas. Agreguemos todavía que, aún en el lenguaje religioso más corriente, la vida terrena, entendida como un período de pruebas, asimilada a menudo con un viaje, o incluso más expresamente con una peregrinación y el mundo celeste –meta de tal peregrinar– se identifica también simbólicamente con la "Tierra Santa" o "Tierra de los Vivientes"[17].

El estado de "errabundez", si podemos decirlo así, o sea de migración, es entonces, de manera general, un estado de "prueba" y, aquí también, podemos señalar que, en efecto, éste es precisamente el carácter que reviste en organizaciones como el Compañerazgo. Además, lo que bajo este aspecto resulta válido para los individuos puede serlo también, al menos en ciertos casos, para algunos pueblos considerados colectivamente: un ejemplo muy claro es el de los Judíos, que vagaron durante cuarenta años por el desierto antes de alcanzar la Tierra prometida. Pero aquí conviene hacer una distinción, puesto que dicho estado, esencialmente transitorio, no debe ser confundido con el estado nómada que es normal en ciertos pueblos: aún habiendo arribado a la Tierra prometida –y hasta los tiempos de David y de Salomón– los Judíos fueron un pueblo nómada, pero, evidentemente, este nomadismo no reunía las mismas

---

[17] Por lo que concierne al simbolismo de la "Tierra Santa", ver nuestro estudio sobre *El Rey del Mundo*, y también nuestro artículo publicado en el número especial del *Voile d'Isis* dedicado a los Templarios.

condiciones que su peregrinación en el desierto[18]. Es posible considerar, además, un tercer caso de "errabundez", que podemos designar con mayor propiedad con la palabra "tribulación": es el caso de los Judíos después de la dispersión y asimismo, según todo parece indicarlo, también el de los Gitanos; pero esto último nos llevaría demasiado lejos y diremos solamente que también este caso es aplicable tanto a las colectividades como a los individuos. Estas observaciones bastan para comprender el grado de complejidad que presentan estas cosas, y cuántas distinciones es posible establecer entre quienes exteriormente se presentan bajo las mismas apariencias confundidos con los peregrinos en el sentido ordinario de la palabra, tanto más cuando que aún nos queda por agregar esto: a veces sucede que algunos iniciados, ya arribados a la meta, algunos "adeptos" inclusive, vuelvan a tomar, por motivos especiales, la apariencia antedicha de "viajeros". Pero volvamos a los peregrinos: sabido es que los elementos que los distinguían eran la venera (llamada de Santiago) y el bastón; éste último, que se encuentra también en estrecha correspondencia con la caña del Compañerazgo, es naturalmente un atributo del viajero, pero tiene varios otros significados, y quizá un día dedicaremos a esta cuestión un estudio específico. En cuanto a la venera, en algunas regiones francesas se la llama "*creciste*", palabra que debe asociarse con "*creuset*" [en castellano: "crisol"], lo que nos conduce nuevamente a la idea de las pruebas, considerada más particularmente según un simbolismo alquímico, y entendida en el sentido de la "purificación", la *Katharsis*

---

[18] La distinción entre pueblos nómadas (pastores) y sedentarios (agricultores), que remonta a los orígenes mismos de la humanidad terrestre, es de gran importancia para la comprensión de los caracteres especiales de las diferentes formas tradicionales.

de los pitagóricos, que era precisamente la fase preparatoria de la iniciación[19].

Siendo que a la venera se la ve más especialmente como un atributo de Santiago, nos vemos llevados a hacer, a propósito de esto, una consideración concerniente al peregrinaje a Santiago de Compostela. Las rutas que seguían en otros tiempos los peregrinos son llamadas con frecuencia, aún hoy día, "caminos de Santiago"; pero esta expresión tiene al mismo tiempo otra aplicación bien distinta: en efecto, el "camino de Santiago", en el habla campesina, es también la Vía Láctea; y esto quizá resultará menos inesperado si se tiene presente que Compostela, etimológicamente, significa precisamente el "campo estrellado".

Encontramos aquí otra idea, aquella de los "viajes celestes", por lo demás en correlación con los viajes terrestres; es este otro punto en el que, por el momento, nos es imposible detenernos, y al respecto indicaremos solamente que puede presentirse ahí cierta correspondencia entre la situación geográfica de los lugares de peregrinaje y el ordenamiento mismo de la esfera celeste; en este caso, aquella "geografía sagrada" a la que aludimos repetidas veces se integra, pues, en una verdadera "cosmografía sagrada".

Siempre a propósito de los recorridos que seguían los peregrinajes, resulta oportuno recordar que Joseph Bédier ha tenido el mérito de destacar la relación existente entre los santuarios que jalonaban sus etapas y la formación del "cantar de gesta". Generalizando este hecho, como creemos sea posible hacer, podría decirse la misma cosa en lo

---

[19] Podemos referirnos aquí a cuanto dijimos en *El Rey del Mundo* sobre la designación de los iniciados, en diversas tradiciones, mediante términos que se remontan a la idea de "pureza".

que concierne a la propagación de una multitud de leyendas, cuyo verdadero alcance iniciático, lamentablemente, raras veces los modernos saben reconocer. En razón de la pluralidad de sentidos que incluían, los relatos de este tipo podían destinarse al mismo tiempo al común de los peregrinos y ...a los otros; cada uno los comprendía en la medida de la propia capacidad intelectual, y sólo algunos penetraban el significado más profundo, tal como ocurre en toda enseñanza iniciática. Puede anotarse también que, por distintos que fueran todos aquellos que recorrían estos caminos, mercaderes ambulantes y mendigos incluidos, se establecía entre ellos, por motivos indudablemente difíciles de determinar, cierta solidaridad que se reflejaba por la adopción en común de un lenguaje convencional especial, el "argot de la Venera" o "habla de los peregrinos". Cosa interesante, León Daudet señaló en uno de sus últimos libros que muchas palabras y locuciones propias de esta lengua se vuelven a encontrar en los escritos de Villon y Rabelais[20]; y, a propósito de este último, indica también –cosa que, siempre desde el mismo punto de vista, vale la pena de ser subrayada– que durante varios años, Rabelais "peregrinó a lo largo y a lo ancho de la provincia de Poitou, en aquel entonces célebre por los misterios y farsas que allí se interpretaban y también por las leyendas que corrían; en Pantagruel se encuentran las huellas de tales leyendas, de aquellas farsas, y cierto número de vocablos propios de los habitantes de Poitou"[21]. Si hemos citado esta última frase es porque, además del hecho de que hace mención de aquellas leyendas de que hablábamos poco antes, promueve otra cuestión relacionada con lo que venimos tratando, es decir la cuestión de los orígenes del teatro: en sus

---

[20] *Les Horreurs de la Guerre*, págs. 145, 147 y 167.

[21] Idem, pág. 173.

comienzos, este último fue por un lado esencialmente ambulante y, por otro, revestía un carácter religioso, al menos en cuanto a sus formas exteriores –carácter religioso comparable por otra parte al de los peregrinos y de quienes asumían sus apariencias. Lo que resalta la importancia de este hecho, es la comprobación de que el mismo no se circunscribe al ámbito de la Europa medieval; la historia del teatro en la antigua Grecia es completamente análoga y podríamos también encontrar ejemplos de este tipo en la mayor parte de los países de Oriente.

Pero no pudiendo extendernos más, consideraremos solamente todavía un último punto, a propósito de la expresión "nobles viajeros" aplicada a los iniciados, o al menos a una parte de los mismos, precisamente con motivo de sus peregrinaciones. A este respecto, O. V. de L. Milosz ha escrito lo siguiente: "Los 'nobles viajeros', es el nombre secreto de los iniciados de la antigüedad, transmitido por tradición oral a aquellos de la Edad Media y de los tiempos modernos. Ha sido pronunciado por última vez en público el 30 de mayo de 1786, en París, en el transcurso de una sesión del Parlamento dedicada al interrogatorio de un célebre imputado (Cagliostro), víctima del libelista Théveneau de Morande. Los peregrinajes de los iniciados no se distinguían de los comunes viajes de estudio, salvo por el hecho de que su itinerario coincidía rigurosamente, bajo las apariencias de un trayecto azaroso, con las aspiraciones y aptitudes más secretas del adepto. Los ejemplos más ilustres de tales peregrinajes nos los brindan: Demócrito, iniciado en los secretos de la alquimia por los sacerdotes egipcios y por el sabio persa Ostanes, así como en las doctrinas orientales durante su permanencia en Persia y, según algunos historiadores, en la India; Tales, formado en los templos de Egipto y de Caldea; Pitágoras, que visitó todos los países conocidos por los antiguos (y muy posiblemente, la India y la

China) y cuya estadía en Persia se distinguió por sus encuentros con el mago Zaratas, en las Galias por su colaboración con los Druidas y, finalmente, en Italia por sus discursos ante la Asamblea de los Ancianos de Crotona. A estos ejemplos, sería oportuno agregar las estancias de Paracelso en Francia, Austria, Alemania, España y Portugal, Inglaterra, Holanda, Dinamarca, Suecia, Hungría, Polonia, Lituania, Valaquia, Carniola, Dalmacia, Rusia y Turquía, así como los viajes de Nicolás Flamel por España, donde el Maestro Canches le enseñó a descifrar las famosas figuras jeroglíficas del libro de Abraham el Judío. El Poeta Robert Browning definió la naturaleza secreta de estos peregrinajes científicos con una estrofa extraordinariamente rica en intuición: 'Veo mi itinerario como el ave su ruta sin huellas; un día u otro, en su día predestinado, llegaré. Él me guía, Él guía al ave' Los años de viaje de Wilhelm Meister poseen el mismo significado iniciático"[22]. Hemos considerado oportuno reproducir por entero este pasaje, a pesar de su extensión, en razón de los interesantes ejemplos que contiene; indudablemente, no sería difícil encontrar todavía varios otros ejemplos, más o menos conocidos, pero éstos son particularmente característicos, aún cuando sea posible que no todos se refieran al mismo caso entre aquellos que hemos distinguido anteriormente, siendo necesario evitar de confundir los "viajes de estudio" aún cuando fueran realmente iniciáticos, con las misiones especiales de los adeptos o incluso de ciertos iniciados de menor grado.

Volviendo a la expresión "nobles viajeros", queremos sobre todo señalar el hecho de que el epíteto "nobles" parece indicar que la misma debe referirse, no ya a cualquier iniciación indistintamente, sino más propiamente a una iniciación de Kshatriyas, o aquello que

---

[22] *Les Arcanes*, págs. 81-82.

podemos llamar "arte real", según el vocablo conservado hasta nuestros días por la Masonería. En otras palabras, se trataría, entonces, de una iniciación que se relaciona, no ya con el ámbito metafísico puro, sino con el orden cosmológico y las aplicaciones ligadas a esta esfera, o sea a todo aquello que en Occidente ha sido conocido bajo la denominación general de "hermetismo"[23]. Si esto es así, entonces Clavelle ha tenido perfectamente razón en decir que, mientras que San Juan corresponde al punto de vista puramente metafísico de la Tradición, Santiago correspondería más bien al punto de vista de las "ciencias tradicionales"; e incluso sin evocar el paralelo –sin embargo asaz probable– con el *Maître Jacques* ("Maestro Santiago o Yago o Jacobo o Jaime)") del "Compañerazgo" diversos indicios concordantes llevarían a comprobar que dicha correspondencia se encuentra efectivamente justificada. Precisamente a este ámbito, que podemos llamar "intermediario", se refiere en efecto todo lo que se ha propagado a través del canal de los peregrinajes, así como las tradiciones del "Compañerazgo" y aquellas de los Gitanos. El conocimiento de los "pequeños misterios", que corresponde al conocimiento de las leyes del "devenir", se adquiere recorriendo la "rueda de las cosas"; pero el conocimiento de los "grandes misterios", siendo el conocimiento de los principios inmutables, exige la contemplación inmóvil en la "gran soledad", en ese punto fijo que es el centro de la rueda, el polo invariable a cuyo alrededor se cumplen, sin que él participe, las revoluciones del Universo manifestado.

---

[23] A propósito de la distinción de las dos iniciaciones, sacerdotal y real, véase nuestro último libro, *Autorité spirituelle et pouvoir temporel*.

Capítulo VIII

El enigma de Martines de Pasqually

Publicado originalmente en "Études Traditionelles", mayo-julio de 1936.

L a historia de las organizaciones iniciáticas es con frecuencia muy difícil de esclarecer, lo cual se comprende fácilmente considerando que la naturaleza misma de la materia contiene demasiados elementos extraños a los métodos de investigación que disponen los historiadores comunes. Para comprobarlo no es necesario siquiera remontarse muy atrás en el tiempo, basta considerar el s. XVIII: allí se pueden percibir, si bien coexistentes con las manifestaciones del espíritu moderno en lo que tiene de más profano y antitradicional, los que podrían considerarse últimos vestigios verdaderos de diferentes corrientes iniciáticas que existían hacía tiempo en el mundo occidental. En este siglo aparecen personajes tan enigmáticos como las organizaciones a las que se vinculaban o en las que se inspiraban.

Uno de tales personajes es Martines de Pasqually. A propósito de las obras que se publicaron en estos últimos años sobre él y su Orden de los Elegidos Cohen, de R. Le Forestier y de Paul Vulliaud, ya tuvimos ocasión de destacar cómo muchos puntos de su biografía quedaban obscuros a pesar de la nueva documentación aportada[24]. Gérard van Rijnberk dio a conocer recientemente otro libro sobre el tema[25] que contiene también documentación interesante y en gran parte inédita. No obstante, lo cual es casi redundante señalar, plantea más problemas que los que resuelve[26].

El autor en primer lugar advierte sobre la incertidumbre que rodea el mismo nombre de Martines, y enumera las distintas variantes que se pueden encontrar en los escritos donde se lo nombra. Es verdad que no hay que atribuir demasiada importancia a este hecho, ya que en el s. XVIII no se respetaba puntillosamente la ortografía de los nombres propios. Pero el autor agrega: "En lo que respecta a quien mejor que nadie debería haber conocido la exacta ortografía del propio nombre o de su seudónimo como jefe de una iniciación, siempre firmó Don Martines de Pasqually (una sola vez Pascally de la Tour). En el único documento auténtico conocido, la partida de bautismo del hijo, su nombre se formula de la siguiente manera: Jacques Delivon Joacin Latour de La Case, don Martines de Pasqually". No es exacto que esta partida publicada por Papus[27] sea el "único documento auténtico conocido", puesto que otros dos documentos, sin duda ignorados por Rijnberk, fueron publicados en

---

[24] Ver Cap. VI.

[25] *Un thaumaturge au XVII siècle: Martines de Pasqually, sa vie, son oeuvre, son Ordre,* (Félix Alcan, Paris)

[26] Señalemos de paso un pequeño error: van Rijnberk, al hablar de sus predecesores, atribuye a René Philipon los apuntes históricos firmados "Un Caballero de la Rosa Floreciente" incluidos como prefacio en las ediciones de *Enseignements secrets de Martines de Pasqually* de Franz von Baader, publicado en la "Biblioteca Rosacruz". Asombrados por tal afirmación, sometimos al propio Philipon el asunto, y nos contestó que únicamente había traducido el opúsculo de von Baader, y que, como pensábamos, las dos notas pertenecen a Albéric Thomas.

[27] *Martines de Pasqually,* pag. 10-11.

el mismo periódico[28]: la partida de matrimonio de Martines y el "certificado de catolicidad" extendido en el momento de su viaje a Santo Domingo. La primera reza: "Jacques Delyoron Joachin Latour de la Case Martines Depasqually, hijo legítimo del finado Delatour de la Case y de la señora Suzanne Dumas de Rainan"[29]. El segundo, simplemente "Jacques Pasqually de la Tour". Por otra parte, en lo que respecta a la firma de Martines, en la partida de matrimonio figura como "Don Martines Depasqually", mientras en el certificado está como "Despaqually de la Tour". El hecho de que el padre, en la partida de matrimonio, sea llamado simplemente "Delatour de la Case" (como así también su hijo en la partida de bautismo, si bien una nota al margen lo designa "de Pasqually", sin duda alguna con motivo de que era su nombre más conocido), parece dar un elemento a favor de lo que más adelante escribe van Rijnberk: "Esto nos induce a pensar que su verdadero nombre haya sido de La Case, o de Las Cases, y que 'Martines de Pasqually' haya sido solamente un hierónimo". Sin embargo, el nombre de La Case o de Las Cases, que puede ser la forma afrancesada del nombre español de Las Casas, da lugar a otras cuestiones. En primer lugar hay que destacar que el segundo sucesor de Martines como "Gran Soberano" de la Orden de los Elegidos Cohen (el primero fue Caignet de Lestère) se llamaba Sébastien de Las Casas. ¿Había tal vez algún parentesco entre ambos? La cosa no parece imposible: Sebastien provenía de Santo Domingo, y Martines había viajado a esa isla a recibir una herencia, lo que

---

[28] "Le mariage de Martines de Pasqually" (le Voile d'Isis, enero 1930)

[29] Se notará que aquí se escribe Delyoron cuando en el certificado de bautismo figura Delivon (o podría ser Delivron). Este nombre, intercalado entre dos nombres propios no parece ser un verdadero apellido. Por otra parte, apenas vale recordar que la separación de las partículas (que no constituían obligatoriamente una señal de nobleza) era en tal época absolutamente discrecional.

permitiría suponer que una parte de su familia se habría instalado allí[30]. Pero hay algo que es aún más extraño: L. C. de Saint-Martin, en su *Crocodile*, pone en escena un "judío español" de nombre Eleazar, al cual atribuye visiblemente muchas de las características de su ex maestro Martines. Ahora bien, he aquí cómo dicho Eleazar explica las razones por las que se había visto obligado a abandonar España y refugiarse en Francia: "En Madrid tenía un amigo cristiano que formaba parte de la familia de Las Casas, con la cual tengo, si bien indirectamente, mayores obligaciones. Después de haber logrado cierta prosperidad en una actividad comercial, se vio repentinamente alcanzado por una bancarrota fraudulenta que lo dejó en la más completa ruina. Inmediatamente acudí a su lado, a compartir su desgracia y ofrecerle los escasos recursos de que mi mediocre fortuna me permitía disponer. Pero como tales recursos eran insignificantes para sanear los negocios, cedí ante la amistad que a él me unía y, dejándome transportar por tal sentimiento, eché mano de ciertos medios particulares que me ayudaron muy pronto a descubrir el fraude de sus expoliadores, e incluso el escondrijo donde se habían depositado todos aquellos bienes que le habían substraído. Por iguales medios le procuré la posibilidad de recuperar todos sus tesoros y la disponibilidad de los mismos, sin que aquellos que se los habían substraído sospecharan siquiera que alguien se los hubiera vuelto a sustraer. Sin duda fue un error utilizar dichos medios para lograr semejante finalidad, puesto que los mismos no deben aplicarse más que a la administración de asuntos que nada tienen que ver con

---

[30] También es verdad que en Sto. Domingo había parientes de su mujer, de manera que podría ser que la herencia proviniera de esa partida. Sin embargo la carta publicada por Papus, sin llegar a ser totalmente clara, está mas bien a favor de la hipótesis, ya que de ninguna manera resulta que sus dos cuñados, residentes en Sto. Domingo, tuvieran algún interés por la "donación" que les habría sido hecha.

las riquezas de este mundo. En consecuencia, recibí escarmiento. Mi amigo, educado en una fe tímida y recelosa, sospechó que cuanto yo había hecho por él se debía a sortilegios. Su fervor religioso triunfó sobre su agradecimiento, así como mi diligencia en ayudarlo había triunfado sobre mi deber. Me denunció así a su Iglesia simultáneamente como hechicero y como judío. Los inquisidores fueron advertidos inmediatamente; me condenan a la hoguera aún antes de arrestarme, pero en el mismo momento en que deciden mi captura, recibo aviso, por los mismos medios particulares, de la suerte que me espera, y sin dilación busco refugio en vuestra patria[31].

Indudablemente *Le Crocodile* contiene mucho de puramente fabulado, lo que hace muy difícil descubrir alusiones a hechos y personajes reales. Sin embargo, no nos parece probable que el nombre de Las Casas se encuentre allí por simple azar. Por ello hemos creído interesante reproducir el pasaje por entero a pesar de su extensión: ¿qué relación podría verdaderamente haber entre el judío Eleazar, que tanto se parece a Martines por los "poderes" y la doctrina que se le atribuye, y la familia Las Casas, y de qué naturaleza podrían ser las grandes "obligaciones" que debía a esta última? Por el momento nos contentamos con plantear estas cuestiones sin pretender siquiera aportar una respuesta. Veremos si posteriormente se nos presenta alguna que resulte más o menos plausible[32].

---

[31] *Le Crocodile*, canto 23.

[32] Veamos otra singular similitud: Saint-Martin representa a Las Casas, el amigo del judío Eleazar, como habiendo sido despojado de sus tesoros. Martines, en la carta que mencionamos, dice: "Es ese país (es decir, Sto. Domingo) se me ha efectuado una donación de un bien importante que debo rescatar de las manos de un hombre que lo posee injustamente"; y da la casualidad que esta carta fue escrita bajo el dictado de Martines, por el propio Saint-Martin.

Pasemos ahora a otros puntos de la biografía de Martines que nos deparan igualmente otras sorpresas. Van Rijnberk dice que "se ignora completamente el año y el lugar de su nacimiento", pero destaca que Willermoz escribe al barón de Türkheim que Martines "murió a una edad avanzada", y agrega "Cuando Willermoz escribió esta frase, él mismo contaba 91 años; como los hombres tienen la tendencia general de evaluar la edad de los otros mortales de acuerdo a una medida que se incrementa con el correr de sus propios años, no debe dudarse que la edad avanzada que atribuye el nonagenario Willermoz a Martines no puede ser menor de los 70 años. Y como Martines murió en 1774, como máximo debe entonces haber nacido en la primera década del s. XVIII". Por lo tanto, se inclina en favor de la hipótesis de Gustave Bord que ubica la fecha de nacimiento de Martines hacia 1719 o 1715; sin embargo, por la primera fecha se lo haría fallecer a los 64 años, lo que a decir verdad no representa de ninguna manera una edad "avanzada", especialmente si se la compara con la de Willermoz... Y además, desafortunadamente, uno de aquellos documentos que van Rijnberk parece haber desconocido constituye un desmentido formal a tal hipótesis: el "certificado de catolicidad" fue extendido en 1772 al "Señor Jacques Pasqually de Latour, hidalgo, nacido en Grenoble, de 45 años de edad"; de aquí puede deducirse que habría nacido hacia 1727, y, si falleció dos años más tarde durante su estancia en Sto. Domingo, en 1774, quiere decir que alcanzó la edad muy poco "avanzada" de 47 años. Este mismo documento confirma además que, como ya muchos lo habían dicho, aunque en contra de la opinión de van Rijnberk, que rehúsa admitirlo, Martines nació en Grenoble.

Por otra parte, lo dicho no se contrapone evidentemente a que su origen sea español, puesto que entre todos los orígenes que se pretendió asignarle, los indicios en su mayoría lo señalan como el más probable, incluyendo naturalmente el mismo nombre de Las Casas; pero entonces habría que admitir que su padre ya se había instalado en Francia antes de su nacimiento, y aún la posibilidad de que hubiera contraído matrimonio allí. Lo cual puede tener confirmación por la partida de matrimonio de Martines, donde la madre figura como "señora Suzanne Dumas de Rainau", nombre que a nuestro criterio no puede ser más francés, mientras que aquel "Delatour de la Case" puede haber sido español afrancesado. En el fondo, la única razón verdaderamente seria que puede aducirse para poner en duda el hecho de que Martines haya nacido en Francia (ya que no pueden considerarse seriamente las contradictorias afirmaciones de unos y otros, por la sencilla razón de que todas ellas no pasan de ser simples suposiciones), la constituyen las particularidades del lenguaje que se descubren en sus escritos; pero este hecho, de todas maneras, puede explicarse perfectamente, habida cuenta por un lado la educación que pudo recibir de su padre español y, por otro, siendo consecuencia de sus probables estancias en distintos países. Volveremos sobre este último punto más adelante.

Por una curiosa coincidencia, que ciertamente no contribuye a simplificar las cosas, parece comprobado que existió en la misma época, en Grenoble, una familia que respondía realmente al nombre Pascalis; de la cual Martines debió haber sido absolutamente ajeno si nos basamos en los nombres transcritos en la documentación correspondiente. Quizá perteneció a esta familia el obrero carrocero Martin Pascalis, llamado también Marin Pascal o Pascal Marin (tampoco sobre este particular hay mucha seguridad), si es que se trata realmente de otro personaje, y no sea simplemente el mismo Martines quien, en cierto momento, se haya visto obligado a ejercer dicho oficio para subsistir, ya que aparentemente su situación económica no llegó nunca a ser demasiado brillante. Esta cuestión no fue nunca aclarada de manera verdaderamente satisfactoria.

Además, muchos pensaron que Martines era judío; con seguridad no lo fue desde el punto de vista religioso, puesto que está comprobado de manera irrefutable que era católico; sin embargo es cierto que, como dice van Rijnberk, "esto no prueba nada desde el punto de vista de la raza". Efectivamente, pueden descubrirse en la vida de Martines algunos indicios que permitirían pensar en un origen judío, pero que no tienen ningún carácter decisivo, y pueden perfectamente explicarse mediante afinidades de un tipo totalmente distinto al de la comunión de raza. Franz von Baader es de la opinión de que Martines había sido "tanto judío como cristiano"; dicha afirmación recuerda las relaciones existentes entre el judío Eleazar y la familia cristiana de Las Casas. Por otra parte, el mismo hecho de presentar a Eleazar como un "judío español" puede muy bien ser una alusión, no ya al origen personal de Martines, sino al origen de su doctrina, en la que efectivamente predominan sin duda alguna los elementos judaicos.

De cualquier modo, quedan en la biografía de Martines cierta cantidad de incoherencias y contradicciones, de las cuales la más evidente es sin lugar a dudas aquella que se refiere a su edad. Sin embargo, y sin percibirlo, van Rijnberk señala la posible solución al sugerir que "Martines de Pasqually" era un "hierónimo", o sea, un nombre iniciático. En efecto, este mismo hierónimo ¿no podría haber sido utilizado, como sucedió en otros casos similares? ¿Y quién puede decir si las grandes "obligaciones" que tenia el personaje que Saint Martin denominó el "judío Eleazar" para con la familia de Las Casas no se hubieron originado en el hecho de que esta última le hubiera proporcionado una especie de "cobertura" a su actividad iniciática?

Sin duda, sería imprudente querer abundar en mayores detalles. Sin embargo, veamos si lo que puede llegar a saberse con respecto al origen de los conocimientos de Martines nos puede proporcionar alguna otra aclaración.

La misma carta de julio de 1821 en la que Willermoz afirma que Martínes falleció "de edad avanzada" incluye otro pasaje interesante donde se señala que la iniciación de Martines le habría sido transmitida por su propio padre: "En su Ministerio habría sucedido al padre, hombre culto, distinguido, y más prudente que el hijo, no demasiado rico y residente en España. Este había hecho ingresar a su hijo Martines, aún joven, en los guardias valones, donde habría protagonizado un altercado que desembocó en un duelo, en el transcurso del cual dio muerte a su adversario. Tuvo que huir rápidamente. Su padre le consagró su sucesor antes de que partiera. Después de una larga ausencia, el padre, presintiendo la cercanía de su muerte, lo hizo regresar urgentemente y le impuso las últimas consignas".

A decir verdad, dicha historia sobre los guardias valones, de la que fue imposible lograr confirmación de otras fuentes, nos parece más bien sospechosa, sobre todo si, como dice van Rijnberk, ella debiera "implicar que Martines había nacido en España", lo cual sin embargo no es en nada evidente.

Por otra parte, no es éste un punto sobre el cual Willermoz pudiera aportar testimonio directo, puesto que, a continuación, declara "no haber conocido al hijo hasta 1767 en París, mucho tiempo después de la muerte del padre"[33]. Sea como fuere de esta cuestión

---

[33] Este año 1767, es el mismo año del casamiento de Martines, por lo tanto es bastante probable que los dos hermanos domiciliados en Santo Domingo, por quienes él habría

secundaria, se mantiene la afirmación de que Martines habría recibido de su padre no sólo la iniciación, sino también la transmisión de ciertas funciones iniciáticas, ya que la palabra "ministerio" no puede interpretarse de otro modo.

Al respecto señala van Rijnberck una carta del masón Falcke escrita en 1779, donde se lee: "Martines Pascalis, español, afirma que los conocimientos secretos que posee son herencia de familia, familia que reside en España y que los poseería desde hace trescientos años: los habría recibido de la Inquisición, en la que habrían prestado servicio sus antepasados". Se trata de algo bastante inverosímil, porque verdaderamente no se entiende qué depósito iniciático hubiera podido poseer y comunicar la Inquisición. Recordemos sin embargo el pasaje de *Le Crocodile* citado antes: Las Casas es quién denuncia a su amigo judío Eleazar ante la Inquisición, precisamente por sus conocimientos secretos. ¿No se diría acaso que aquí estamos en presencia también de algo que ha sido embrollado a propósito?[34].

A estas alturas podríamos preguntarnos lo siguiente: cuando Martines, o el personaje que Willermoz conoció bajo ese nombre a

---

llegado a París para solicitar la cruz de San Luis, no sean en realidad más que los dos cuñados "potentemente ricos" de que se trata, como ya dijimos, en la carta del 17 y 30 de abril de 1772, citada por Papus (*Martines de Pasqually*, pág. 58). Además, esto tiene aún otra confirmación en el hecho de que, en otra carta del 1º de noviembre de 1771, se lee esta frase: "Os comunico que finalmente he obtenido la cruz de San Luis para mi cuñado" (Ibid., pág. 55). Él no la había entonces obtenido, al menos para uno de ellos, inmediatamente en 1767, contrariamente a lo que escribe Willermoz, cuya memoria pudo traicionarlo sobre este punto. Es sorprendente que a van Rijnberk no se le haya ocurrido efectuar estas aproximaciones que nos parecen aclarar suficientemente la cuestión, por otra parte absolutamente secundaria.

[34] Subrayemos otra particularidad, de la cual no pretendemos sin embargo extraer consecuencia alguna: Falcke habla en tiempo presente de Martines, que debía ya haber fallecido hacía cinco años.

partir de 1767, habla de su padre, ¿debemos entenderlo literalmente, o bien se trata únicamente de su "padre espiritual", quien quiera que haya sido? Muy bien puede hablarse efectivamente de "filiación" iniciática, y es evidente que no forzosamente coincide con la filiación natural. Se podría incluso evocar nuevamente aquella dualidad entre Las Casas y el judío Eleazar... Sin embargo, no es un caso extremadamente excepcional el hecho de una transmisión iniciática hereditaria que implicara asimismo el ejercicio de una función, pero debido a la carencia de datos suficientes es muy difícil decidir si tal fue efectivamente el caso de Martines. A lo sumo, podríamos ver indicios favorables en algunas particularidades concernientes a la sucesión de Martines: concedió a su hijo primogénito, inmediatamente al bautismo, la primera consagración en la jerarquía de los Elegidos Cohen, lo que puede sugerir que pensara convertirlo en su sucesor. Este hijo desapareció durante la Revolución, y Willermoz confiesa no haber podido saber qué fue de él.

En cuanto al segundo hijo, cosa aún más singular, se conoce la fecha de su nacimiento, pero nunca más se hace mención de él. En todo caso, cuando en 1774 murió Martines, su hijo primogénito sin duda todavía estaba con vida, aunque no fue él quien lo sucedió como "Gran Soberano", sino Caignet de Lestère, y cuando éste a su vez murió en 1778, el sucesor fue Sébastien de Las Casas. En tales condiciones, ¿qué queda de la idea de una transmisión hereditaria? No podría invocarse en este caso la excesiva juventud de su hijo para desempeñar tal función (tenía apenas seis años), porque Martines podría haber perfectamente designado a un sustituto hasta su mayoría de edad, lo que no nos consta que se haya mencionado jamás. Por el contrario, y curiosamente, parece verdad que entre Martines y sus sucesores hubiera habido cierto parentesco: en efecto, Martines hace referencia a ello en una carta de su "primo Cagnet", que debería ser, consideradas las variaciones ortográficas propias de la época, el mismo que Caignet de Lestère[35], y, en cuanto a Sébastien de Las Casas, ya indicamos que el parentesco era sugerido por el nombre mismo. De todas maneras, tal transmisión a parientes más o menos lejanos, desde el momento que había un heredero directo, difícilmente puede asimilarse a una "sucesión dinástica" de la que habla Rijnberk, y a la que incluso atribuye "una cierta importancia esotérica" que no nos resulta demasiado clara.

Que Martines haya sido iniciado por su padre o por otro no es el punto más esencial, ya que no aporta luz sobre la única cosa que en el fondo importa verdaderamente: ¿de qué tradición provenía esta iniciación? Lo que probablemente podría aportar algo más específico y preciso al tema son los viajes que realizó Martines antes de comenzar su actividad iniciática en Francia. Desafortunadamente, también sobre este punto las informaciones son totalmente imprecisas y dudosas, y la misma afirmación de que habría estado en Oriente no es en sí un dato preciso, máxime teniendo en cuenta que frecuentemente en estos casos no se trata sino de viajes legendarios o más bien simbólicos.

Sobre el tema, van Rijnberk cree poder confiar en un pasaje del *Traité de la Réintegration des Etres*, donde Martines parece decir que ha estado en China, a la par que nada parecido puede hallarse de países mucho menos lejanos. Pero tal viaje, si verdaderamente tuvo lugar, es quizá el menos interesante desde el punto de vista que ahora consideramos, porque está claro que tanto en las enseñanzas de Martines como en sus "operaciones" rituales nada se detecta que

---

[35] "Os informo además que he librado patentes constitutivas a mi primo Cagnet". Carta del 1º de noviembre de 1771, citada por Papus, *Martines de Pasqually*, pág. 56.

revele la menor relación con la tradición extremo oriental. Sin embargo, en una carta de Martines se encuentra la frase: "Mi estado y mi cualidad de hombre verdadero me ha mantenido siempre en la posición que ocupo"[36]. Tal expresión, que es específicamente taoísta, y que por otra parte es la única de este tipo que puede encontrarse en Martines, parece ser que jamás llamó la atención de nadie[37].

Sea como fuere, si Martines verdaderamente nació hacia 1727, sus viajes no pudieron prolongarse por muchos años, incluso sin descontar el tiempo de su supuesto paso por los guardias valones, pues su actividad iniciática conocida comienza en 1754, y en tal fecha contaba apenas con 27 años[38]. Se admite fácilmente que haya estado en España, considerando en especial los lazos familiares que lo ligaban con ese país, y quizá también en Italia. Todo lo cual resulta bien aceptable, y pudiera ser que se deban a su estancia en estos países algunas peculiaridades más evidentes de su lenguaje. Aparte, sin embargo, de este detalle totalmente exterior, la cosa no nos conduce demasiado lejos, porque en aquellos tiempos, y desde el punto de vista iniciático, ¿qué podía subsistir en tales países?

Ciertamente, es necesario dirigir la búsqueda en otra dirección, y al respecto nos parece que la indicación más exacta nos la provee un pasaje una nota del príncipe Christian de Hesse-Darmstadt que dice así: "Pasquali sostenía que sus conocimientos provenían del Oriente, pero es presumible que los haya recibido de África", es decir, lo que

---

[36] Extracto publicado por Papus, *Martines de Pasqually*, pág. 124.

[37] Por otra parte, no hay que creer que, cuando Martines habla de China, deba esto tomarse siempre al pie de la letra, porque, tal como señaló Le Forestier, Martines emplea la palabra "chino" como una especie de anagrama de "Noaquita".

[38] Esto, entiéndase bien, con la reserva propia de que los viajes en cuestión, en lugar de atribuirse enteramente a este personaje, quizá debieran serlo a su iniciador.

debe entenderse muy probablemente, de los judíos sefardíes, que se establecieron en África del norte tras su expulsión de España[39]. Esto puede en efecto explicar muchas cosas: en primer lugar, el predominio de los elementos judaicos en la doctrina de Martines; luego, las relaciones que parece haber mantenido con los judíos, también sefardíes, de Burdeos, así como se ha subrayado anteriormente en la presentación de Eleazar como un "judío español" que hace Saint-Martin; finalmente, la necesidad que tuvo, con vistas al trabajo iniciático que debía desarrollarse en un ambiente no judío, de "injertar" por así decir la doctrina recibida de tal fuente sobre una forma iniciática propagada por el mundo occidental y que, en el siglo XVIII, no podía ser más que la Masonería.

El último punto da lugar aún a otros asuntos sobre los que volveremos más adelante, pero ante todo debemos destacar que el hecho mismo de que Martines jamás mencione el origen exacto de sus conocimientos, o que se refiera vagamente al "Oriente", resulta perfectamente comprensible. Desde el momento que no podía trasmitir la iniciación tal cual la había recibido, no debía revelar su origen, lo que habría sido como mínimo inútil. Parece que en sus libros no hizo alusión expresa a sus "predecesores" más que una única vez, y esto sin agregar la más mínima precisión, y por ende sin afirmar nada más que la existencia de una transmisión iniciática[40]. En todo caso, es bien seguro que la forma de esa iniciación no era aquella de la Orden de los Elegidos Cohen, puesto que no existía

---

[39] Los trescientos años de que habla Falcke coinciden aproximadamente con la época de la expulsión de los judíos de España, De todos modos, no queremos decir que haya que atribuir mayor importancia a este particular.

[40] "Nunca intenté inducir a nadie a error, ni tampoco engañar a personas que de buena fe se acercaron a mí para asimilar los conocimientos que me trasmitieron mis predecesores". (Citado por Papus, *Martines de Pasqually*, pág. 122)

antes de Martines mismo, y nosotros percibimos cómo la elabora poco a poco, desde 1754 hasta 1774, sin que haya logrado siquiera terminar de organizarla completamente[41].

Puede aquí sugerirse un tema que alguien podría objetar, a saber, que si Martines había recibido la "misión" de parte de alguna organización iniciática, ¿cómo pudo ser que su Orden no haya estado de algún modo totalmente "preformada" desde el comienzo, con sus rituales y grados, y que de hecho no haya podido superar jamás el estado de bosquejo imperfecto, sin incluir nada definitivamente estable? Indudablemente, muchos de los sistemas masónicos de altos grados que vieron la luz hacia la misma época padecieron similares situaciones, e incluso algunos no existieron nunca más que "en los papeles". Pero si éstos representaban simplemente las concepciones particulares de un individuo o de un grupo, no hay en ello nada de sorprendente, mientras que en el caso de la obra de un representante autorizado de una organización iniciática real parecería que las cosas debieran haberse desarrollado de manera totalmente diferente. Pero esto no es más que considerar las cosas de una manera muy superficial: en realidad, debe tenerse en cuenta por el contrario que la "misión" de Martines implicaba precisamente un trabajo de "adaptación" tendente a la formación de la Orden de los Elegidos Cohen, trabajo que no habían podido desarrollar sus "predecesores" porque, por una u otra razón, no había llegado aún el momento, y posiblemente porque ni siquiera habrían podido encararlo, y enseguida diremos el motivo.

---

[41] Cuando Willermoz dice que "había sucedido al padre en su ministerio", no debe interpretarse, como lo hace demasiado apresuradamente von Rijnberk, "como Maestro Soberano de la Orden", Orden de la que en ese entonces ni siquiera se había oído hablar.

Martines no pudo concluir con el trabajo, pero ello no prueba nada absolutamente en contra de lo que se encontraba en su punto de partida. En verdad, parecería que dos fueron las causas que confluyeron para que se diera este jaque parcial: por un lado, es posible que una serie de circunstancias desfavorables haya continuamente obstaculizado los propósitos de Martines, y, por otro, también es posible que él mismo haya sido inferior a los requerimientos que presentaba el trabajo, a pesar de los "poderes" de orden psíquico que manifiestamente poseía y que deberían habérselos facilitado, ya sea que los tuviera de manera totalmente natural y espontánea, como a veces sucede, ya sea, más probablemente, que los poseyera como consecuencia de una "preparación" recibida especialmente a tal efecto. El mismo Willermoz reconoce que "sus inconsecuencias verbales y sus imprudencias le valieron reproches y muchos contratiempos"[42]. Al parecer, tales imprudencias consistieron especialmente en promesas que no podía cumplir, al menos inmediatamente, y también en aceptar a veces demasiado fácilmente individuos que no estaban suficientemente "cualificados". Indudablemente, como muchos otros, después de recibir la requerida "preparación", tuvo que actuar por su cuenta y riesgo. Al menos, no parece haber cometido nunca errores tales que hicieran que le retiraran la "misión", ya que siguió activamente su obra hasta el último momento, y aseguró su transmisión antes de morir.

Por otra parte, estamos muy lejos de suponer que la iniciación recibida por Martines superara un grado bastante limitado. En todo caso, no sobrepasaba el área de los "pequeños misterios", ni pensamos tampoco que sus conocimientos, si bien muy reales, hayan

---

[42] Carta ya citada dirigida al barón de Türkheim, en julio de 1821.

tenido verdaderamente el carácter "trascendente" que él mismo parece haberles atribuido. Hemos expresado nuestra opinión al respecto en otra ocasión[43], donde señalábamos como rasgos característicos el aspecto de "magia ceremonial" de las "operaciones" rituales, y la importancia atribuida a resultados de orden puramente "fenoménico". Sin embargo, esto no es razón suficiente para reducir a estos últimos, ni con más razón a los "poderes" de Martines, al rango de simples "fenómenos metapsíquicos" tal como hoy en día se los entiende. Van Rijnberk, que parece ser de esta opinión, se ilusiona demasiado sobre el alcance de tales fenómenos, así como sobre las teorías psicológicas modernas, que en lo que a nosotros respecta nos es totalmente imposible compartir.

Debemos aún agregar una consideración más que es particularmente importante, y es el hecho mismo de que siendo la Orden de los Elegidos Cohen una forma nueva, no le permitía constituir por sí sólo y de manera independiente una iniciación válida y regular. Por tal motivo, no podía reclutar miembros más que entre los que ya pertenecían a una organización iniciática, a la que venía entonces a superponerse como un conjunto de grados superiores. Y, como ya dijimos anteriormente, tal organización, que le proveía de la base indispensable que de otro modo hubiera carecido, debía ser, inevitablemente, la Masonería. En consecuencia, una de las condiciones requeridas para la "preparación" de Martines, además de las enseñanzas recibidas de otras fuentes, era la posesión de los grados masónicos. Esta condición debió con seguridad faltar a sus "predecesores", y por ello no habrían podido hacer lo que él hizo. Efectivamente, como masón, y no de otra manera, se presentó Martines desde el comienzo, y fue "en el interior" de logias

---

[43] "Un nouveau livre sur l'Ordre des Elus Cohen", número de diciembre de 1929.

preexistentes donde, como todo fundador de un sistema de altos grados, emprendió la tarea de levantar, con más o menos éxito, los "Templos" donde algunos miembros de esas mismas logias, elegidos como los más aptos, trabajarían de acuerdo al ritual de los Elegidos Cohen. Al menos sobre este punto no puede haber equívocos: si Martines recibió una "misión", ella fue la de fundar un rito o un "régimen" masónico de altos grados, donde poder introducir, revistiéndolas de forma apropiada, las enseñanzas a las que había accedido en otra fuente iniciática.

Cuando se examina la actividad iniciática de Martines, nunca debe perderse de vista lo que acabamos de decir, o sea, su vinculación doble a la Masonería y a otra organización mucho más misteriosa, siendo la primera indispensable para que pudiera desempeñar el papel que le asignaba la segunda. Por lo demás, su misma filiación masónica encierra algo enigmático acerca de lo cual no hay nada preciso (lo que por otra parte no resulta excepcional en una época en que la variedad de ritos y "regímenes" era increíblemente vasta), pero la situación es anterior a 1754, puesto que desde esa fecha se muestra no sólo como masón, sino también como revestido de altos grados "escoceses"[44]. Esto fue lo que le permitió emprender la constitución de sus "Templos", con más o menos éxito en cada caso, "en el interior" de las logias de varias ciudades del Mediodía francés, hasta el momento en que, en 1761, se estableció definitivamente en Burdeos. No pensamos que sea necesario recordar aquí todas las

---

[44] De todas maneras, debemos manifestar nuestras reservas sobre el carácter masónico atribuido al "Caballero de la Rosa Floreciente" y su título de "Escudero": si bien es cierto que se trataba del nombre de un grado escocés (grado que se conservó hasta nuestros días en el Régimen Rectificado), en el caso de Martines, su mención en los documentos oficiales profanos parecería mas bien indicar que se trataba simplemente de un título nobiliario. Sin embargo, también es verdad que una cosa no excluye la otra.

vicisitudes conocidas por las que pasó; recordaremos solamente que la Orden de los Elegidos Cohen estaba muy lejos entonces de haber logrado su conformación definitiva, puesto que de hecho ni la lista de los grados, ni con más razón sus rituales, llegaron nunca a quedar establecidos definitivamente.

El otro aspecto de la cuestión, según nuestra óptica, es el más importante. Es esencial ante todo destacar que el mismo Martines nunca tuvo la pretensión de ser el jefe supremo de una jerarquía iniciática. Su título de "Gran Soberano" no es objeción válida, ya que la palabra "Soberano" aparece también en los títulos de diversos grados y funciones masónicas, sin que en realidad esto implique de ninguna manera que quien lo lleve esté exento de toda subordinación. Entre los mismos Elegidos Cohen, los "Réaux-Croix" también se calificaban como "Soberanos", y Martines era "Gran Soberano" o "Soberano de los Soberanos" porque su jurisdicción se extendía sobre todos los demás. Por otra parte, la mejor prueba de lo que acabamos de decir se encuentra en este pasaje de una carta de Martines a Willermoz, fechada el 12 de septiembre de 1768: "La apertura de las circunferencias que realicé el 12 de septiembre pasado fue al solo efecto de abrir la operación de los equinoccios prescritos, para no faltar a mi obligación espiritual y temporal. Quedan abiertos hasta los solsticios, y controlados por mí, a fin de estar preparado a operar y rezar en favor de la salud y tranquilidad de ánimo y espíritu de ese jefe principal que os es tan desconocido a vos como a todos vuestros hermanos Réaux-Croix, y que yo debo callar hasta que él mismo se haga conocer. No temo ningún acontecimiento negativo, ni para mí en particular, ni para la Orden en general, por lo mucho que la Orden perdería si tuviera que perder a un jefe así. No os puedo hablar sobre este tema sino alegóricamente"[45]. Luego Martines, según sus propias declaraciones, no era de ningún modo el "jefe principal" de la Orden de los Elegidos Cohen; pero como vemos a Martines constituir personalmente y bajo nuestros ojos a la Orden, dicho jefe no podría ser más que el o los jefes de la organización inspiradora de la nueva formación. ¿Y acaso el temor de Martines no sería el de que de desaparecer ese personaje se interrumpieran prematuramente ciertas comunicaciones? Por otra parte, es muy evidente que la forma en que es presentado sólo puede aplicarse a un hombre vivo, y no a una entidad más o menos fantasmagórica. Lo que decimos no es nada superfluo, conociendo la manera en que los ocultistas han difundido tantas otras ideas extravagantes parecidas a ésta.

Quizá podría aún decirse que se trataba solamente del jefe oculto de alguna organización masónica[46]; pero esta hipótesis se descarta por otro documento que aporta van Rijnberk, que es un resumen hecho por el barón de Türkheim de una carta que le enviara Willermoz el 25 de marzo de 1822, que comienza así: "En lo referente a Pasqualy, éste siempre había dicho, en su calidad de Soberano

---

[45] Cita de P. Vulliaud, *Les Rose-Croix lyonnais au XVIII siècle*, pág. 72. Verdaderamente no sabemos porqué, a este propósito, habla Vulliaud de "Superiores Incógnitos", hasta llegar a afirmar que Martines se refiere a ellos en la carta, cuando la misma no contiene la menor alusión a una denominación de ese tipo. Por otra parte, cuando Martines se expresa "alegóricamente" es muy probable que quiera decir "enigmáticamente", ya que en todo lo que dice no hay huella alguna de "alegoría".

[46] Si así fuera, se identificaría quizá, para algunos, con el pretendiente al trono de Carlos Eduardo Estuardo, a quienes se ha atribuido bien o mal un papel similar. Si aludimos a ellos es porque la cosa podría asumir algún viso de verosimilitud por el hecho de que el "Caballero de la Rosa Floreciente" habla de las "señales de estima y de reconocimiento que el pretendiente Estuardo parecía testimoniar a Martines" en la época cuando se presentó ante las logias de Toulouse, es decir, en 1760, ocho años antes de la carta que venimos de citar. Pero lo que sigue demostrará que debe tratarse realmente de otra cosa.

Réaux constituido como tal para su región, que comprendía toda Europa, que él podía establecer y sostener sucesivamente doce Réaux, que habrían estado bajo su dependencia y que él llamaba sus Émulos"[47]. De lo que se desprende que Martines debía sus "poderes", por otra parte cuidadosamente delimitados, a una organización existente fuera de Europa, caso que no era el de la Masonería en esa época[48], porque si hubiera estado localizada en la misma Europa, la "delegación" conferida a Martines no hubiera podido implicar una verdadera "soberanía".

Por el contrario, si es exacto lo que dijimos del origen sefardí de la iniciación de Martines, tal sede podría perfectamente ubicarse en África del Norte, y en realidad ésta es la hipótesis más verosímil. Pero, en tal caso, es claro que no podría tratarse de una organización masónica, y que no es por ese lado donde debe buscarse la "potencia" que había revestido a Martines como "Soberano Réaux" para una región que coincidía con el área de influencia de la Masonería en su conjunto, lo que justificaba, por otra parte, la fundación realizada por él, bajo la especial forma de un "régimen" de altos grados, de la Orden de los Elegidos Cohen[49].

---

[47] Se trata de los también llamados "Soberanos", como ya dijimos. Nótese el número de doce que reaparece constantemente cuando se trata de la constitución de centros iniciáticos, cualquiera sea la forma tradicional a que pertenezcan.

[48] Es inútil referirse aquí a América que, por ese entonces, desde el punto de vista masónico, no era sino una simple "dependencia" de Europa.

[49] Las palabras de Willermoz parecen indicar que la región puesta bajo la autoridad de Martines no se reduciría exclusivamente a Europa. En efecto, la misma debería abarcar también América, como demuestra la importancia que posteriormente asumió Santo Domingo en la historia de su vida y de la Orden. Lo que confirma aún más el hecho de que el campo de acción que se le había atribuido coincidía con el grupo de países en los que existía la Masonería, y donde ésta constituía la única organización iniciática subsistente por

No puede negarse que el fin de esta Orden sea menos oscuro que sus comienzos. Los dos sucesores de Martines no ejercieron por mucho tiempo la función de "Gran Soberano", pues el primero, Caignet de Lestère, murió en 1778, cuatro años después que Martines, y el segundo, Sébastien de Las Casas, se retiró dos años después, en 1780. ¿Qué subsistió después como organización regularmente constituida? Parece ser que, efectivamente, no se conservó demasiado, y que en algunos "Templos" se mantuvieron hasta un poco más allá de 1780, sin tardar en cesar toda actividad. En cuanto a la designación de otro "Gran Soberano" tras el retiro de Sébastien de Las Casas, no se la menciona en ninguna parte. Sin embargo, hay una carta de Bacon de La Chevalerie, del 26 de enero de 1807, que habla del "silencio absoluto de los Elegidos Cohen, que actúan siempre con la mayor reserva ejecutando órdenes supremas del Soberano Maestro, el G∴ Z∴ W∴ J∴... Pero ¿qué puede deducirse de tan bizarra como enigmática expresión, y posiblemente nada más que fabuladora? En todo caso, en la carta de 1822 recientemente citada, Willermoz declara que de todos los Réaux que había conocido personalmente, ninguno quedaba con vida, de manera que le resultaba imposible indicar alguno después de aquél. Y si ya no quedaban más "Réaux-Croix", tampoco era posible ninguna transmisión para perpetuar la Orden de los Elegidos Cohen.

Fuera de la "supervivencia directa", según expresión de van Rijnberk, éste considera todavía la posibilidad de una "supervivencia indirecta", consistente en lo que denomina las dos "metamorfosis willermosista y martinista", pero es un error que hay que disipar. El Régimen Escocés Rectificado no es de manera alguna una

---

ese entonces que pudiera proporcionar una base para el trabajo que se le había encomendado.

metamorfosis de los Elegidos Cohen, sino en realidad una derivación de la Estricta Observancia, lo que es completamente diferente. Y si es verdad que Willermoz, por el papel preponderante que jugó en la elaboración de los rituales de sus grados superiores, y particularmente en aquel del "Caballero Bienhechor de la Ciudad Santa", pudo introducir algunas de las ideas que había tomado de la organización de Martines, no lo es menos que los Elegidos Cohen, en su gran mayoría, le reprocharon ásperamente el interés que tenía hacia otro rito, lo que a sus ojos representaba casi una traición, así como reprochaban a Saint-Martin una cambio de actitud de otro tipo.

Respecto del caso de Saint-Martin, nos demoraremos un poco, aunque no sea más que por el hecho de todo lo que se pretende derivar de él en nuestra época. La verdad es que si Saint-Martin abandonó todos los ritos masónicos que había practicado, incluso el de los Elegidos Cohen, fue para adoptar una actitud exclusivamente mística y, por tanto, incompatible con la perspectiva iniciática y que, en consecuencia, no fue sin duda para fundar a su vez una nueva orden. En efecto, el nombre de "Martinismo", de aplicación exclusiva en el mundo profano, no se aplicaba sino a las doctrinas particulares de Saint-Martin y de sus adherentes, ya en relación directa con él o no. Lo más significativo es que el mismo Saint-Martin llegó a denominar "martinistas", no sin un dejo irónico, a los simples lectores de sus obras. Pese a todo, parecería que alguno de sus discípulos ha recibido individualmente cierto "depósito" de su parte, que por otro lado, a decir verdad, estaba constituido solamente por "dos letras y algunos puntos", y tal es la transmisión que se habría verificado en los comienzos del "martinismo" moderno. Pero, y aunque la cosa fuera real, ¿cómo una transmisión de este tipo, efectuada al margen de todo rito, puede representar una iniciación cualquiera? Las dos letras en cuestión son las iniciales S. I., las que, cualquiera sea la interpretación que se les asigne (y las interpretaciones son muchas), parecen haber ejercido una verdadera fascinación sobre algunos; pero, en el caso que nos ocupa ¿de dónde podrían provenir? Con toda seguridad, no se trata de una reminiscencia de los "Superiores Incógnitos"[50] de la Estricta Observancia. Además, no es necesario ir a buscar tan lejos cuando algunos Elegidos Cohen usaban estas iniciales en su propia firma. Van Rijnberk formula al respecto una hipótesis muy plausible, según la cual habrían sido el signo distintivo del "Soberano Tribunal" encargado de la administración de la Orden (y del cual formaban parte el mismo Saint-Martin y también Willermoz), por lo que no habría significado un grado sino una función.

Sin embargo, en estas condiciones, podría parecer extraño que Saint-Martin haya elegido tales iniciales en vez de, por ejemplo, R. C., a menos que no hubieran contenido por sí algún significado simbólico propio, de donde en definitiva derivarían sus diferentes usos. Como quiera que sea, es un hecho curioso, que demuestra que efectivamente Saint-Martin les atribuía cierta importancia, y es que en su *Crocodile* formó con esas iniciales la denominación de una imaginaria "Sociedad de los Independientes", que por otra parte no es verdaderamente una sociedad ni tampoco una organización cualquiera, sino una especia de comunidad mística presidida por Madame Jof, es decir, por la Fe personificada[51].

---

[50] "*Superieurs Inconnus*" en el texto (N.del T.)

[51] Por su parte, también Willermoz usó de las mismas iniciales para denominar como "Sociedad de los Iniciados" al grupo, esta vez muy real, que fundó para el estudio de ciertos fenómenos.

Otra cosa muy extraña es que hacia el final de la historia, un judío, Eleazar, fuera admitido en esta "Sociedad de los Independientes". Sin duda puede verse allí una alusión, no a algo que se refiera personalmente a Martines, sino más bien al paso de Saint-Martin desde la doctrina de los Elegidos Cohen a ese misticismo en el que habría de encerrarse durante la última parte de su vida. Comunicando a sus discípulos más cercanos las iniciales de S. I. como una especie de signo de reconocimiento, ¿no querría decir de alguna manera que ellos podían considerarse miembros de lo que él hubiera querido representar como la "Sociedad de los Independientes?"

Estas últimas observaciones harán comprender sin duda porqué estamos muy lejos de compartir las opiniones demasiado "optimistas" de van Rijnberk cuando, preguntándose si la Orden de los Elegidos Cohen "pertenece completa y exclusivamente al pasado" se inclina por la negativa, aún reconociendo la ausencia de toda filiación directa, que es lo único que debe considerarse en el dominio iniciático. El Régimen Escocés Rectificado sigue de todas maneras existiendo a pesar de lo que estamos diciendo. Y en cuanto al "Martinismo" moderno, podemos asegurar que tiene muy poco que ver con Saint-Martin, y absolutamente nada con Martines y los Elegidos Cohen.

Reseñas de libros aparecidas en
"Le Voile d'Isis" – *"Études traditionnelles"*
(1929-1940)

JULIO DE 1929

1.- *L'Elue du Dragon* (*"El elegido del Dragón"*), ("Les Etincelles").
Esta novela fantástica y anónima, alrededor de la cual hay
actualmente gran revuelo en ciertos medios antimasónicos, se ofrece
como un extracto más o menos "arreglado" de las memorias de una
tal Clotilde Bersone, supuesta alta dignataria de una "Gran Logia de
los Iluminados" que dirigiría de forma oculta todas las ramas de la
Masonería universal, convertida más tarde debido a ciertas
desventuras y refugiada en un convento. Se pretende que existe, en la
biblioteca de dicho convento del que no se cita el nombre, un doble
manuscrito auténtico de estas memorias, que datan de 1885; y se
añade que "éstas han sido cuidadosamente copiadas, reunidas y
enriquecidas con notas críticas de una singular pertinencia, por el R.
P. X * * *, de la Compañía de Jesús, recientemente fallecido". Los
Études, cuyos redactores saben a qué atenerse, al menos sobre este
último punto, ya han puesto a sus lectores en guardia contra lo que
justamente han calificado de "fábulas malsanas", evocando así las
invenciones de Léo Taxil y las "revelaciones" de la imaginaria Diana
Vaughan. Existe, en efecto, una extraña semejanza entre ésta y
Clotilde Bersone, cuya existencia apenas nos parece menos
problemática; pero hay personas que son incorregibles y han
continuado creyendo en los relatos de Taxil después de que él mismo

haya confesado sus mentiras, al igual que creen todavía en la autenticidad de los *Protocolos de los Sabios de Sión*, a pesar de todas las informaciones aportadas sobre su origen real, y éstos no dejarán de prestar oídos del mismo modo a esta extravagante novela.

Bien que el autor de la novela se lo haya inventado todo él mismo, bien haya sido engañado por otros, es evidente, en cualquier caso, que se trata de una pura y simple engañifa; por otra parte, las supercherías de este género, por hábiles que sean, siempre conllevan ciertas marcas que no permiten engañarse cuando se está un poco al corriente de ciertas cosas. Efectivamente, a menudo hemos notado muchas de estas marcas, especialmente en la descripción de la organización de la pretendida "Alta Logia" de que se trata: ¿qué pensar, por ejemplo, del título de "Gran Oriente" dado a su jefe, y que, aplicado a un hombre, está totalmente desprovisto de significado? ¿Qué pensar de esa fantástica jerarquía en la cual los "adeptos" ocupan el rango más inferior, por debajo de los "afiliados" y de los "iniciados"? Precisamente hemos tenido ocasión de señalar, en nuestro artículo del pasado febrero, el error que casi constantemente cometen los "profanos" con respecto al término "adeptos", que en realidad designa el grado supremo de una jerarquía iniciática; naturalmente, nuestro autor no ha dejado de caer en el mismo error. Los hay aún mejores: se hace mencionar por Clotilde Bersone (p. 61) "el *Nekam Adonaï* de los Rosacruces" (*sic*); de modo que esta "iniciada" de una Masonería superior ni siquiera conoce los grados de la Masonería ordinaria...

Si estos detalles característicos pueden, en razón de su carácter "técnico", escapar a la mayoría de los lectores, éstos al menos deberían extrañarse de las barbaridades que ofrece el lado "histórico" del relato. ¿Cómo podría una organización verdaderamente secreta contar con miembros tan numerosos y tan mediocres en todos los aspectos? ¿Y cómo, en semejantes condiciones, jamás se ha producido ninguna indiscreción que hiciera conocer su existencia al exterior? ¿A quién, aparte de los ingenuos de los que hablábamos antes, se puede esperar hacer creer que todo el personal gubernamental de la tercera República se dedicó a hacer evocaciones diabólicas, y que políticos tan mediocres como Grévy o Jules Ferry, que ciertamente no tienen nada de "Superiores Incógnitos", eran místicos luciferinos de alto rango? Pero he aquí algo que todavía es más decisivo: en el capítulo II de la tercera parte, el emperador Guillermo I es descrito, en 1879, como completamente extraño a la Masonería e ignorante por completo de ésta; ahora bien, la verdad es que, en la época indicada, este supuesto "profano" ya era masón desde hacía treinta y nueve años. Efectivamente, fue iniciado el 22 de mayo de 1840, algunas semanas antes de la muerte de su padre Federico-Guillermo III, en la Gran Logia Nacional de Alemania en Berlín; recibió los tres grados simbólicos el mismo día, y después fue nombrado miembro de tres Grandes Logias y patrón de todas las Logias de Prusia; desempeñó además un activo papel masónico, y él mismo inició a su hijo, el futuro Federico III, el 5 de noviembre de 1853, y le designó patrón reputado de las Logias prusianas cuando llegó a ser rey, en 1861. He aquí pues un error histórico de buen tamaño, según el cual podrá juzgarse el valor de todas las demás afirmaciones, más o menos inverificables, contenidas en el mismo volumen.

No nos hubiéramos detenido tan ampliamente en esta malintencionada estupidez si no fuera porque algunos, como decíamos al principio, se esfuerzan en tomarla en serio; pero somos de la opinión de que es un verdadero deber denunciar las engañifas cuando la ocasión se presenta y de cualquier parte que provengan; especialmente en una época como la nuestra, todo aquello que pueda aumentar el desequilibrio mental no podría ser considerado como algo inofensivo.

OCTUBRE DE 1930

2.- *Les Forces secrètes de la Rèvolution* (*Las Fuerzas secretas de la Revolución*), por **Lèon de Poncins**; nueva edición revisada y aumentada (Editions Bossard). Se trata de una obra antimasónica del tipo que podríamos llamar "razonable", en el sentido en que, manteniéndose casi exclusivamente en el terreno político, nos ahorra las diablerías a lo Léo Taxil. El autor es incluso lo bastante prudente como para no utilizar ciertos documentos sospechosos; pero su tesis de la unidad de la Masonería es muy poco sólida, y exagera mucho la influencia judía. Además, se hace una idea totalmente imaginaria de los altos grados, a los que incluso llega a confundir con ciertas organizaciones no masónicas.

3.- *Lettera di Giovanni Pontano sul "Fuoco Filosofico"* [*Carta de Giovanni Pontano sobre el "Fuego Filosófico"*], introducción, traducción y notas de Mario Mazzoni (Casa Editrice Toscana, San Gimignano, Siena). En este opúsculo, el segundo de una serie dedicada al hermetismo y de la cual ya nos ocupamos anteriormente del primero, el texto propiamente dicho tiene poco lugar: en efecto, la carta es muy corta, aunque importante por el asunto que trata. Está situada entre una introducción que, conteniendo muchas interesantes indicaciones, apenas aclara suficientemente la cuestión del "Fuego filosófico", y diversos apéndices en los que hallamos en primer lugar la traducción de un extracto del libro de Mme. David-Neel, *Mystiques et Magiciens du Thibet*, luego una nota sobre la fabricación del "Oro filosófico" según los "Iluminados de Avignon", y finalmente la serie del estudio de los símbolos herméticos comenzada en el primer opúsculo. Es lamentable que los nombres propios estén a menudo tan desfigurados, y que haya que ver en las notas algunos errores históricos sorprendentes, que, por ejemplo, hacen de Nicolas Flamel un médico, de Guillaume Postel un amigo (luego un contemporáneo) de Eliphas Lévi, y que hacen vivir al alquimista Geber en el siglo VIII antes de la era cristiana...

JUNIO DE 1932

4.- HENRI-JEAN BOLLE, *Le Temple, Ordre initiatique du moyen âge* [*El Temple, Orden iniciática de la Edad Media*] (Association Maçonnique Internationale, Genève). Esta obra ofrece en primer lugar un breve resumen de la historia de la Orden del Temple, tras la cual el autor intenta determinar lo que podía ser su doctrina, a fin de ver "en qué medida se relaciona, sea por filiación histórica, sea espiritualmente, con la Masonería que, según muchos de sus sistemas, la considera como uno de sus antepasados". La conclusión es que, aunque no sea sino legendaria, "esta tradición tiene al menos el mérito de no ser anacrónica", que "además es muy bella y está llena de sentido", y que su carencia de fundamento histórico, aunque estuviera probada, "no podría constituir un argumento contra los altos grados". Hay muchas insuficiencias en ciertos aspectos (y no hablamos solamente de las inevitables lagunas en semejante asunto), pues el autor quizá no acaba de darse cuenta de lo que es la verdadera iniciación, que implica algo muy distinto a esas ideas de "tolerancia" o de "libertad de conciencia"; pero, tal como es, este trabajo no deja de testimoniar ciertas preocupaciones que, dado su origen, son interesantes de señalar.

5.- LÉON DE PONCINS. *Refusé par la Presse* [*Rechazado por la Prensa*] (Editions Alexis Redier). Este volumen continúa a otro titulado *Les Forces secrètes de la Rèvolution*, del cual dimos cuenta aquí en su tiempo; su título se explica por el hecho de que los capítulos que lo componen, presentados primero como artículos separados en diversos periódicos o revistas, no fueron aceptados por ninguno de ellos. Mal trabajo haríamos en criticar una obra en la que somos ampliamente citados, en todo lo que concierne a la "crisis del mundo moderno" y a los problemas relacionados, y que incluso lleva en el epígrafe una frase de nuestro *Théosophisme*. Tan sólo diremos que las especiales preocupaciones del autor, demasiado exclusivamente políticas en nuestra opinión, le hacen a veces presentar ciertos textos con una intención que no es exactamente aquella con la que los habíamos escrito: así, en el pasaje que cita en la p. 55, no es exactamente en la Masonería en lo que pensábamos... Pero no es menos cierto que estas citas hechas con simpatía nos recompensan de los insultos y de las hirientes manifestaciones de algunos otros "anti-masones".

OCTUBRE DE 1933

6.- ROGER DUGUET, *La Cravate blanche* [*La Corbata blanca*]. (Nouvelles Editions Latines, París). En esta novela, que se presenta como "una especie de réplica al *Elue du Dragon*", de fantástica memoria, el antiguo redactor de la R. I. S. S. ha querido mostrar ciertas interioridades, verdaderas o supuestas, de la política contemporánea; pero no reside aquí, a nuestro entender, el aspecto más interesante de su libro. Sin duda se estará tentado de ver en ella una "novela en clave", en lo que no se errará enteramente; sin embargo, sería probablemente vano querer identificar a cada uno de los personajes, pues, en el principal de ellos, el general de Bierne, hemos reconocido ciertos rasgos visiblemente tomados de Mons. Jouin, junto a otros que, no menos evidentemente, no convienen en absoluto a éste; es preciso entonces admitir que estamos en presencia de personajes "compuestos". Sea como sea, se trata de una edificante novela de intrigas que realmente han debido suceder en torno a la R. I. S. S.; y, por momentos, se tiene la impresión de que el autor ha querido así vengarse por haber sido excluido de ciertos medios; los documentos de Aleister Crowley, las intervenciones de agentes secretos ingleses y americanos, el espionaje disimulado "bajo la máscara del esoterismo", todo ello nos recuerda muchas cosas... Se ve también aparecer por ahí una "vidente" (de hecho, casi siempre hay alguna en semejantes aventuras); y, como por azar, los papeles más odiosos son atribuidos a sacerdotes. En cuanto a la trama de la historia, confesamos no creer apenas en la existencia de una sociedad secreta llamada de los "Optimistas", que tendría como Gran Maestre a Pierre Laval, y que daría órdenes a todo el mundo, incluidos los más altos dignatarios de la Iglesia; fantasmagorías aparte, no es mucho menos creíble que la "Gran Logia de los Iluminados", y que sin duda se sirve, para extender ciertas sugestiones a través del mundo, de medios más sutiles; además, ¿por qué emplear este nombre de "Optimistas", que al menos por su consonancia (e incluso aunque esta similitud no sea imputable sino a la "malicia de las cosas") evoca de forma más bien molesta a los *Optimates* del imaginativo Léo Taxil?

7.- PIERRE DE DIENVAL. *La clé des Songes* [*La clave de los Sueños*] (Imprimerie Centrale de la Bourse, París). "El mundo en el que nos movemos es mucho más falso que un escenario teatral": nada es más cierto, pero, ¿lo es exactamente de la manera en que lo pretende el autor de este libro? Su tesis es que existe cierto "secreto monetario", que según él sería la verdadera "piedra filosofal", y que a la vez estaría detentado por dos grupos de "iniciados", uno inglés y el otro judío, que lucharían entre sí por el dominio oculto del mundo, entendiéndose ocasionalmente contra terceros; y este secreto sería el de la Masonería, un instrumento creado por el grupo inglés para asegurar su influencia en todas partes. Hay aquí ideas que, a primera vista, recuerdan extrañamente a las que antaño fueron expuestas en las publicaciones del Hiéron de Paray-le-Monial y en las obras de Francis André (Mme. Bessonnet-Favre); y esta similitud prosigue en puntos más particulares, a través de muchas consideraciones históricas o supuestamente tales: el papel atribuido a los Templarios por un lado, el de Juana de Arco por otro, un pretendido "celtismo" representado por la raza "francesa" (?), y así sucesivamente. No obstante, hay una diferencia esencial: y es que este libro, lejos de ser de espíritu católico, es bastante claramente irreligioso; no sólo el autor, llevado por su antijudaísmo, niega furiosamente la inspiración divina de la Biblia (que, según dice, "no es en absoluto un libro religioso en el sentido que los franceses dan a esta palabra"... ¡como si debiera existir una concepción específicamente "francesa" de la religión!), sino que además se entiende muy bien que para él, en el fondo, toda religión es algo puramente humano... y político. Por otra parte, considera fríamente la hipótesis de que el papel desempeñado hasta ahora por la Masonería será confiado a la Iglesia católica, gracias a la "domesticación del Papa" (*sic*); e incluso, de entenderle, esta hipótesis ya se habría realizado en parte: en efecto, ¿no denuncia la canonización de Juana de Arco, que a sus ojos implicó el error de quitarle "su carácter de heroína nacional", como "una maniobra llevada a cabo con la odiosa ayuda de los jefes oficiales de la Iglesia católica, puestos progresivamente al servicio de los maestros ocultos de Inglaterra"? Pero dejemos esto y, sin entretenernos en apuntar las numerosas fantasías pseudo-históricas de las que está llena la obra, vayamos a lo esencial: en principio, nuestro autor no tiene evidentemente ni la menor idea de lo que es la iniciación; y, si los "altos iniciados" (a quienes se representa como formando un "comité superior", sin duda a la manera de los administradores de una sociedad financiera) no tuvieran otras preocupaciones que las que les imputa, serían simplemente los últimos de los profanos. Después, el pretendido "secreto", tal como lo expone, es, y él mismo lo reconoce, de una simplicidad infantil; si fuera así, ¿cómo habría podido este "secreto" mantenerse tan bien guardado? ¿Y cómo muchos otros, en todas las épocas, no lo habrían descubierto al igual que él? De hecho, no se trata más que de una ley elemental que concierne a las posibilidades; el autor traza incluso un gráfico en el que, cosa divertida, quiere encontrar la explicación del "triángulo equilátero entrelazado con un compás" (?), al que cree "el emblema de la Masonería", la cual, añadamos de paso, no fue "fundada por Ashmole en 1646"; ¡al menos, hay aquí algo tan poco banal como el simbolismo! Muy lejos estamos de dudar que exista, o que haya existido, una "ciencia monetaria" tradicional, y que esta ciencia tenga sus secretos; pero éstos, aunque no tengan nada que ver con la "piedra filosofal", son de una naturaleza muy distinta a la que aquí vemos; más aún, repitiendo hasta la saciedad que la moneda es algo puramente "material" y "cuantitativo", avanza precisamente en el sentido deseado por aquellos a quienes pretende enfrentarse, y que son en realidad los destructores de esta ciencia tradicional, así como de cualquier otro conocimiento que posea el mismo carácter, ya que son ellos quienes han arrancado del espíritu moderno toda noción que supere el dominio de la "materia" y de la "cantidad". Éstos, aunque no sean "iniciados" (pues dependen de la "contra-iniciación"), en absoluto están ellos mismos engañados con ese "materialismo" que han impuesto al mundo moderno, con fines que no son en absoluto "económicos"; y, sean cuales sean los instrumentos de los que se sirven según las circunstancias, son más difíciles de descubrir a como lo sería un "comité" o un "grupo" cualquiera de ingleses o de judíos... En cuanto a la verdadera "ciencia monetaria", simplemente diremos lo siguiente: si fuera de orden "material", sería perfectamente incomprensible que, en tanto que ha tenido una existencia efectiva, las cuestiones que a ella se refieren no hayan sido dejadas a la discreción del poder temporal (¿cómo habría podido ser éste acusado de "alterar las monedas" si hubiera sido soberano a este respecto?), y no hayan estado, por el contrario, sometidas al control de una autoridad espiritual (hemos aludido a ello en *Autorité spirituelle et pouvoir temporel*), control que se afirmó por algunos signos de los que un último vestigio incomprendido se encuentra en las inscripciones que, no hace aún mucho tiempo, figuraban en el canto de las monedas; pero, ¿cómo hacer comprender esto a alguien que lleva el "nacionalismo" (otra de esas sugestiones destinadas a la destrucción sistemática de todo espíritu tradicional) hasta el punto de librarse a un ditirámbico elogio de Felipe el Hermoso? Además, es un error decir que los metales "monetarios" no poseen por sí mismos un valor propio; y, si su valor es esencialmente simbólico (oro y plata, Sol y Luna), no por ello es menos real, pues no es sino por el simbolismo que las cosas de este mundo están vinculadas a las realidades superiores. A estas objeciones fundamentales debemos añadir algunas consideraciones más bien extrañas: el capítulo dedicado al *Intelligence Service* es muy decepcionante, por no decir inquietante, pues, si bien se encuentran construcciones ingeniosas, aunque hipotéticas, especialmente con respecto al asunto Dreyfus, no se cita un solo hecho preciso y seguro, cuando sin embargo no faltan, e incluso algunos son de notoriedad pública, y no se habría experimentado, a decir verdad, más que la dificultad de la elección… Por otra parte, el autor se remite a un estudio que ya anteriormente había dedicado a cuestiones relacionadas con las que aquí se tratan; ¿cómo es que este feroz antimasón hizo aparecer tal estudio en una publicación cuyas vinculaciones masónicas nos son perfectamente conocidas? No queremos con ello dudar de la buena fe de nadie, pues demasiado bien sabemos cuánta gente es "manejada" sin percatarse de ello lo más mínimo; pero consideramos que este libro es de aquellos que son más propios para confundir la opinión que para aclararla; y nosotros, que observamos estas cosas de una manera muy desinteresada, no podemos evitar la constatación de que las obras de este género se multiplican actualmente en proporciones anormales y bastante inquietantes... Sea como sea, la mejor prueba de que el autor no ha puesto verdaderamente la mano sobre el "gran arcano" que se imagina desvelar es, simplemente, que su volumen ha podido aparecer sin dificultades.

ENERO DE 1935

8.- L. FRY, *Léo Taxil et la Franc-Maçonnerie* [*Léo Taxil y la Francmasonería*] (British-American Press, Chatou). -Este grueso volumen, publicado por los "Amigos de Mons. Jouin", que probablemente sean los antiguos colaboradores de la R.I.S.S., contiene las cartas dirigidas al abad de Bessonies por Léo Taxil y por diversos personajes que estuvieron más o menos relacionados con la singular historia; igualmente se hallarán algunos discursos en los que Taxil confiesa su fraude, y las explicaciones del editor de las *Mémoires* de Diana Vaughan. En realidad, decir "fraude" es decir poco, ya que la cuestión es más compleja y no tan fácil de resolver; parece que haya algo más, y que Taxil no haya hecho sino mentir otra vez al declarar habérselo inventado todo por propia iniciativa. Se encuentra en ello una hábil mezcla de verdad y de mentira, y es cierto que, como se dice en el prólogo, "la impostura no existe sino en tanto que está basada en ciertos aspectos de la verdad dignos de inspirar confianza"; pero, ¿cuál es el "fondo de verdad" contenido en todo esto? El hecho de que haya en el mundo "satanistas" y "luciferinos", e incluso muchos más de lo que generalmente se cree, es indudable; pero estas cosas no tienen nada que ver con la Masonería; al imputar a ésta lo que realmente se encuentra en otras partes, ¿no habría tenido precisamente el objetivo de despistar la atención y desviar las investigaciones? Si es así, ¿quién puede haber inspirado a Taxil y a sus colaboradores conocidos, sino los agentes más o menos directos de esa "contra-iniciación" de la que dependen todos estos tenebrosos asuntos? Hay por otra parte en todo ello una extraña atmósfera de "sugestión"; es posible darse cuenta de ello al ver, por ejemplo, a un hombre de buena fe como el Sr. de La Rive (y lo hemos conocido lo suficiente como para estar seguros) llegar a traducir sin vacilación por "A Nuestro Santísimo Dios Lucifer Siempre Infinito" una fórmula "inédita" que simplemente significa "En Nombre de la Santísima e Indivisible Trinidad". No podemos siquiera pensar en examinar aquí todos los procedimientos de deformación empleados en las obras de Taxil; uno de los más corrientes es el que consiste en servirse de términos que verdaderamente existen, pero atribuyéndoles un sentido imaginario; así, existió un "Rito del Palladium", pero jamás tuvo nada de luciferino; y los "Triángulos", en la Masonería, no son "Logias ocultas", sino simples Logias en formación, que todavía no poseen el número de miembros requeridos para ser "justas y perfectas"; nos limitaremos a citar estos dos ejemplos, en razón del papel particularmente importante que desempeñaron en todo el asunto. En cuanto a lo que parece ser considerado, con o sin razón, como el punto central, es decir, la existencia de Diana Vaughan, el enigma apenas se ha aclarado y quizá jamás podrá serlo: que una o más personas hayan debido presentarse con este nombre en diversas circunstancias, es algo más que probable; pero, ¿cómo podría esperarse identificarlas? Se han reproducido al final del volumen, con el título "Le Mystère de Léo Taxil et la vraie Diana Vaughan", los artículos aparecidos antaño sobre el tema en la R.I.S.S., y de los cuales ya hablamos en su tiempo; es muy curioso que la nueva "prueba" que aquí se pretende aportar esté relacionada con la historia de las religiosas de Loigny, pero no por ello es más convincente; en el fondo, todo ello no es muy concluyente, ni en un sentido ni en otro... Ahora bien, se plantea una pregunta, que quizá tiene un interés más actual que las restantes: ¿por qué parece que se busca de este modo, desde un cierto aspecto, resucitar ese viejo asunto? Es, se nos explica, porque "el Palladium, puesto en sueños en 1897, parece estar a punto de despertar"; "quizá se trate de una leyenda, se añade, pero está basada en teorías y hechos reconocidos"; ¿debemos suponer estar asistiendo a un intento de desentrañar esta base real, o solamente se trata de ver a la leyenda tomar, como en *L'Elue du Dragon*, una nueva forma no menos "mítica" que la primera? En todo caso, el prólogo mezcla extrañamente las cosas más diversas, poniendo en el mismo plano a las más vulgares agrupaciones "pseudo-iniciáticas" y a organizaciones de un carácter con seguridad mucho más sospechoso, sin hablar de algunas afirmaciones puramente imaginarias, como la que hace de Ram Mohun Roy "un discípulo de los Lamas del Tíbet" y del *Brahmo-Samâj* "un círculo de ocultismo oriental y de mística fundado en Inglaterra en 1830". Pero la última parte del volumen es la reproducción de un artículo de la R.I.S.S. titulado "Les Missionaires du Gnosticisme", dedicado en realidad a la O.T.O.; este artículo, que parece no tener ninguna relación con el resto, ¿no sería, por el contrario, en cierto modo la "clave"? Nos limitaremos a poner aquí un signo de interrogación; si el asunto debe ser resuelto afirmativamente, podría echar una luz singular sobre muchas cosas; y, sin duda, no hemos acabado todavía con todas estas "diablerías".

DICIEMBRE DE 1935

9.- CAMILLE SAVOIRE. *Regards sur les Temples de la Franc-Maçonnerie* [*Miradas sobre los Templos de la Franc-Masonería*] ("Les Editions Initiatiques", París). -Este libro comprende capítulos de un carácter bastante diverso: unos son sobre todo "autobiográficos", en los que el autor muestra especialmente cómo ha sido poco a poco conducido a modificar sus concepciones, en un sentido que las aproxima notablemente al espíritu tradicional; otros, de un alcance más general, en los que expone la manera en la que considera a la Masonería desde diferentes puntos de vista; ciertamente, la intención es excelente, aunque, desde una perspectiva propiamente iniciática y simbólica, las consideraciones que se desarrollan son todavía un poco "exteriores". Al final se reproduce cierto número de documentos destinados a ofrecer de la Masonería una idea más justa de la que ordinariamente se tiene en el mundo profano; y un apéndice indica las razones del despertar en Francia del "Régimen Rectificado", del que el autor es el principal promotor: "un centro masónico que se sustrae a toda influencia política", como dice, es con seguridad, en las actuales circunstancias, algo deseable, si no quiere verse perder irremediablemente a los últimos vestigios de iniciación occidental que todavía subsisten... -Nos permitiremos señalar un error histórico bastante singular (p. 282): L.-Cl. de Saint-Martin jamás fue "canónigo de la Colegial" (¿de Lyon?), sino oficial, y, si bien fue miembro de numerosos ritos masónicos, nunca fundó ninguno; además, jamás ha habido un "sistema masónico" que lleve auténticamente el nombre de "Martinismo", y lo cierto es que, cuando Saint-Martin se retiró de las diferentes organizaciones de las que había formado parte, fue para adoptar una actitud mucho más mística que iniciática, incompatible con la constitución de una "Orden" cualquiera.

JULIO DE 1936

10.- ALBERT LANTOINE. *Histoire de la Franc-Maçonnerie française: La Franc-Maçonnerie dans l'Etat* [*Historia de la Franc-Masonería francesa: la Franc-Masonería en el Estado*] (Emile Nourry, París). -Este libro es la continuación de un primer volumen titulado La Franc-Maçonnerie chez elle, aparecido hace ya una decena de años, aunque muy bien puede leerse independientemente. El autor, al estudiar las relaciones de la Masonería con los diversos gobiernos franceses desde Luis XV hasta la tercera República, da prueba de una notable imparcialidad; y esta cualidad es tanto más loable al tratarse de un tema semejante, que generalmente es tratado con un prejuicio fuertemente acentuado en uno u otro sentido. Así, sin duda llegará a desagradar a la vez a la mayoría de los Masones y a sus adversarios, por ejemplo cuando destruye la leyenda que quiere que la Masonería desempeñó un considerable papel en la preparación de la Revolución, pues, curiosamente, esta leyenda, que debe su nacimiento a escritores antimasónicos tales como el abate Barruel, ha terminado siendo adoptada, mucho más tarde, por los propios Masones. A propósito de ello, es de señalar que, entre los personajes del siglo XVIII que comúnmente son considerados como habiendo estado vinculados a la Masonería, hay muchos en los que no existe el menor indicio serio de que jamás hayan pertenecido realmente a ella; es el caso, entre otros, de la mayoría de los enciclopedistas. Donde el autor se desvía un poco de su actitud imparcial, en nuestra opinión, es cuando habla de lo que él llama la "responsabilidad de los altos grados" en el origen de dicha leyenda; lo hace como alguien que no parezca pensar que pueda haber en los altos grados un sentido más o menos profundo, hasta tal punto que llega a calificarlos de "juegos sin importancia", aunque "de una torpeza insigne", lo que es una opinión muy "profana"; ¿y por qué, al menos, no advierte de la enorme fantasía de las interpretaciones de las palabras hebreas que figuran en un ritual reproducido (p. 152) según un adversario? Esto se vincula por otra parte con una crítica más general, que podríamos formular con respecto a esta obra: y es que a veces se percibe cierta tendencia a tratar demasiado ligeramente todo lo que atañe al simbolismo y al ritual; pero, en razón misma del tema, este defecto no es demasiado aparente, y, en suma, nada quita al mérito y al interés muy reales que presenta tal trabajo desde el punto de vista propiamente histórico, que es aquel en el que el autor ha querido situarse.

11.- ANDRÉ LEBEY. *La Vérité sur la Franc-Maçonnerie par des documents, avec le Secret du Triangle* [*La Verdad sobre la Franc-Masonería a través de documentos, con el Secreto del Triángulo*] (Editions Eugène Figuière, París). -Este libro es una recopilación de discursos pronunciados en el Gran Capítulo del Gran Oriente de Francia; y el autor, al así reunirlos simplemente, sin añadir ningún comentario, se ha propuesto demostrar lo que son los trabajos de los altos grados, y rectificar con ello las falsas ideas que el público generalmente se hace a este respecto. No podemos aquí resumir ni tampoco enumerar todas las cuestiones de orden diverso que son abordadas; tan sólo señalaremos, entre aquellas que el autor propone para el estudio de los Talleres de los altos grados como particularmente importantes, la de las relaciones entre Oriente y Occidente, sobre la cual desarrolla interesantes consideraciones, aunque puede lamentarse que un conocimiento demasiado indirecto de Oriente le haga acordar demasiada importancia a ciertas opiniones occidentales dudosas, como las de Spengler y Keyserling, por ejemplo, o a las declaraciones de algunos orientales mucho menos "representativos" de lo que parece creer. Añadamos a ello que la idea de un entendimiento entre las diferentes civilizaciones basado en la constitución de un "nuevo humanismo", extendido mucho más allá de los estrechos límites de la "cultura greco-latina", siendo seguramente muy loable, siempre aparecerá como completamente insuficiente desde el punto de vista oriental, como todo lo que no se refiere sino a elementos de orden puramente "humano". -El último capítulo, "Le Secret du Temple", recuerda a los Masones, hoy en día demasiado olvidados de estas cosas, los vínculos, ciertamente más que "ideales", a pesar de lo que algunos puedan decir, que los relacionan con los Templarios; no es más que un esbozo histórico bastante rápido, aunque no obstante muy digno de interés. No parece dudoso que, como dice el autor, y aunque haya podido haber algo más de lo cual esto no fuera sino una consecuencia, los Templarios hayan poseído un "gran secreto de reconciliación" entre el Judaísmo, el Cristianismo y el Islam; tal como en otra ocasión dijimos, ¿no bebían el mismo "vino" que los kabalistas y los sufíes? y Boccacio, su heredero en tanto que "Fiel de Amor", ¿no hizo afirmar a Melquisedec que la verdad de las tres religiones es indiscutible... porque no son sino una en su esencia profunda?

12.- EMMANUEL MALYNSKI y LÉON DE PONCINS. *La Guerre occulte* [*La Guerra oculta*] (Gabriel Beauchesne, París). - Aquí, como en las anteriores obras de Léon de Poncins de las que ya hemos tenido ocasión de hablar, hay, en todo lo que se refiere a la crítica del mundo moderno, muchas consideraciones muy justas; los autores, que con razón denuncian errores comunes, como el que consiste en creer que las revoluciones son "movimientos espontáneos", son de los que piensan que la desviación moderna, de la que más especialmente estudian las etapas en el curso del siglo XIX, debe responder necesariamente a un "plan" bien estructurado, consciente al menos en quienes dirigen esta "guerra oculta" contra todo lo que presenta un carácter tradicional, intelectual o socialmente. Pero, cuando se trata de investigar "responsabilidades", tenemos muchas reservas que hacer; el asunto no es por otra parte tan simple ni tan fácil, es preciso reconocerlo, ya que, por definición, aquello de lo que se trata no se muestra al exterior, y los pseudo-dirigentes aparentes no son más que instrumentos más o menos inconscientes. En todo caso, hay una tendencia a exagerar considerablemente el papel atribuido a los judíos, hasta llegar a suponer que son ellos solos los que en definitiva rigen el mundo, sin hacer a este respecto ciertas distinciones necesarias; ¿cómo no se dan cuenta de que, por ejemplo, quienes toman una parte activa en ciertos acontecimientos no son sino judíos enteramente desvinculados de su propia tradición, y que, como siempre ocurre en semejante caso, apenas han mantenido sino los defectos de su raza y los aspectos negativos de su particular mentalidad? Hay sin embargo pasajes (especialmente las páginas 105-110) que tocan de cerca algunas verdades que conciernen a la "contra-iniciación": es exacto que no se trata aquí de "intereses" cualesquiera, que no pueden servir más que para mover vulgares instrumentos, sino de una "fe" que constituye "un misterio metafísico insondable siquiera para la inteligencia del hombre ordinario"; no es menos exacto que "hay una corriente de satanismo en la historia"... Pero esta corriente no solamente está dirigida contra el Cristianismo (y quizá esta manera demasiado restringida de considerar las cosas es causa de muchos "errores de óptica"); lo está también, al mismo título, contra toda tradición, sea de Oriente o de Occidente, sin exceptuar al Judaísmo. En cuanto a la Masonería, extrañaríamos quizá mucho a los autores si decimos que la infiltración de las ideas modernas, en detrimento del espíritu iniciático, ha hecho de ella, no uno de los agentes de la "conspiración", sino, por el contrario, una de sus primeras víctimas; y, sin embargo, reflexionando en ciertos esfuerzos actuales de "democratización" del propio Catolicismo, que ciertamente no se les han escapado, deberían llegar, por analogía, a comprender qué es lo que entendemos con ello... ¿Osaremos añadir que una cierta voluntad de desviar las investigaciones, suscitando y manteniendo diversas "obsesiones" (poco importa que sea la de la Masonería, la de los judíos, la de los jesuitas, la del "peligro amarillo", o cualquier otra), forma también precisamente parte integrante del "plan" que se proponen denunciar, y que las "intimidades" reales de ciertos desatinos antimasónicos son particularmente instructivos a este respecto? Demasiado bien sabemos que, insistiendo en ello, se corre el riesgo de no agradar a nadie, sea del lado que sea; pero, ¿es ésta una razón suficiente para no decir la verdad?

OCTUBRE DE 1936

13.- LÉON DE PONCINS. *La mystérieuse Internationale juive* [*La misteriosa Internacional judía*] (Gabriel Beauchesne, París). -Lo que dijimos últimamente aquí a propósito de *La Guerre occulte*, de la que Léon de Poncins es también uno de los autores, en cuanto a ciertas exageraciones que conciernen al papel de los judíos en el mundo, y en cuanto a la necesidad de hacer en todo caso algunas distinciones, se aplica también a este nuevo volumen. Sin duda hay muchas cosas ciertas en lo que se expone con respecto a dos "Internacionales", una revolucionaria y la otra financiera, que sin duda se oponen realmente mucho menos de lo que podría creer un observador superficial; pero todo ello, que, por lo demás, forma parte de un conjunto mucho más vasto, ¿se halla verdaderamente bajo la dirección de los judíos (sería mejor decir de algunos judíos), o es en realidad utilizado por "algo" que les supera? Cabría hacer, pensamos, un estudio serio sobre las razones por las que el judío, cuando es infiel a su tradición, se convierte más fácilmente que otro en instrumento de las "influencias" que presiden la desviación moderna; sería esto, en todo caso, lo contrario de la "misión de los judíos", y ello podría ser llevado bastante lejos… El autor tiene toda la razón en hablar de una "conspiración de silencio" con respecto a algunas cuestiones; pero, ¿qué ocurriría si se decidiera a tocar asuntos verdaderamente mucho más "misteriosos" aún, y de los cuales, digámoslo de paso, las publicaciones "anti-judeomasónicas" son las primeras en guardarse de hacer jamás la menor alusión?

14.- HIRAM. *J.-B. Willermoz et le Rite Templier à l'O∴ de Lyon* [*J.-B. Willermoz y el Rito Templario al O∴ de Lyon*] (Fédération Nationale Catholique, París). -El contenido de este libro ya había aparecido anteriormente en forma de una serie de artículos en la R.I.S.S.; basta ello para saber con qué espíritu ha sido concebido... Con seguridad, los documentos publicados, de los cuales el más esencial es el constituido por la correspondencia de Willermoz en el curso de las largas y complicadas negociaciones que finalmente debían acabar en la constitución del Directorio Escocés Rectificado de la provincia de Auvergne, poseen siempre por sí mismos un interés histórico; pero, ¿qué decir de los comentarios que los acompañan? Hay errores tan enormes que parecen incluso cómicos; es el caso de la presentación de Willermoz y de algunos otros personajes (entre ellos los por entonces canónigos lioneses son particularmente maltratados) como servidores del "culto del demonio" y personas que conspiraban para lograr un "retorno al paganismo"... Ciertamente, no somos de aquellos que están dispuestos a negar "la intervención del demonio en las cosas del mundo", muy al contrario; pero que se la busque allí donde realmente está; la verdad es que esto sería un poco más difícil y más peligroso que seguir simplemente las pistas falsas sobre las que el mencionado demonio o algunos de sus representantes creen ventajoso lanzar a los "investigadores" más o menos ingenuos, precisamente para impedir que puedan descubrir la verdad...

15.- JOHN CHARPENTIER. *Le Maître du Secret: Un complot maçonnique sous Louis XVI* [*El Maestro del Secreto: Un complot masónico bajo Luis XVI*] (H.-G. Peyre, París). -No se trata, como se podría estar tentado a creer, del famoso "asunto del Collar", sino de una historia ficticia, en la que se ve aparecer a cierto número de personajes reales, pero donde aquellos que tienen los papeles principales son puramente imaginarios. No es en suma, como indica el subtítulo bastante claramente, sino una especie de novela antimasónica, que sobre todo se distingue por el carácter "anacrónico" de algunos discursos: el lenguaje podría ser el de algunos Masones políticos de la actualidad, pero con seguridad no era el de los Masones del siglo XVIII. Hay también una extraña historia de "sujetos Templarios iniciados o especulativos" (sic), que se habrían perpetuado después de la destrucción de su Orden, y cuyo jefe sería llamado el "Maestro del Secreto"; habrían roto todas las relaciones con los restantes Templarios supervivientes, quienes habrían fundado la Masonería para proseguir su venganza; al autor (a quien señalaremos a este propósito un grave error en lo que concierne al simbolismo templario del número 11, del cual hemos hablado en *L'Esotérisme de Dante*), probablemente le costaría justificar un poco seriamente todas estas afirmaciones...

ABRIL DE 1937

16.- MAURICE FAVONE. *Les disciples d'Hiram en province: La Franc-Maçonnerie dans la Marche* [*Los discípulos de Hiram en provincias: La Franc-Masonería en la Marca*] (Dorbon Aîné, París). -Este pequeño volumen tiene sobre todo por sí mismo un interés de "historia local", y seguramente harían falta muchas "monografías" de este género para que fuera posible extraer conclusiones de orden general; no obstante, algunas de las ideas expresadas en la introducción tienen un alcance que supera este restringido marco. En primer lugar, en lo que concierne a los orígenes de la Masonería, el hecho de que los habitantes de la Marca "se hayan distinguido en el arte de construir desde los tiempos más antiguos" no nos parece, aunque aquí se diga, tener una relación muy directa con el desarrollo, en esta región, de la Masonería "especulativa"; el autor parece olvidar que esta última fue importada de Inglaterra, y que lo que representaba en Francia a la antigua Masonería "operativa" se ha continuado siempre en el Compagnonnage, especialmente en el de los talladores de piedra, y no en ningún otro sitio. Otra opinión mucho más justa es la que se refiere al papel de la Masonería en el siglo XVIII: sus investigaciones le han convencido de que en absoluto ella preparó la Revolución, contrariamente a la leyenda propagada en un principio por los antimasones y después por algunos Masones; pero no es ésta una razón para deducir que "la Revolución es obra del pueblo", lo que es una perfecta falacia; ciertamente no se ha hecho sola, aunque no sea la Masonería su autora, y ni siquiera comprendemos cómo es posible, a quien reflexione tan sólo un poco, dar fe al timo "democrático" de las revoluciones espontáneas... En fin, no podemos dejar de señalar ciertas inexactitudes bastante singulares: así, el autor no parece dudar que una Logia y un Capítulo son dos cosas totalmente diferentes; y también le señalaremos que las "Logias de Adopción" que actualmente dependen de la Gran Logia de Francia no están ni mucho menos "bajo el signo del Derecho Humano".

17.- DR. R. SWINBURNE CLYMER. *The Rosicrucian Fraternity in America, vol. I* [*La Fraternidad Rosacruciana en América*] ("The Rosicrucian Foundation", Quakertown, Pennsylvania). -Este grueso volumen está formado por la reunión de numerosos fascículos que parecen haber sido en principio publicados de forma separada: unos se refieren a la historia de las organizaciones "rosacrucianas" o supuestamente tales en América; los otros ofrecen un típico ejemplo de las querellas que a veces se producen entre dichas organizaciones y a las cuales hemos aludido en un reciente artículo. Por lo demás, podríamos preguntarnos porqué el autor se limita a denunciar exclusivamente a una sola organización rival de la suya, la que es conocida bajo la designación de A.M.O.R.C., cuando ciertamente existe más de una docena de otras a las que debe lógicamente considerar también como "ilegítimas", puesto que igualmente hacen uso de un título del que él reivindica el monopolio; ¿será porque la "concurrencia" se complica en este caso debido a que los dos adversarios pretenden constituir bajo sus auspicios una "Federación universal de las Órdenes y Sociedades Iniciáticas", lo que evidentemente hace que una de las dos sobre? Sea como sea, apenas se comprende cómo organizaciones que se dicen iniciáticas pueden ser registradas o incorporadas, y llevar sus diferencias ante los tribunales profanos, ni cómo los certificados emitidos por las administraciones del Estado pueden establecer algo más que una simple "prioridad" en el empleo público de una denominación, lo que con seguridad no tiene nada que ver con la prueba de su legitimidad; todo ello demuestra una mentalidad más bien extraña, y, en todo caso, muy "moderna"... Pero, dicho esto, ciertamente no significa dar la razón a las reivindicaciones del Dr. Clymer reconocer que aporta una documentación muy interesante sobre los "plagios" de su adversario, especialmente al mostrar que sus supuestas "enseñanzas secretas" están extraídas textualmente de libros publicados y conocidos, como los de Franz Hartmann y Eckartshausen. A propósito de este último hay algo bastante asombroso: el autor declara que "ha hecho cuidadosas investigaciones, pero que no ha podido encontrar a ningún escritor, reconocido como autoridad o no, que cite o clasifique a Eckartshausen como un Rosacruciano";

gustosamente le señalaremos la "fuente" que se le ha escapado: es en la *Histoire des Rose-Croix* de Sédir donde, entre otras noticias biográficas sobre diversos personajes supuestamente "rosacrucianos", se halla una, la última de la serie, que está dedicada a Eckartshausen (1ª edición, pp. 159-160; 2ª edición, p. 359); tampoco aquí el *Imperator* de la A.M.O.R.C. tiene siquiera el mérito de la invención. Por lo demás, a condición de estar al corriente de ciertas cosas, se podrían hacer notar otros "plagios" de un género algo diferente: así, vemos la reproducción de un diploma cuyo encabezado está redactado en nombre de un supuesto "Gran Colegio de los Ritos"; ahora bien, este título jamás ha pertenecido propiamente más que al Gran Oriente de Francia; sabiendo muy bien en qué circunstancias el *Imperator* ha tenido conocimiento de ello y, comprobando que la fecha del diploma en cuestión es posterior, el "préstamo" no puede ofrecer para nosotros la menor duda, sin necesidad de hablar del detalle, muy significativo a este respecto, de un sello más o menos hábilmente modificado... Hay no obstante cosas de un carácter más puramente imaginario, como el diploma de una inexistente "Rosa-Cruz de Egipto", aunque, a decir verdad, la "cadena libia" que lo enmarca nos parece estar también inspirada en algún modelo preexistente; pero, a propósito de ello, ¿por qué el Dr. Clymer ha querido que, en una inscripción redactada en francés (por lo demás muy aproximado), se diga Rose-Cross y no Rose-Croix? Lo cierto es que no pueden esperarse grandes conocimientos lingüísticos por parte de alguien que escribe los títulos de su propia organización en un latín que creemos más caritativo no reproducir...

Pasemos a algo más importante: bien parece que el *Imperator* haya fabricado su A.M.O.R.C., a pesar de la fantástica historia de una carta que habría recibido en Toulouse en 1915, y cuyo supuesto signatario jamás ha sido descubierto; pero, después, entró en contacto con las múltiples organizaciones dirigidas por el famoso Aleister Crowley, de quien se ha convertido en cierto modo en uno de sus lugartenientes; ello demuestra que, de la "pseudo-iniciación" a la "contra-iniciación", el paso es a menudo muy fácil... Ciertamente, no se "difama" a Crowley al calificarlo de "mago negro", ya que, de hecho, esta cualidad le ha sido reconocida por así decir "oficialmente" en un juicio celebrado contra él en Londres hace ya algunos años; digamos sin embargo, con toda imparcialidad, que esta imputación precisaría ser apoyada por argumentos más sólidos que los invocados por el Dr. Clymer, que incluso da aquí prueba de una muy asombrosa ignorancia del simbolismo. A menudo hemos señalado que los mismos símbolos pueden ser tomados en sentidos opuestos: lo que en tal caso importa es la intención con la cual son empleados y la interpretación dada, pero es evidente que esto no podría reconocerse por su aspecto exterior, que no sufre ningún cambio; y es igualmente una elemental habilidad, por parte de un "mago negro", sacar partido de tal equívoco. Además, es necesario tener en cuenta los "plagios" puros y simples, que tampoco faltan en Crowley: así, su emblema de la paloma del Grial viene en línea recta de Péladan... Lo que es particularmente curioso, en el Dr. Clymer, es lo que podríamos llamar la obsesión del triángulo invertido: no parece dudar de que éste posee, en el simbolismo más ortodoxo, importantes significados que quizá algún día expongamos; ¿y cómo es que ignora que este triángulo figura en los altos grados de la Masonería escocesa, donde con toda seguridad no hay huella alguna de "magia negra"? Un problema del que nos confesamos incapaces de resolver es el de saber cómo un cordón llevado al pecho podría no tener la punta hacia abajo; pero no creemos que, antes del Dr. Clymer, nadie haya tenido jamás la idea de ver en la forma de un tal cordón (o de una muceta de canónigo, si se quiere) la figura de un triángulo invertido. No hay grandes consecuencias que extraer de ello, por lo demás, si no es como ejemplo de "falsificación", así como los jefes de organizaciones pseudo-masónicas hacen preceder su firma de una triple cruz, únicamente para imitar a los miembros de los auténticos Supremos Consejos; ¡pero ello no tiene nada que ver con un "símbolo del Anticristo"! Crowley, y el *Imperator* después, emplean una cruz llena de variados signos; pero, examinándola atentamente, no se descubren en suma sino letras hebreas, símbolos alquímicos y astrológicos, cosas que no tienen nada de original ni de característico; y, desde el momento en que entre estos signos figuran los de los cuatro elementos, ¿cómo podrían no encontrarse triángulos invertidos? También hay un pretendido "gallo negro" cuyo aspecto, a primera vista, puede dar una impresión más "siniestra"; pero también se trata simplemente... de la reproducción bastante fiel de una de esas extrañas figuras compuestas llamadas "grylles" por los arqueólogos y cuyo origen es atribuido, con o sin razón, a los gnósticos basilidianos; precisemos que la figura en cuestión ha sido publicada en la recopilación de Rossi y Maffai, *Gemme antiche*, Tomo I, nº 21, y reproducida en la *Histoire critique du Gnosticisme* de Matter, plancha I f, fig. 2b. Todo ello no demuestra sino una cosa: que siempre se debería estar seguro de conocer exactamente aquello de lo que se habla, y que es imprudente dejarse llevar por la imaginación; pero ya basta de todas estas "curiosidades"... En cuanto a ciertos procedimientos de "reclamo" más o menos charlatanescos que denuncia el Dr. Clymer, es evidente que somos enteramente de su parecer sobre ello; pero él mismo recordará, aunque de ello hace ya casi un cuarto de siglo, una pequeña revista que se titulaba *The Egyptian* y en la cual podían leerse anuncios cuyo estilo no difería sensiblemente de éstos...

Acerca del aspecto "histórico" del libro, no insistiremos demasiado, al menos por el momento; tan sólo notaremos en principio que la *Militia Crucifera Evangelica*, que es uno de los "orígenes" a los que se refiere el Dr. Clymer, era una organización específicamente luterana, y no rosacruciana ni iniciática; por otra parte, es dudoso que su reciente "reconstitución" americana pueda jactarse de una filiación auténtica, pues, entre 1598 y 1901 hay una laguna que parece bastante difícil de superar... Está también, entre las "autoridades" invocadas, Georges Lippard, autor poco conocido de algunas ficciones de tendencia casi únicamente política y social, de las que se reproducen aquí algunos capítulos, y donde son puestos en escena pretendidos Rosa-Cruces de quienes todo lo que se puede decir es que, más que iniciados, son simples conspiradores; y sin embargo es sobre ello en definitiva que se basa toda la historia de una introducción de la Orden en América en el siglo XVIII; sin querer ponérselo muy difícil, ¡sería deseable algo mejor! Como "vinculación" más segura, no queda finalmente, después de esto, más que las relaciones que unen al Dr. Clymer y a su organización con P. B. Randolph y sus sucesores; pero esto, desde el punto de vista rosacruciano, ya que es de ello de lo que se trata, ¿puede ser considerado como constituyendo una garantía suficiente y realmente válida? No responderemos por ahora a esta pregunta, aunque fácilmente nuestros lectores pueden adivinar lo que en el fondo pensamos; solamente mencionaremos, para terminar, una capítulo dedicado a las relaciones de Randolph con algunos de sus contemporáneos (y de paso haremos notar un singular error: la obra de nuestro director Paul Chacornac sobre Eliphas Lévi es atribuida a... Paul Redonnel), y, como esta historia no está en suma desprovista de interés, volveremos en otra ocasión sobre ella.

ENERO DE 1938

18.- VICTOR-EMILE MICHELET. *Les Compagnons de la Hiérophanie* [*Los Compañeros de la Hierofanía*] (Dorbon Ainé, París). Bajo este título un poco extraño, el autor ha reunido, tal como indica el subtítulo, sus "recuerdos sobre el movimiento hermético de finales del siglo XIX"; en verdad, para una mayor exactitud, debería reemplazarse "hermético" por "ocultista", pues es propiamente de ello de lo que aquí se trata; en efecto, a falta de bases serias, no se trató más que de un simple "movimiento"; ¿queda algo de él hoy en día? El libro interesará a aquellos que conocieron este medio, ya hace tiempo desaparecido, y también a quienes, no habiendo podido conocerlo, quieran hacerse una idea de él de acuerdo con las impresiones de un testigo directo; por lo demás, no debe buscarse aquí la menor apreciación doctrinal, puesto que el autor se ha limitado a un aspecto exclusivamente "pintoresco" y anecdótico, al que incluso presenta de una manera bastante incompleta, pues parece que no hayan vivido en este mundo sino "escritores", o que al menos no haya considerado más que bajo este aspecto a los personajes que encontró; ciertamente, cada uno ve siempre las cosas bajo su "óptica" particular... Además, habría quizá algunas reservas que hacer sobre algunos puntos de los que no habla sino de oídas; así, en lo referente a las relaciones de Papus y "Monsieur Philippe" con la corte rusa, no está tan claro que las cosas hayan sido como él afirma; en todo caso, es excesivamente imaginativa la afirmación de que "Joseph de Maistre había creado un Centro Martinista en San Petesburgo", y de que el zar Alejandro I fue "iniciado en el Martinismo", que ciertamente todavía no existía en esa época... La verdad es que tanto Joseph de Maistre como Alejandro I fueron "Caballeros Bienhechores de la Ciudad Santa"; pero esta denominación no es la de "una antigua Orden cuya creación se atribuye vulgarmente a Louis-Claude de Saint-Martin o a Martinès de Pasqually, pero que, en realidad, cuenta con seis siglos de existencia"; se trata simplemente del último grado del Régimen Escocés Rectificado, tal como fue instituido en el Convento de Lyon en 1778, bajo la inspiración de Willermoz, y después adoptado definitivamente en el de Wilhemsbad en 1782, lo cual está muy lejos de poder datarse en seis siglos... Podríamos señalar todavía algunos otros pasajes que reflejan una más o menos insuficiente información, por ejemplo el dedicado al Dr. Henri Favre, de quien se dice especialmente que "apenas publicó más que sus *Batailles du Ciel*"; ahora bien, poseemos un enorme volumen suyo titulado *Les Trois Testaments, examen méthodique, fonctionnel, distributif et pratique de la Bible*, aparecido en 1872 y dedicado a Alejandro Dumas hijo; por lo demás, debemos reconocer que jamás hemos visto esta obra mencionada en ninguna parte, y por eso lo señalamos aquí a título de curiosidad. Notemos además que la famosa historia del abate Boullan aparecía, en este libro, reducida a proporciones singularmente modestas; ello no significa, sin duda, que el papel de los ocultistas en este asunto deba ser tomado demasiado en serio (el punto de partida real fue sobre todo una broma de Papus, que mostraba a todo el mundo un tarugo de madera que representaba a Boullan y en el cual había clavado un sable japonés, supuestamente para hacerle un hechizo); pero la propia figura de este sucesor de Vintras es ciertamente más inquietante de lo que lo sería un simple "aprendiz de brujo", y poseía algo más que "unas pocas nociones elementales de magia" que habría podido adquirir "en la enseñanza del seminario"; de hecho, esta historia del "Carmelo" vintrasiano se relaciona con todo un conjunto de acontecimientos muy tenebrosos que se desarrollaron en el curso del siglo XIX, y del que no osaríamos afirmar, constatando ciertas "ramificaciones" subterráneas, que no han tenido hasta hoy una continuidad...

FEBRERO DE 1938

19.- ALFRED DODD. *Shakespeare Creator of Freemasonry* [*Shakespeare, creador de la Franc-Masonería*] (Rider and Co. London). El autor de este libro ya había publicado, hace algunos años, una edición de los sonetos de Shakespeare tendente a reconstruir su composición original y a probar que en realidad eran los poemas "personales" de Francis Bacon, quien a su juicio habría sido hijo de la reina Isabel; además, Lord Saint-Alban, es decir, el propio Bacon, habría sido el autor del ritual de la Masonería moderna y su primer Gran Maestre. En esta obra, por el contrario, ya no es cuestión de la identidad de Shakespeare, que provocó y provoca aún hoy tantas controversias: se trata tan sólo de demostrar que éste, quienquiera que fuese, incluyó en sus obras, de manera más o menos velada, y a veces completamente criptográfica, innumerables alusiones a la Masonería. A decir verdad, nada hay en esto que pueda asombrar a aquellos que no comparten la opinión demasiado "simplista" según la cual la Masonería habría sido creada en su totalidad a comienzos del siglo XVIII; no todo lo que "descifra" el autor es igualmente convincente, y, en particular, las iniciales, salvo en los casos donde claramente se presentan agrupadas de acuerdo a las abreviaturas que son de uso masónico bien conocido, siempre pueden prestarse evidentemente a múltiples interpretaciones más o menos plausibles; de todos modos, aún descartando esos casos dudosos, parecería que quedan todavía los suficientes como para dar la razón al autor en cuanto a esta parte de su tesis. Lamentablemente, sucede lo contrario con las consecuencias excesivas que pretende deducir, imaginándose haber descubierto con ello al "fundador de la Masonería moderna": si Shakespeare, o el personaje conocido con este nombre, fue Masón, debió haber sido forzosamente un Masón operativo (lo que no quiere decir en modo alguno un obrero), ya que la fundación de la Gran Logia de Inglaterra representa claramente el comienzo, no ya de la Masonería sin epítetos, sino de ese "empobrecimiento", si así puede decirse, que es la Masonería especulativa o moderna. Para comprender esto no debería partirse de esa singular idea preconcebida consistente en que la Masonería operativa era algo más o menos semejante a los "sindicatos" de nuestra época, y que sus miembros estaban únicamente interesados en "cuestiones de salarios y de horarios de trabajo"... Evidentemente, el autor no tiene la menor idea de la mentalidad y de los conocimientos de la Edad Media, y, por añadidura, se opone a todos los hechos históricos al afirmar que la Masonería operativa habría dejado de existir a partir del siglo XV, y en consecuencia no habría podido tener ninguna continuidad con la Masonería especulativa, incluso aunque ésta se remonte, según su hipótesis, a finales del siglo XVI; verdaderamente no entendemos por qué motivo ciertos edictos habrían logrado más resultados contra la Masonería en Inglaterra que los que edictos similares lograron en Francia contra el *Compagnonnage*; y, por lo demás, quiérase o no, es un hecho que siempre existieron Logias operativas, antes y aún después de 1717. Semejante manera de ver las cosas entraña aún muchas otras contradicciones; así, por ejemplo, los manuscritos de los *Old Charges* no serían más que falsificaciones, fabricadas por quienes habrían compuesto el ritual, con el fin de despistar las investigaciones y de hacer creer en una filiación inexistente, disimulando así su verdadero propósito, que habría sido el de revivir los antiguos misterios bajo una forma modernizada; el autor no comprende que semejante opinión, que equivale a negar la existencia de una transmisión regular y reemplazarla por una simple reconstitución "ideal", despojaría a la Masonería de todo valor iniciático real. Dejemos de lado sus observaciones sobre los obreros "iletrados" que habrían sido los únicos componentes de la antigua

Masonería operativa, en tanto que en realidad siempre "aceptó" miembros que no eran ni obreros ni iletrados (en cada una de sus Logias había por lo menos obligatoriamente un eclesiástico y un médico); además, el hecho de no saber leer ni escribir (lo que entendido literal y no simbólicamente no tiene la menor importancia desde el punto de vista iniciático) ¿qué impedimento puede representar a fines de aprender y practicar un ritual que, precisamente, jamás debía confiarse a la escritura? Siguiendo al autor, parecería que los constructores ingleses de la Edad Media ni siquiera tenían a su disposición un lenguaje cualquiera con el cual expresarse... Si bien es cierto que los términos y las frases del ritual, en su forma actual, llevan el sello de la época isabelina, ello no prueba en absoluto que no se trate simplemente de una nueva versión confeccionada a partir de un ritual mucho más antiguo, y seguidamente conservada tal cual por el mero hecho de que el lenguaje no sufrió cambios demasiado notorios a partir de esa época; pretender que el ritual no se remonta más allá es como si se quisiera sostener que la Biblia no data igualmente más que de esta misma época, invocando en apoyo de tal afirmación el estilo de la "versión autorizada", que algunos, por una curiosa coincidencia, atribuyen por otra parte también a Bacon, quien, digámoslo de paso, debería haber vivido mucho tiempo para poder escribir todo lo que se le atribuye... El autor tiene razón al pensar que "las cuestiones masónicas deben ser estudiadas masónicamente"; pero es precisamente por tal motivo que debería haberse cuidado ante todo de no caer en el prejuicio esencialmente profano de los "grandes hombres"; si la Masonería es verdaderamente una organización iniciática, no puede haber sido "inventada" en un momento determinado, y su ritual no podría ser obra de un individuo (así como tampoco, por supuesto, de un "comité" o agrupación cualquiera); que dicho individuo sea un escritor célebre, e incluso "genial", no cambia absolutamente en nada la cuestión. En cuanto a decir que Shakespeare no hubiera osado incluir en sus obras ciertas alusiones masónicas si no hubiera estado, en tanto que fundador, por encima de la obligación del secreto, es una razón muy endeble, especialmente si se recuerda que además de Shakespeare varios más hicieron lo mismo, e incluso de una forma bastante menos velada: el carácter masónico de "La Flauta Mágica" de Mozart, por ejemplo, es por cierto mucho más transparente que el de la Tempestad... Otro punto sobre el que el autor parece forjarse muchas ilusiones es el del valor de los conocimientos que pudieron tener los fundadores de la Gran Logia de Inglaterra; es verdad que Anderson tuvo el cuidado de disimular muchas cosas, e incluso es posible que fuera más "por órdenes" recibidas que por propia iniciativa, pero ello fue para alcanzar fines que por cierto no tenían nada de iniciático; y si la Gran Logia custodiaba realmente ciertos secretos referentes a los orígenes de la Masonería, ¿cómo explicar que numerosos historiadores, miembros eminentes de la misma, hayan demostrado una tan completa ignorancia al respecto? Por lo demás, dos o tres observaciones de detalle acabarán por demostrar cuán errado está en no desconfiar suficientemente de su imaginación (y probablemente también de ciertas revelaciones "psíquicas" a las que discretamente parecía referirse en su anterior libro): así, no cabe preguntarse, a propósito de un pasaje de Anderson, "cuál es el grado que corresponde a un *Expert Brother*", como si se tratara de algo misterioso (y el autor tiene además ideas bastante absurdas sobre los altos grados), pues esta expresión de *Expert Brother* se empleaba entonces simplemente como sinónimo de *Fellow Craft*; el Compañero era "experto", en el sentido latino de la palabra, mientras que el Aprendiz todavía no lo era. El "joven de extraordinario talento" al que se refería Thomas de Quincey no era Shakespeare, ni tampoco Bacon, sino, evidentemente, Valentin Andreae; y las letras A. L. y A. D., que, seguidas de fechas, figuran en una joya del *Royal Arch*, no fueron grabadas para formar las palabras *a lad* que se aplicarían al "joven" en cuestión; ¿cómo se puede, sobre todo cuando se pretende en cierto modo ser un "especialista" en interpretar iniciales, no saber que estas letras no significan otra cosa que *Anno Lucis* y *Anno Domini*? Nos sería posible señalar varias otras cosas del mismo tenor, pero consideramos que no sería útil seguir insistiendo; subrayemos sin embargo todavía que es muy difícil saber exactamente a qué se está refiriendo el autor con *Rosicrosse Masons*; habla de los mismos como si se tratara de una "sociedad literaria", lo que, aunque fuera secreta, es algo muy poco iniciático; es cierto que para él la Masonería es sólo un "sistema ético", lo cual apenas va mucho más lejos y no es de un orden mucho más profundo; ¿y qué pensar de la seriedad de una organización que no tuviera mayor secreto que el de custodiar la identidad de su fundador? No será, por cierto, por el nombre de una individualidad cualquiera, aunque sea el de un "gran hombre", que jamás podrá resolverse válidamente la pregunta suscitada por una "palabra" que ha sido deformada de tantas maneras distintas, pregunta que, por otra parte, cosa curiosa, se lee en árabe todavía más claramente que en hebreo: ¿*Mâ el-Bannâ*?

MARZO DE 1938

20.- ANDRÉ LEBEY. *La Fayette ou le Militant Franc-Maçon* [*La Fayette o el militante Francmasón*] (Librairie Mercure, París). Estos dos volúmenes constituyen un estudio muy concienzudo, y notablemente imparcial, no solamente acerca de un hombre, tal como el título podría dar a entender, sino en realidad de toda una época, y de una época que fue particularmente agitada y colmada de acontecimientos. El autor no es de aquellos para quienes la historia no es más que un simple asunto de curiosidad y erudición más o menos vana; por el contrario, estima, muy justamente, que deben buscarse en ella enseñanzas para el presente, y deplora que, especialmente en Francia, se sepan aprovechar tan poco las lecciones que sería conveniente extraer de la misma: pero, en el fondo, ¿no es natural y en cierto modo lógico que así sea, en una época como la nuestra, en la que una ciega creencia en el "progreso" incita más bien a despreciar el pasado que a inspirarse en él? El autor no disimula en absoluto las debilidades de su héroe, quien, habiendo comenzado su vida como hombre de acción, dejó posteriormente escapar casi todas las ocasiones de actuar que se le ofrecieron, y que a menudo, antes que dirigirlos, se dejó arrastrar por los acontecimientos; si así fue, parece que, sobre todo, se debió a que la acción política exige demasiados compromisos inconciliables con la fidelidad a convicciones bien definidas y claramente firmes, y también porque deben tenerse en cuenta múltiples contingencias que parecen desdeñables a quien se atiene a un punto de vista demasiado "ideal" de las cosas. Por otra parte, por su honestidad y su sinceridad, un hombre como La Fayette corría el riesgo de convertirse fácilmente en un títere en manos de personas menos escrupulosas; de hecho, parece bastante claro que Talleyrand y Fouché le "manipularon" casi a su antojo; y sin duda otros, al elevarlo a su posición, no pensaban sino en ampararse bajo su nombre y en aprovecharse de la popularidad que le rodeaba. Nos podríamos preguntar si no llegó a darse cuenta de ello en cierta medida, al final de su vida, cuando escribió una frase como la siguiente: "Formaba parte de mi destino personal, ya desde la edad de diecinueve años, el ser una especie de personaje tipo de algunas doctrinas, de cierta dirección, que, sin ponerme por encima de los demás, me mantenía sin embargo aparte de ellos". Un "tipo", un personaje más "representativo" que verdaderamente actor... He aquí, en efecto, lo que fue durante todo el transcurso de su larga carrera. En la propia Masonería no parece haber desempeñado jamás un papel importante, y también aquí era el "tipo" al que se dirigían los honores que le fueron concedidos; si por el contrario el Carbonarismo le situó al frente de su Alta Venta, se comportó por lo demás como siempre: "uniéndose siempre a la mayoría, persuadiéndose de que ella tenía en cuenta sus opiniones, que en principio las aceptaba, aunque luego las tergiversara o las ignorara", lo que, por otra parte, no constituye quizás un caso tan excepcional: otro tanto podría decirse de muchos "dirigentes" aparentes... Algunas alusiones a las "fuerzas equívocas, políticas o no, que actuaban tras los gobiernos" demuestran además que el autor sospecha la existencia de algunos "trasfondos", aunque reconociendo que, lamentablemente, nunca ha podido conseguir saber exactamente, de manera segura y precisa, a qué atenerse con respecto a este asunto, sobre el cual, sin embargo, "sería indispensable estar informado con certeza para enderezar la política y eliminar la abyección que la corroe y que lleva al mundo al desastre"; y, añadiremos, es incluso en todo los dominios, y no tan sólo en el de la política, que una tal operación sería hoy en día necesaria...

21.- E. GAUTHERON. *Les Loges maçonniques dans la Haute-Loire* [*Las Logias Masónicas en el Alto-Loire*] (Editions de la Main de Bronze, Le Puy). Este volumen es, como dice el autor, "a la vez una página de historia local y una contribución a la historia de la Francmasonería en Francia"; por otra parte, es casi exclusivamente "documental", si bien apenas es sino en la conclusión donde se deja adivinar cierta tendencia antimasónica. De hecho, los documentos publicados no aportan nada nuevo o especialmente importante; esto, no obstante, no quiere decir que carezcan de interés, pues al menos dan a conocer a algunos personajes bastante curiosos en diversos aspectos. El autor se hace una idea un poco demasiado simple de los orígenes de la Masonería: los constructores de la Edad Media constituían algo muy distinto a una vulgar asociación "de protección y de ayuda mutua"; además, hubo en todo tiempo Masones "aceptados", que en absoluto eran "falsos Masones" ni personajes que tuvieran que disimular una actividad política cualquiera; el predominio adquirido por estos elementos no profesionales en algunas Logias hizo posible la degeneración "especulativa", pero su existencia no era un hecho nuevo ni anormal. Por otra parte, debemos señalar al menos un error de detalle: una "Logia capitular" no es una Logia "cuyos miembros pueden llegar al grado de Rosa-Cruz", lo que cualquier Masón puede hacer, sino una Logia sobre la cual, según un modo de organización por lo demás especial al Gran Oriente de Francia, está "injertado" un Capítulo de Rosa-Cruz, en el que pueden ser también recibidos miembros de otras Logias; por otra parte, la denominación de "Soberano Capítulo" se halla transformada, sin duda debido a una abreviación mal descifrada.

NOVIEMBRE DE 1938

22.- OSWALD WIRTH. Qui est régulier? *Le pur Maçonnisme sous le régime des Grandes Loges inauguré en 1717* [*¿Quién es regular? El puro Masonismo bajo el régimen de las Grandes Logias inaugurado en 1717*] (Editions du Symbolisme, París). Este volumen es una recopilación de artículos aparecidos ya anteriormente en "Le Symbolisme"; ya hemos hablado de la mayoría de ellos cuando se publicaron por vez primera, lo que nos dispensa de volver detalladamente sobre ellos. Se trata de la querella que divide a la Masonería anglosajona y a la Masonería denominada "latina", más particularmente a la francesa; el autor reprocha a la primera el no ser fiel al "puro Masonismo", de manera que la acusación de "irregularidad" que ésta arroja contra la segunda debería recaer contra ella. Este "puro Masonismo", para él, está, como se sabe, representado esencialmente por las Constituciones de Anderson;

pero es precisamente esto lo que podría impugnarse si se quisiera plantear la cuestión en su verdadero terreno: la auténtica expresión del "puro Masonismo" no puede estar constituida sino por los Old Charges de la Masonería operativa, de los que las Constituciones de Anderson se apartan mucho. Que la Gran Logia de Inglaterra se haya posteriormente aproximado a ellos en cierta medida no parece dudoso; pero a nadie se le puede reprochar el que repare un error, aunque sea parcial y tardíamente (el hecho de que, por otra parte, este error sea voluntario o involuntario, o parcialmente ambas cosas, poco importa aquí). Pero la Masonería francesa, por su parte, no ha hecho por el contrario sino acentuar más aún el mismo error; así, partidos del mismo punto, los dos adversarios actuales han ido divergiendo cada vez más, lo cual hace muy difícil que se entiendan. En el fondo, el único error de la Gran Logia de Inglaterra, en este asunto, ha sido el de no reconocer claramente su verdadera posición frente a las Constituciones de Anderson, lo cual cortaría en seco toda discusión al hacer caer el único argumento que se le opone con alguna apariencia de fundamento; pero, ¿podría hacerlo sin confesar con ello su propia falta original, que es de hecho la de todo el régimen de las Grandes Logias, es decir, la de la propia Masonería especulativa? Este reconocimiento, si se produjera algún día, lógicamente debería conducir a considerar una restauración integral de la antigua tradición operativa; pero, ¿dónde están aquellos que serían capaces actualmente de cumplir una tal restauración? Estas pocas reflexiones, con seguridad muy alejadas del punto de vista del autor del libro en cuestión, demuestran suficientemente toda la dificultad del tema, dificultad que, en suma, proviene sobre todo de que ninguna de las dos partes puede decir dónde está realmente el "puro Masonismo", bien sea porque lo ignora, bien porque ello implicaría la condenación de sí misma al igual que la de la parte adversaria, o le obligaría a emprender una labor probablemente imposible. En todo caso, mientras se obstinen en no querer remontarse más allá de 1717 para encontrar los verdaderos principios, es seguro que jamás podrá alcanzarse una solución satisfactoria; por otra parte, faltaría saber si hay alguien que verdaderamente quiera llegar a ella, y, lamentablemente, las preocupaciones demasiado ajenas al punto de vista iniciático que hoy existen sobre todo esto permiten dudar de ello...

ENERO DE 1939

23.- G. PERSIGOUT. *Rosicrucisme et Cartésianisme*: *"X Novembris 1619"*, *Essai d'exégèse hermétique du Songe cartésien* [*Rosacrucismo y Cartesianismo*: *"X Novembris 1619"*, *Ensayo de exégesis hermética del Sueño cartesiano*] (Editions "La Paix", París). Este opúsculo, que por otra parte no representa sino un fragmento de un trabajo más extenso, se refiere a una cuestión de la que ya hemos tenido oportunidad de hablar, hace ya cierto tiempo (nº de abril de 1938, pp. 155-156), a propósito de un artículo de otro autor aparecido en el Mercure de France; no hay entonces necesidad de volver a exponer aquí todas las razones que hacen inadmisible la hipótesis de una iniciación rosacruciana de Descartes. El autor del presente estudio no es por lo demás tan taxativo como otros; a veces, solamente habla de un "ambiente rosacruciano" que existía en Alemania en esta época y por el cual Descartes habría podido ser influido en un determinado momento, precisamente aquel en el que tuvo su famoso sueño; reducido a sus auténticas proporciones, el tema es posiblemente mucho menos inverosímil, especialmente si se añade que esta influencia no habría sido en suma sino pasajera, luego muy superficial. Sin embargo, esto no explicaría porqué las diferentes fases del sueño se corresponden con las pruebas iniciáticas, ya que éstas son cosas que no pueden descubrirse mediante la simple imaginación, excepto en las ensoñaciones de los ocultistas; pero, ¿realmente existe tal correspondencia? A pesar de todas las ingeniosidades de las que hace gala el autor en sus interpretaciones, debemos decir que ésta no es tan evidente, y que incluso presenta una molesta laguna, pues ni siquiera con la mejor voluntad del mundo puede verse claramente qué relación puede haber entre una representación de un melón y la prueba del agua... Es muy probable, por otra parte, que este sueño no sea más que una ficción, lo que en el fondo sería más interesante, pues al menos demostraría, en Descartes, una intención simbólica consciente, por imperfectamente que haya sido expresada; en tal caso, habría podido intentar bajo esta forma una descripción velada de las pruebas iniciáticas; pero, entonces, ¿de qué tipo de iniciación se trataría? Todo lo que sería posible admitir, en rigor, es que hubiera sido recibido, así como más tarde lo fue Leibnitz, en alguna organización de inspiración más o menos rosacruciana, de la cual se habría apartado por lo demás a continuación (y la ruptura, si así hubiese sido, habría tenido incluso un carácter algo violento, a juzgar por la dedicatoria del "Polybius le Cosmopolite"); todavía habría sido preciso que tal organización estuviera ya muy degenerada para admitir tan a la ligera a candidatos tan poco "cualificados"... Pero, examinándolo bien, y debido a las razones que ya hemos expuesto, continuamos pensando que Descartes, a quien por lo demás es verdaderamente paradójico querer defender de la imputación de "racionalista", no conoció, sin duda, en cuestión de ideas rosacrucianas, más que lo que podía circular por entonces en el mundo profano, y que, si se ejercieron algunas influencias sobre él de una u otra manera, conscientemente o más probablemente de modo inconsciente, el origen del que éstas emanaban en realidad era algo distinto a una iniciación auténtica y legítima; el lugar mismo que ocupa su filosofía en la historia de la desviación moderna, ¿no es un indicio ampliamente suficiente para justificar tal sospecha?

ABRIL DE 1939

24.- C. CHEVILLON, *Le vrai visage de la Franc-Maçonnerie: Ascèse, apostolat, culture* [*El verdadero rostro de la Franc-Masonería: Ascesis, apostolado, cultura*] (Editions des Annales Initiatiques, Librairie P. Derain et L. Raclet, Lyon). El autor de esta pequeña obra está poco satisfecho del presente estado de la Masonería, o más bien del de las organizaciones masónicas, y es de aquellos que quisieran encontrar un remedio a su degeneración; lamentablemente, es muy difícil de descubrir, en las reflexiones a las que con este propósito se entrega, algo más que buenas intenciones, lo que ciertamente no basta para llegar a un resultado efectivo. Pensamos que, por "ascesis", debería entenderse propiamente, en especial si se quiere aplicar esta palabra en el orden iniciático, un método de desarrollo espiritual; pero aquí, de hecho, apenas es cuestión sino de desarrollar las "facultades psicológicas", consideradas según su clasificación más banalmente "universitaria": sensibilidad, inteligencia, voluntad; es evidente que inteligencia, en tal caso, significa razón; lo curioso es que el autor cree poder situar la voluntad en relación con el "mundo de las ideas puras"... En cuanto a su idea de "apostolado", parece sobre todo proceder de una confusión entre la "realización" y la acción exterior, lo cual es muy poco iniciático; y, en el fondo, no vemos gran diferencia entre sus preocupaciones sociales y aquellas cuya intrusión en la Masonería moderna han contribuido ampliamente a producir la desviación de la que se queja. En fin, la "cultura", es decir, en suma, la educación exterior, concebida a la manera profana, no tiene relación alguna con la obtención del verdadero conocimiento; y, si con seguridad es muy fácil decir que "el Masón debe adquirir el sentido de lo Eterno", sería necesario, para dar un valor real a esta afirmación, no mantenerse en un "verbalismo" más o menos hueco, que es quizá "filosófico", pero que no refleja nada verdaderamente iniciático, ni por lo demás específicamente masónico, si se entiende esta última palabra según su concepción tradicional, y no según lo que representa para la gran mayoría de nuestros contemporáneos, incluida la gran mayoría de los propios Masones.

JUNIO DE 1939

25.- **ALICE JOLY.** *Un Mystique lyonnais et les secrets de la Franc-Maçonnerie (1730-1824)* [*Un místico lionés y los secretos de la Franc-Masonería (1730-1824)*] (Protat Frères, Mâcon). Este grueso volumen es una biografía tan completa como es posible de Jean-Baptiste Willermoz, realizada muy concienzudamente y seriamente documentada, pero que sin embargo no está exenta de ciertos defectos, probablemente por lo demás inevitables cuando se quiere, como es el caso, estudiar cuestiones como las que aquí se tratan situándose en un punto de vista profano. Ciertamente, no basta, en este orden de cosas, con una especie de simpatía exterior, o con una curiosidad que llega hasta la investigación de los menores detalles anecdóticos, para alcanzar una verdadera comprensión; admiramos la paciencia que es necesaria para tratar así un tema sobre el cual no se experimenta un interés más profundo, pero debemos confesar que, a la acumulación de hechos puros y simples, preferimos una visión más "sintética" que permita extraer su sentido, y también evitar errores y confusiones más o menos graves. Una de tales confusiones aparece en el mismo título, en el que Willermoz es definido como un "místico", mientras que nada de ello se desprende de lo que está escrito en el libro, y por otra parte lo cierto es que no lo fue en absoluto; si bien se le puede reprochar el haber abandonado aparentemente a los Elegidos Coëns, ello no fue porque se inclinara al misticismo, como Saint-Martin, sino solamente porque se interesó entonces de modo más activo en otras organizaciones iniciáticas. Por otra parte, la autora carece evidentemente de cualquier conocimiento "técnico" de las cosas de las que habla, de donde resultan curiosas equivocaciones: así, por ejemplo, toma a los diferentes Ritos masónicos por otras tantas "sociedades"; ignora la diferencia existente entre una "Gran Logia y un Gran Oriente"; llama "rectificación" a la vinculación de una Logia con la Estricta Observancia, mientras que por el contrario este término designa la modificación que sufrieron las propias Logias de la Estricta Observancia cuando ésta dejó de existir como tal y fue reemplazada por lo que, precisamente por tal razón, se llamó (y todavía se llama) el Régimen Escocés Rectificado, en la elaboración del cual Willermoz tuvo una parte preponderante. Dicho esto, reconocemos gustosamente que esta obra contiene una suma de informaciones a la que siempre será útil referirse cuando se quiera estudiar las organizaciones en las que Willermoz desempeñó un papel; pero la parte más interesante, en nuestra opinión, es la que concierne al interés que tuvo por el magnetismo y a las consecuencias más bien molestas que de él resultaron, pues seguramente no fue el episodio más feliz de su carrera. Hay por lo demás en esta historia algo verdaderamente singular, y que requiere de una reflexión de un alcance más general: se piense lo que se piense del carácter de Mesmer, acerca del cual se han formulado las más opuestas opiniones, parece haber sido "suscitado" expresamente para desviar a las organizaciones masónicas que, a pesar de todo lo que les faltaba de conocimiento efectivo, trabajaban todavía seriamente y se esforzaban por renovar el hilo de la verdadera tradición; en lugar de ello, la mayor parte de su actividad fue entonces absorbida por experiencias más bien pueriles y que en todo caso nada tenían de iniciáticas, sin hablar de los problemas y las disensiones que siguieron. La "Sociedad de los iniciados" organizada por Willermoz no poseía en sí misma carácter masónico alguno, pero, en razón de la cualidad de sus miembros, no dejó de ejercer una especie de influencia rectora sobre las Logias de Lyon, y esta influencia no era, en definitiva, sino la de los sonámbulos a quienes se les consultaba sobre todo tipo de asuntos; ¿cómo podría causar extrañeza, en tales condiciones, que los resultados fueran tan lamentables? Siempre hemos pensado que el famoso "Agente Desconocido" que dictó tantas elucubraciones confusas y a menudo completamente ininteligibles era simplemente uno de estos sonámbulos, y recordamos haberlo escrito aquí mismo hace ya bastantes años, a propósito del libro de Vulliaud; la Sra. Joly aporta una confirmación que no podría ya dejar lugar a ninguna duda, pues ha trabajado por descubrir la identidad de la persona en cuestión: se trataría de la Sra. de Vallière, hermana del comendador de Monspey, por medio del cual eran transmitidos sus mensajes a Willermoz; aunque no sea sino porque aportan la solución definitiva de este enigma y acaban así con ciertas leyendas "ocultistas", las investigaciones de la autora no son ciertamente inútiles. Nos permitiremos todavía una pequeña observación accesoria: algunos nombres propios son deformados de una manera bastante extraña; no queremos hablar de los de los personajes del siglo XVIII, sabiendo muy bien que su ortografía es a veces muy difícil de establecer exactamente; pero, ¿por qué, en las referencias, los Sres. Vulliaud y Dermenghem son constantemente llamados "Vuilland" y "Dermenghen"? Esto no es de una importancia capital, sin duda, pero, especialmente en un trabajo de "archivista", no deja de ser un poco molesto…

26.- Dr. GÉRARD VAN RIJNBERK. *Un Thaumaturge au XVIII° siècle: Martines de Pasqually, sa vie, son oeuvre, son Ordre*

[*Un Taumaturgo en el siglo XVIII*: *Martines de Pasqually, su vida, su obra, su Orden*] Tomo segundo (P. Derain et L. Raclet, Lyon). Ya en su tiempo examinamos ampliamente el primer volumen de esta obra; el segundo no es en suma más que un complemento que el autor ha pensado deber añadir, en razón de algunos hechos que durante el intervalo llegaron a su conocimiento; ha aprovechado para completar la bibliografía y ha incluido la reproducción íntegra de las cartas de Martines a Willermoz, actualmente conservadas en la Biblioteca de Lyon, y de las cuales hasta ahora no se habían publicado sino fragmentos más o menos extensos. Cita además los artículos en los que hemos hablado de su libro, pero apenas parece haber comprendido nuestra posición, pues nos califica de "ensayista", lo que es propiamente increíble, y pretende que "nos esforzamos en expresar ideas originales y puntos de vista personales", lo cual es exactamente lo contrario de nuestras intenciones y de nuestro punto de vista rigurosamente tradicional. Encuentra "asombrosa" nuestra afirmación de que "el Régimen Escocés Rectificado no es una metamorfosis de los Elegidos Coëns, sino más bien una derivación de la Estricta Observancia"; no obstante, ello es así, y cualquiera que tenga la menor idea de la historia y de la constitución de los Ritos masónicos no puede tener duda alguna acerca de esto; incluso aunque Willermoz, al redactar las instrucciones de ciertos grados, hubiera introducido ideas más o menos inspiradas en las enseñanzas de Martines, esto no cambiaría absolutamente en nada la filiación ni el carácter general del Rito de que se trata; además, el Régimen Rectificado no es en absoluto la "Masonería Templaria", como dice el Sr. van Rijnberk, ya que, por el contrario, uno de los principales puntos de la "rectificación" consistía precisamente en el rechazo del origen templario de la Masonería. Un capítulo bastante curioso es aquel en el que el autor intenta aclarar la filiación del "Martinismo", que, a pesar de todo, sigue siendo muy oscura y dudosa en algunos puntos; la cuestión, aparte del punto de vista simplemente histórico, carece por lo demás de la importancia que algunos quieren atribuirle, pues es evidente, en cualquier caso, que lo que Saint-Martin podía transmitir a sus discípulos, fuera de toda organización regularmente constituida, no podría en modo alguno ser considerado como teniendo el carácter de una iniciación. Un punto interesante, por lo demás, es el que concierne al significado de las letras S. I., interpretadas corrientemente como "Superior Incógnito" ["Superior Inconnu"], y que en realidad han servido para muchas cosas: ya hemos señalado que son especialmente las iniciales de la "Sociedad de los Independientes", de la que se trató en el Crocodile, así como también de la "Sociedad de los Iniciados" de Willermoz; como dice el Sr. van Rijnberk, podrían multiplicarse los ejemplos a este respecto; él mismo observa que son también la abreviatura de "Soberano Juez", título de los miembros del "Tribunal Soberano" de los Elegidos Coëns; añadiremos que, en otro Rito de la misma época, hubo un grado de "Sabio Iluminado", y que, en el propio Rito Escocés Antiguo y Aceptado, está el de "Secretario Íntimo", que es el sexto, lo cual es bastante curioso por su relación con los "seis puntos" (y hagamos notar de paso, para los aficionados a las "coincidencias", que, en la Estricta Observancia, el acto de obediencia a los "Superiores Incógnitos" también constaba de seis puntos); pero, ¿por qué estas dos letras han disfrutado de semejante favor? El autor tiene razón al pensar que deben tener un valor simbólico propio, valor que, por lo demás, ha atisbado al referirse a una de las planchas de Khunrath; pero ha olvidado hacer una distinción entre dos símbolos relacionados, aunque sin embargo un poco diferentes: el de la "serpiente de bronce", que ofrece realmente las letras S. T. (iniciales además de "Soberano Tribunal"), y el del árbol o el bastón alrededor del cual está enrollada la serpiente, representado únicamente por un eje vertical; este último da las letras S. I., de las que otra forma se encuentra en la serpiente y la flecha que figuran en el sello de Cagliostro. Puesto que hemos sido llevados a hablar de esta cuestión, añadiremos que, esencialmente, la letra S representa la multiplicidad, y la letra I, la unidad; es evidente que su correspondencia respectiva con la serpiente y el árbol axial concuerda perfectamente con este significado; y es totalmente exacto que hay aquí algo que "procede de un esoterismo profundo", mucho más profundo y auténtico que la "Santa Iniciación"... martinista, que ciertamente posee la misma autoridad para reivindicar la propiedad de este antiguo símbolo que la que tiene para reivindicar la del número seis o la del sello de Salomón...

MARZO DE 1940

27.- CHARLES CLYDE HUNT. *Masonic Symbolisme* [*Simbolismo Masónico*] (Laurance Press Co., Cedar Rapids, Iowa). El autor, Gran Secretario de la Gran Logia de Iowa, publicó hace ya una decena de años un libro titulado *Some Thoughts on Masonic Symbolism*; el presente volumen es una reedición del mismo, aunque considerablemente aumentado con la adición de casi el doble de nuevos capítulos; éstos habían aparecido separadamente durante el intervalo, en forma de artículos, en el *Grand Lodge Bulletin*, y ya hemos tenido ocasión de mencionar la mayoría de ellos a medida que iban apareciendo. Quizá hubiera sido mejor, nos parece, mantener el título original del libro, pues no hay aquí, como podría parecer, un tratado global sobre el simbolismo masónico; se trata más bien de una serie de estudios acerca de puntos más o menos particulares. Por otra parte, lo que en primer lugar extraña al ver estos estudios así recopilados es que las interpretaciones ofrecidas están casi exclusivamente basadas en un solo sentido, puesto que la Masonería representa una forma iniciática propiamente occidental; no obstante, muchas cuestiones podrían ser en gran medida aclaradas mediante una comparación con los datos de otras tradiciones. Además, los textos bíblicos apenas son considerados sino en su sentido más literal, es decir, que las explicaciones que se ofrecen son sobre todo de orden histórico, por un lado, y moral, por otro; esto es manifiestamente insuficiente, desde el momento en que de lo que aquí debería tratarse es del punto de vista iniciático, y no del punto de vista religioso; parece haber entonces cierta tendencia a confundir los dos dominios, tendencia que por otra parte está muy extendida en la Masonería anglosajona. El autor parece asignar como objetivo principal a la Masonería lo que él llama la "construcción del carácter" (*character-*

building); esta expresión representa en el fondo más una simple "metáfora" que un verdadero símbolo; la palabra "carácter" es muy vaga, y, en todo caso, no parece indicar nada que supere el orden psicológico; hay aquí entonces algo muy exotérico, mientras que, si se hablara de "construcción espiritual", ello podría tener un sentido más profundo, especialmente si se añadieran las precisiones más propiamente "técnicas" que sería fácil extraer a este respecto del simbolismo masónico, con tal de abstenerse de "moralizar" pura y simplemente a propósito de los símbolos, lo que ciertamente no tiene nada de iniciático y apenas justifica la afirmación del carácter esotérico de la Masonería. Todo esto no resta nada, por lo demás, al mérito y al interés del libro en el dominio más particular en el que preferentemente se mantiene, es decir, sobre todo en lo que concierne a la contribución que aporta a la elucidación de un cierto número de puntos oscuros o generalmente mal comprendidos, de los muchos que hay en el actual estado de la tradición masónica, es decir, desde que ésta ha sido reducida a no ser más que "especulativa".

28.- GIUSEPPE LETI y LOUIS LACHAT. *L'Esotérisme à la scène: la Flûte Enchantée, Parsifal, Faust* [*El Esoterismo en la escena: La Flauta Mágica, Parsifal, Fausto*] (Derain et Raclet, Lyon). El título de este libro es quizá insuficientemente preciso, ya que las tres piezas estudiadas son consideradas (o al menos tal ha sido la intención de los autores) desde el punto de vista especial del simbolismo masónico, más bien que desde el del esoterismo en general. Hay por otra parte aquí algo que puede provocar inmediatamente una objeción, pues, si el carácter masónico de *La Flauta Mágica* es bien conocido y no puede ser puesto en duda, no ocurre lo mismo con las otras dos obras; y, si al menos puede hacerse valer que Goethe fue Masón al igual que Mozart, no podría decirse otro tanto de Wagner. Parece que, si puede haber en el *Parsifal* puntos de comparación con el simbolismo masónico, ello proviene de la propia leyenda del Grial, o de la "corriente" medieval a la que se vincula, mucho más que de la adaptación realizada por Wagner, que no fue forzosamente consciente de su carácter iniciático original, y a quien incluso se le ha reprochado en ocasiones el haber alterado este carácter sustituyéndolo por un misticismo un poco nebuloso. Todas las similitudes que indican los autores pueden en suma explicarse por lo que ellos llaman la "herencia de los herméticos" en la Masonería, lo que se corresponde bien con lo que acabamos de decir; por lo demás, mezclan a menudo consideraciones bastante vagas, que no dependen ya del simbolismo ni del esoterismo, sino tan sólo de una "ideología" que, si bien representa su concepción de la Masonería, ciertamente no es en absoluto inherente a ella, y ni siquiera ha podido introducirse en algunas de sus ramas más que debido a esa degeneración de la que a menudo hemos hablado. En cuanto al caso de Goethe, es bastante complejo; cabría examinar de cerca en qué medida su poema *Fausto* está realmente "marcado por el espíritu masónico", como ha dicho un crítico ya citado aquí, y para quien el "espíritu masónico" no es, quizá, en el fondo, distinto a la idea que comúnmente se hace el público; es con seguridad más dudoso que para otras obras del mismo autor, como *Wilhelm Meister* o el enigmático cuento de *La Serpiente Verde*; e incluso, a decir verdad, hay en *Fausto*, que constituye un conjunto un poco "caótico", partes cuya inspiración parece más bien antitradicional; las influencias que se han ejercido sobre Goethe no han sido sin duda exclusivamente masónicas, y quizá no careciera de interés intentar determinarlas más exactamente... Por otra parte, existe en el presente libro una multitud de observaciones interesantes, pero todo esto, que tendría necesidad de ser clarificado y puesto en orden, no podría serlo más que por alguien que no estuviera afectado, como los autores lo están muy visiblemente, por ideas modernas, "progresistas" y "humanitarias", ideas que están en las antípodas de todo verdadero esoterismo.

Reseñas de revistas

NOVIEMBRE DE 1931

46.- En la "Revue Internationale des Sociétés Secrètes" (números del 1º de agosto y del 1º de septiembre, parte "ocultista"), el Dr. G. Mariani, continuando su estudio titulado "El Islam y el Ocultismo", mezcla extrañamente las organizaciones iniciáticas y las "sectas" heterodoxas (hasta el Ba´haismo occidentalizado inclusive), según un procedimiento que, en lo que concierne al mundo cristiano igualmente, ha sido frecuentemente empleado por los enemigos del esoterismo, desconociendo o aparentando ignorar que religión e iniciación constituyen dos dominios perfectamente distintos. En el primero de los dos números, el mismo autor habla de nuestro último libro y del de M. Emile Dermenghem; lo hace a su manera habitual, de la cual lo menos que se puede decir es que carece de franqueza-No nos detendremos en destacar las aserciones más o menos bizarras que nos conciernen, pero que no podrían alcanzarnos; citaremos solamente en otro orden de ideas, esta frase bien característica de cierta mentalidad: "El catolicismo sólo tiene *un* significado, y lo hemos aprendido en el catecismo". Si verdaderamente fuera así, ¡qué piedad! El artículo termina con pérfidas insinuaciones respecto a las "Ediciones Véga", y con una intención que no calificaremos, pero que discernimos demasiado bien, se enuncia, en lo que nos concierne, una "predicción" que va exactamente en oposición a la verdad; no diremos apenas más por el momento, pues tendremos sin duda que volver sobre ello... Sólo añadiremos una cosa: nunca hemos ni soñado en absoluto con hacer del "Voile d´Isis" una "cosa" nuestra y, si algunos de sus colaboradores se inspiran de buena gana en nuestros trabajos, es de modo totalmente espontáneo y sin que hayamos nunca hecho nada para impulsarlos a ello. No vemos ahí más que un homenaje rendido a la doctrina que expresamos, de manera perfectamente independiente de todas las consideraciones individuales; por lo demás, si se continua... envenándonos con la "personalidad de René Guénon", ¡terminaremos algún día por suprimirla del todo¡ Pero nuestros adversarios pueden estar seguros de que no ganarán nada con eso, muy al contrario...

NOVIEMBRE DE 1935

121.- En el *Mercure de France* (n° del 15 de julio), señalamos un artículo titulado "L'Infidélité des Francs-Maçons", firmado bajo el pseudónimo de *"Inturbidus"*. Hay consideraciones interesantes, pero que a veces no están suficientemente claras, sobre todo en lo que respecta a la distinción de las iniciaciones sacerdotal, principesca y caballeresca, y en fin artesanal, que en suma corresponde, a la vez, a la organización artesanal de la sociedad occidental de la Edad Media y a la de las castas de la India; no se ve muy bien el lugar exacto asignado ahí al hermetismo, y por otra parte habría que explicar por qué la Masonería, a pesar de sus formas artesanales, lleva también la denominación de "arte real". Sobre la cuestión de las iniciaciones artesanales o corporativas, el autor cita extensamente el *Número de Oro* de Matila Ghyka; desafortunadamente, la parte de esta obra que se refiere a este asunto es ciertamente la que admite mayores reservas, y las informaciones que en ella se encuentran no todas provienen de fuentes demasiado seguras... Sea como fuere, puede ser mucho más restringido tomar la expresión de "Masonería operativa" en un sentido exclusivamente corporativo. El autor, que sin embargo reconoce que esta antigua Masonería siempre admitió miembros que no eran obreros (que no traduciremos forzosamente como "no-operativos"), no parece darse demasiada cuenta de lo que ellos podían hacer ¿sabe, por ejemplo, lo que era una L∴ of J∴? En verdad, si la Masonería ha degenerado realmente deviniendo simplemente "especulativa" (se advertirá que decimos simplemente para señalar que este cambio implica una disminución), es en otro sentido y de otra manera a como él lo imagina, lo que, por otra parte, no impide reconocerle la exactitud de ciertas reflexiones relativas a la constitución de la Gran Logia de Inglaterra.

En todo caso, la Masonería, ya sea "operativa" o "especulativa", comporta esencialmente, por su misma definición, el uso de formas simbólicas que son las de los constructores; "suprimir el ritual de iniciación artesanal", como aconseja el autor, significaría simplemente suprimir la Masonería misma, aunque él no "quiere destruirla", reconociendo que "así se rompería con la transmisión iniciática", lo cual es un poco contradictorio. Sabemos muy bien que, según su pensamiento, se trataría entonces de substituirla por otra organización iniciática; pero, entonces, no teniendo ésta ninguna relación de filiación real con la Masonería, ¿por qué debería reclutar sus miembros entre los Masones más que en cualquier otro medio? Por otro lado, como semejante organización no se puede inventar, humanamente al menos, y no puede ser el producto de simples iniciativas individuales, incluso aunque ellas provengan de personas "que se encuentran en una cadena iniciática ortodoxa", lo cual evidentemente no sería suficiente para legitimar la creación por parte de aquellas, ¿de dónde procedería esta organización, y a qué se vincularía efectivamente ella? Vemos las dificultades probablemente insolubles que plantea todo esto desde el momento en que se reflexiona un poco sobre ello; también nos permite ser escépticos sobre la realización de semejante proyecto, que no está verdaderamente a punto...

El auténtico remedio para la degeneración actual de la Masonería, y sin duda el único, sería totalmente otro: se trataría, suponiendo que fuera todavía posible, de cambiar la mentalidad de los Masones, o al menos de los que de entre ellos son capaces de comprender su propia iniciación, oportunidad, hay que decirlo, que no se ha dado hasta ahora. Por otro lado, su número importaría poco, porque, ante un trabajo serio y realmente iniciático, los elementos "no-cualificados" se eliminarían enseguida; y con ellos desaparecerían también, por la fuerza misma de las cosas, estos agentes de la "contra-iniciación", al papel de los cuales hicimos alusión en el pasaje del *Teosofismo* que está citado al final del artículo, pues nada podría dar pábulo a su acción. Para operar "un enderezamiento de la Masonería en el sentido tradicional", no hay que "estar en la luna", como dice "Inturbidus", ni construir en la nubes; se trataría solamente de utilizar las posibilidades de que se disponen, por reducidas que éstas pudieran ser al comienzo; pero, en una época como la nuestra, ¿quién osará acometer semejante labor?

DICIEMBRE DE 1938

195.- En el "Speculative Mason", la continuación del estudio sobre *The Preparation for Death of a Master Mason*, considera a la "Tradición Sagrada", la cual está representada simbólicamente en las Logias por la Biblia, pues ésta es, de hecho, el Libro Sagrado de Occidente desde la época cristiana, pero que no debe considerarse sin embargo como limitada sólo a este Libro, sino al contrario como comprendiendo igualmente, y bajo el mismo título, a las Escrituras inspiradas de todas las diversas formas tradicionales, que no son sino otras tantas ramas derivadas de la misma **Sabiduría primordial y universal**. Otro artículo está consagrado a la cuestión de los *Landmarks*, que, como se sabe, son motivo de discusiones interminables. Aquí se aclaran un poco al referirse a la significación original de la palabra, aplicada en la Masonería operativa a las marcas mediante las cuales eran fijados el centro y los ángulos de un edificio antes de su construcción, lo que, por transposición, permite interpretar los caracteres generalmente reconocidos a los *Landmarks*, en el sentido de una verdad inmutable, universal e intemporal en sí misma, y al mismo tiempo susceptible, en los diferentes dominios de existencia y acción, de aplicaciones que son como otros tantos reflejos, en grados diversos, de un "Arquetipo" puramente espiritual. Es evidente que en estas condiciones los verdaderos *Landmarks* no pueden de ninguna manera asimilarse a un conjunto de reglas escritas, que como mucho no podrían expresar sino su reflejo más indirecto y lejano. (*Ibid.* págs. 300-301).

ENERO Y MARZO DE 1940

208.- *Compagnon du Tour de France*, - Contiene un buen artículo sobre *El Util*, por el C∴ Georges Olivier, de donde extraemos estas justísimas consideraciones: "El útil engendra el oficio; el oficio, las artes; en la edad media, oficio y arte eran sólo uno... El útil es a la medida del hombre; lleva en él, sobre él, la personalidad de su maestro... En el taller, el útil adquiere a los ojos del iniciado el valor de un objeto sagrado. ¿No es acaso el taller un templo donde se medita, se estudia, donde se cumple un trabajo: una parte de la obra universal?... En cualquier tiempo, sin duda, el útil fue considerado como un símbolo... Se encuentra en nuestros museos banderas bordadas del santo llevando el útil y la divisa del cuerpo de oficio: vestigios y testimonios de una época en donde se compenetraban intensamente la vida económica y la vida espiritual, donde el trabajo materializaba la fe, y donde la fe espiritualizaba el trabajo. Símbolos también, y desde diferentes puntos de vista, la escuadra y el compás de los Compañeros, que, añadiendo el útil distintivo de la profesión, han querido ver la unión de lo intelectual y de lo manual en un mismo obrero: el Artesano". Sería deseable que estas reflexiones fueran observadas por aquellos que pretenden sostener la superioridad de lo "especulativo" sobre lo "operativo", y que creerían firmemente que el simbolismo es patrimonio de los "especulativos" únicamente. Tan sólo tenemos reservas sobre un punto: no es exacto decir que la máquina es un "útil perfeccionado", porque, en cierto sentido, ella es más bien lo contrario: mientras que el útil es de alguna manera un "prolongamiento" del hombre, la máquina reduce a éste a no ser más que su servidor, y si es cierto que "el útil engendra el oficio", no lo es menos que la máquina lo mata; pero, en el fondo, puede que sea éste el verdadero pensamiento del autor, puesto que enseguida afirma que "en nuestros días, la máquina suplanta al útil, la fábrica al taller, la sociedad laboriosa se escinde en dos clases por la intelectualización de la técnica y la mecanización de la mano de obra, que preceden a la decadencia del hombre y la sociedad".

TOMO II

Capítulo I

MASONES Y CARPINTEROS

Publicado en Études Traditionnelles, diciembre de 1946.

H a habido siempre, entre las iniciaciones de oficio, una especie de querella de precedencia entre los albañiles[52] y los talladores de piedra y los carpinteros; y si se consideran las cosas no en el aspecto de la importancia actual de estas dos profesiones en la construcción de edificios, sino en el de su antigüedad respectiva, es bien cierto que los carpinteros pueden efectivamente reivindicar el primer rango. En efecto, como hemos ya señalado en otras ocasiones, las construcciones, de manera muy general, fueron de madera antes de ser de piedra y ello es lo que explica que, en la India especialmente, no se encuentre ninguna huella de las que se remontan más allá de cierta época. Tales edificios eran evidentemente menos duraderos que los construidos en piedra; también el empleo de la madera corresponde, entre los pueblos sedentarios, a un estadio de menor fijeza que el de la piedra, o, si se quiere, a un menor grado de "solidificación", lo que está muy de

---

[52] En francés, la palabra "maçon" es sinónimo de "albañil" (N. del T.)

acuerdo con el hecho de relacionarse con una etapa anterior en el curso del proceso cíclico[53].

Esta observación, por simple que pudiese parecer en sí misma, está muy lejos de carecer de importancia para la comprensión de ciertas particularidades del simbolismo tradicional: es así cómo, en los más antiguos textos de la India, todas las comparaciones referentes al simbolismo constructivo son siempre sacadas del carpintero, de sus útiles y de su trabajo; y Vishvakarma, el "Gran Arquitecto" mismo, es designado también con el nombre de Twashtri, que es literalmente el "Carpintero". Es evidente que la función del arquitecto (Sthapati, que además es primitivamente el maestro carpintero) no es en nada modificada por ello, puesto que, salvo la adaptación exigida por la naturaleza de los materiales empleados, es siempre del mismo "arquetipo" o del mismo "modelo cósmico" del que hay que inspirarse, y ello ya se trate de la construcción de un templo o de una casa, de un carro o de un navío, (y, en estos últimos casos, el oficio de carpintero jamás ha perdido nada de su importancia primera, al menos hasta el empleo totalmente moderno de los metales, que representan el último grado de la "solidificación"[54]. Evidentemente también, que ciertas partes del edificio se realicen en madera o en piedra, ello no cambia nada, si no en su forma exterior, al menos en

---

[53] Ver las consideraciones que hemos expuesto a tal respecto en *El reino de la cantidad y los signos de los tiempos*, (Paidós, Barcelona, 1996), especialmente capítulos XXI y XXII.- Naturalmente, el cambio de que se trata no puede ser considerado como habiéndose producido simultáneamente en todos los pueblos, sino que hay siempre etapas correspondientes en el curso de la existencia de éstos.

[54] Bien entendido que oficios como el del carretero y el del ebanista deben ser encarados como no siendo más que particularizaciones o "especializaciones" ulteriores del oficio de carpintero, que, en su acepción más general, que es al tiempo la más antigua, comprende todo lo que concierne al trabajo de la madera.

su significación simbólica; poco importa a este respecto, por ejemplo, que el "ojo" del domo, es decir, su abertura central, sea recubierto por una pieza de madera, o por una piedra trabajada de algún modo, constituyendo una y otra igualmente y en un sentido idéntico, la "coronación" del edificio, según lo que hemos expuesto en precedentes estudios; y con mayor razón ocurre lo mismo con las piezas del carpintero que han permanecido como tales una vez que la madera ha sido sustituida por la piedra en la mayor parte de la construcción, como las vigas que, partiendo de este "ojo" del domo, representan los rayos solares con todas sus correspondencias simbólicas[55]. Se puede pues decir que el oficio del carpintero y el del albañil, puesto que proceden en definitiva del mismo principio, proporcionan dos lenguajes parecidamente apropiados para la expresión de las mismas verdades de orden superior; la diferencia no es más que una simple cuestión de adaptación secundaria, como lo es siempre la traducción de una lengua a otra, pero, bien entendido, cuando se trata de cierto simbolismo determinado, como en el caso de los textos tradicionales de la India a los cuales hacíamos alusión anteriormente, hace falta, para comprender enteramente su sentido y su valor, saber de una manera precisa cual es, de los dos lenguajes, aquel más propiamente relacionado.

---

[55] Si incluso, más tarde aún, esas vigas son reemplazadas en ciertos casos por "nervaduras" en piedra (y pensamos sobre todo aquí en las bóvedas góticas), ello tampoco cambia nada del simbolismo.- En inglés, la palabra *beam* significa a la vez "rayo" y "viga", y, como Ananda Coomaraswamy ha señalado en diversas ocasiones, ese doble sentido nada tiene sin duda de fortuito, desgraciadamente es intraducible en francés, donde, por contra, se habla corrientemente de las "rayas"(*rais*) o de los "rayos"(*rayons*) de una rueda, que desempeñan con relación al medio de ésta, la misma función que las vigas en cuestión con relación al "ojo" del domo.

A este respecto, señalaremos un punto que nos parece tener una importancia totalmente particular; se sabe que en griego, la palabra hylê significa primitivamente "madera", y que es al mismo tiempo la que sirve para designar el principio sustancial o la materia prima del Cosmos, y también por aplicación derivada de ésta, a toda materia secunda, es decir, a todo lo que desempeña en un sentido relativo, en tal o cual caso, un papel análogo al del principio sustancial de toda manifestación[56]. Este simbolismo, según el cual aquello de lo cual está hecho el mundo es asimilado a la madera es además muy general en las más antiguas tradiciones, y, por lo que acabamos de decir, es fácil comprender su razón con relación al simbolismo constructivo: en efecto, desde el momento que de la "madera" se han sacado los elementos de la construcción cósmica, el "Gran Arquitecto" debe ser considerado antes que nada como un "maestro carpintero", como lo es efectivamente en semejante caso, y como es natural que lo sea allí donde los constructores humanos, cuyo arte, desde el punto de vista tradicional, es esencialmente una "imitación" del arte del "Gran Arquitecto", son ellos mismos carpinteros[57]. No carece de

---

[56] Es bastante curioso que en español, la palabra "madera", derivada directamente de "materia", sea empleada todavía para designar "*le bois*" ("la madera" en francés) e incluso más especialmente la de carpintería.

[57] Quizás no carezca de interés el anotar que, en el grado 22 de la Masonería escocesa, que representa, según la interpretación hermética, "la preparación de los materiales necesarios para la realización de la Gran Obra", estos materiales son figurados , no por las piedras como en los grados que constituyen la iniciación propiamente masónica, sino por la madera de construcción; podría pues verse en este grado, cualquiera que pueda ser de hecho su origen histórico, como una especie de "vestigio" de la iniciación de los carpinteros, tanto más cuanto que el hacha, que es su símbolo o atributo principal, es esencialmente un útil de carpintero.- Además hay que resaltar que el simbolismo del hacha es aquí muy diferente de aquel, mucho más enigmático, según el cual, en la *Craft Masonry*, está asociada a la "piedra cúbica en punta", y del que hemos dado la explicación en un precedente artículo ("Un jeroglífico del Polo", mayo de 1937). Conviene recordar también, por otro lado, la relación simbólica que el hacha tiene, de manera general, con el *vajra* (cf. Nuestros artículos sobre "Las piedras de

importancia tampoco, en lo que concierne más especialmente a la tradición cristiana, el resaltar, como ya lo ha hecho A. Coomaraswamy, que puede fácilmente comprenderse así que el Cristo debía aparecer como el "hijo del carpintero"; los hechos históricos, como hemos dicho muy frecuentemente, no son en suma sino un reflejo de realidades de otro orden, y solamente ello les da todo el valor del que son susceptibles; también hay ahí un simbolismo mucho más profundo de lo que se piensa de ordinario (si es que la inmensa mayoría de los cristianos tiene aún, por vagamente que sea, la idea de que puede haber en ello un simbolismo cualquiera). Que además esa no sea más que una filiación aparente, ello mismo es exigido todavía por la coherencia del simbolismo, puesto que se trata de algo que no está en relación más que con el orden exterior de la manifestación, y no con el orden principial; es de la misma manera exactamente cómo, en la tradición hindú, Agni, en tanto que es el Avatâra por excelencia, tiene también a Twashtri como padre adoptivo cuando toma nacimiento en el Cosmos; ¿y cómo podría ser de otra forma cuando este Cosmos mismo no es otra cosa, simbólicamente, que la obra misma del "maestro carpintero"?

---

rayo", en el nº de mayo de 1929, y sobre "Las armas simbólicas", en el nº de octubre de 1936). (Actualmente, están recopilados en *Symboles de la Science Sacrée, trad. española: Símbolos de la Ciencia Sagrada*, Paidós, Barcelona, 1996, N. del T).

Capítulo II

HEREDOM

Artículo publicado originalmente en
"Études Traditionnelles", octubre de 1947.

Habiendo visto recientemente unas notas sobre la palabra Heredom[58] que, aun indicando algunas de las explicaciones que se han propuesto, no aportan ninguna conclusión en cuanto a su origen real, nos ha parecido que podía ser de algún interés el reunir aquí algunas observaciones al respecto. Se sabe que esta palabra enigmática (que se escribe a veces también Herodom, y de la cual se encuentran incluso diversas otras variantes que, a decir verdad, parecen más o menos incorrectas) es empleada como designación de un alto grado masónico, y también, por extensión, del conjunto del Rito del cual este grado constituye el elemento más característico. A primera vista, puede parecer que Heredom no sea otra cosa que una forma ligeramente alterada de heirdom, es decir "herencia"; en la "Orden Real de Escocia", la herencia de que se trata sería la de los Templarios que, según la "leyenda", habiéndose refugiado en Escocia tras la destrucción de su Orden, habrían sido allí acogidos por el rey Robert Bruce y habrían

---

[58] *The Speculative Mason*, octubre de 1947.

fundado la Logia-Madre de Kilwinning[59]. Sin embargo, está muy lejos de explicarlo todo, y es muy posible que este sentido haya venido solamente a añadirse secundariamente, siguiendo una similitud fonética, a una palabra cuyo verdadero origen era muy diferente.

Diremos otro tanto de la hipótesis según la cual Heredom sería derivada del griego hieros domos, "morada sagrada"; sin duda, ello no está falto de significación, y puede incluso prestarse a consideraciones menos "exteriores" que una alusión de orden simplemente histórico. Sin embargo, tal etimología no deja de ser muy dudosa; nos hace además pensar en aquella por la cual se ha pretendido a veces hacer del nombre de Jerusalén, a causa de su forma griega Hierosolyma, un compuesto híbrido en el cual entraría también la palabra hieros, mientras que se trata en realidad de un nombre puramente hebraico, que significa "morada de paz" o, si se toma para su primera parte una raíz un poco diferente (yara en lugar de yarah), "visión de la paz". Esto nos recuerda también la interpretación del símbolo del grado de Royal Arch, que es una triple "tau", como formado por la superposición de las dos letras T y H, que serían entonces las iniciales de las palabras Templum Hierosolimae; y, precisamente, el hieros domos de que se trata sería igualmente, para los que han considerado esta hipótesis, el Templo de Jerusalén. No queremos ciertamente decir que aproximaciones de este género, que estén basadas sobre la consonancia de las palabras o sobre la forma de las letras y de los símbolos, estén necesariamente desprovistas de todo sentido, de toda razón de ser, incluso hay

---

[59] Nos parece del todo punto inútil el hacer intervenir aquí la herencia de los Estuardo como lo quería Ragon; incluso si es cierto que algunos hayan hecho tal aplicación, ésta no podría ser en todo caso más que tardía y ocasional, y sería casi tan desviada como aquella según la cual Hiram habría sido, se dice también, considerado como figurando a Carlos I de Inglaterra.

algunas que están lejos de carecer de interés y cuyo valor tradicional es incontestable; pero es evidente que haría falta tener mucho cuidado de no confundir jamás estos sentidos secundarios, que pueden por otro lado ser más o menos numerosos, con el sentido original que, cuando se trata de una palabra, es el único al cual se puede aplicar propiamente el nombre de etimología.

Lo que es quizás más singular, es que se ha pretendido bastante frecuentemente hacer de Heredom el nombre de una montaña de Escocia; ahora bien, apenas hay necesidad de decir que, de hecho, no ha existido nunca ninguna montaña con tal nombre, ni en Escocia ni en ningún otro país; pero la idea de la montaña debe ser aquí asociada a la de un "lugar santo", lo que nos lleva de nuevo en cierto modo al hieros domos. Esta montaña supuesta por lo demás no ha debido ser constantemente situada en Escocia, pues semejante localización apenas sería conciliable, por ejemplo, con la afirmación que se encuentra en los rituales de la Masonería adonhiramita, y según la cual la primera Logia fue mantenida en "el valle profundo donde reinan la paz, las virtudes (o la verdad) y la unión, valle que estaba comprendido entre las tres montañas Moriah, Sinaí y Heredon (sic)". Ahora, si uno se informa en los antiguos rituales de la Masonería operativa, que constituyen sin duda una "fuente" más segura y tradicionalmente más auténtica[60], se comprueba lo siguiente, que vuelve esta última aserción aún más extraña: las tres montañas sagradas eran allí el Sinaí, el Moria y el Tabor; estos "altos lugares "eran representados en ciertos casos por las plazas ocupadas por los

---

[60] Es en los rituales adonhiramitas donde se encuentra, entre otras extravagancias, a la *Shekina* transformada en el *"Stekenna"*, evidentemente por un error debido a la ignorancia de algún copista o "arreglista" de rituales manuscritos más antiguos; ello muestra suficientemente que tales documentos no pueden ser utilizados sin algunas precauciones.

tres principales oficiales de la Logia, de suerte que el emplazamiento mismo de ésta podía entonces ser asimilado en efecto a un "valle" situado entre esas tres montañas. Estas corresponden bastante manifiestamente a tres "revelaciones" sucesivas: la de Moisés, la de David y la de Salomón (se sabe que el Moria es la colina de Jerusalén sobre la cual fue edificado el Templo), y la de Cristo; hay pues en su asociación algo que es bastante fácilmente comprensible; pero ¿dónde, cuándo y cómo ha podido operarse la curiosa sustitución del Tabor por Heredom (incompatible por lo demás con la identificación de ese hieros domos con el Templo de Jerusalén, puesto que él es aquí distinguido expresamente del monte Moria)? No nos encargaremos de resolver este enigma, no teniendo por otro lado a nuestra disposición los elementos necesarios, pero al menos hemos de señalarlo.

Para volver ahora a la cuestión del origen de la palabra Heredom, es importante resaltar que, en la "Orden Real de Escocia", está en uso el escribir ciertas palabras solamente con sus consonantes, a la manera del hebreo y del árabe, de suerte que Heredom, o lo que se tiene la costumbre de pronunciar así, es escrito siempre en realidad H.R.D.M.: es claro que las vocales pueden entonces ser variables lo que da cuenta por lo demás de las diferencias ortográficas que no son simples errores. Ahora bien, H.R.D.M. puede perfectamente leerse Harodim, nombre de uno de los grados superiores de la Masonería operativa; estos grados de Harodim y de Menatzchim, que eran naturalmente desconocidos por los fundadores de la Masonería "especulativa"[61], tornaban apto para ejercer las funciones de

---

[61] Estos poseían solamente el grado de Compañero en calidad de Masones "aceptados"; en cuanto a Anderson, con toda verosimilitud, debió haber recibido la iniciación especial de

superintendente de los trabajos[62]. El nombre de Harodim convenía por tanto muy bien para la designación de un alto grado, y lo que nos parece mucho más verosímil, es que, por esta razón, habrá sido aplicado después a una de las formas más antiguamente conocidas, pero sin embargo evidentemente en relación con la Masonería operativa, del grado masónico de Rosa-Cruz.

---

los Capellanes en una *Lodge of Jakin*. (cf. *Aperçus sur l'Initiation*, cap. XXIX, Editions Traditionnelles).

[62] Se podría quizás encontrar como un vestigio, a este respecto, en la designación del grado de "Intendente de los Edificios", 8° grado del Rito Escocés Antiguo y Aceptado.

Capítulo III

INICIACIÓN FEMENINA
E INICIACIONES DE OFICIO

Publicado originalmente en Études Traditionnelles, julio-agosto de 1948.

S e nos ha dicho repetidas veces que, en las formas tradicionales occidentales actualmente subsistentes, parecería no haber ninguna posibilidad de carácter iniciático para las mujeres: muchos se preguntan cuáles pueden ser las razones de tal estado de cosas, que es ciertamente muy lamentable, pero que sin duda sería muy difícil de remediar. Además esto debería llevar a la reflexión a los que se imaginan que Occidente ha otorgado a la mujer un sitial privilegiado que no ha sido jamás logrado en ninguna otra civilización. Tal vez sea verdad en ciertos aspectos, pero especialmente en el sentido de que Occidente, en los tiempos modernos, la sustrajo de su papel normal permitiéndole acceder a funciones que deberían pertenecer exclusivamente al hombre, de manera que estamos aquí en presencia de otro caso particular del desorden de nuestra época. Desde otros puntos de vista más legítimos, la mujer en Occidente, por el contrario, se encuentra en una situación mucho más desventajosa que en el caso de las civilizaciones orientales, en las cuales particularmente le ha sido siempre posible encontrar una iniciación que le conviniera, siempre y cuando poseyera las cualificaciones requeridas. Así por ejemplo, la iniciación islámica ha sido siempre accesible a las mujeres, lo que, digámoslo de paso, es suficiente para refutar algunos absurdos que en Europa se acostumbra a atribuir al Islam.

Volviendo al mundo occidental, está claro que no nos referimos aquí a la Antigüedad, cuando con toda seguridad existieron iniciaciones femeninas y donde incluso algunas lo eran excluyentes de los varones, así como hubo otras exclusivamente masculinas. Pero ¿cuál era la situación en el Medioevo? Sin duda no es imposible que las mujeres hayan sido admitidas en ese entonces en algunas organizaciones poseedoras de una iniciación propia del esoterismo cristiano, e incluso ello es perfectamente verosímil[63]; pero como tales organizaciones están entre aquellas de las que ya desde hace mucho tiempo no quedan rastros, es muy difícil tratar de las mismas con certeza y precisión y, en todo caso, es muy posible que no hubiese nunca más que posibilidades muy restringidas. En cuanto a la iniciación caballeresca, es más que evidente que por su misma naturaleza no podría absolutamente convenir a las mujeres. Lo mismo puede decirse respecto a las iniciaciones de oficio, o al menos de las más importantes entre ellas y de aquellas que, de una u otra manera, se continuaron hasta nuestros días. Ésta es precisamente la razón verdadera de la ausencia de toda iniciación femenina en el Occidente actual: todas las que subsisten se basan esencialmente sobre oficios cuyo ejercicio pertenece exclusivamente a los hombres, y es ésta como decíamos la razón por la que no vemos muy bien como podría superarse tan fastidiosa laguna, a menos que se encuentre algún día el medio de realizar una hipótesis que pasamos a considerar a continuación. Sabemos bien que algunos de nuestros

---

[63] Un caso como el de Juana de Arco parece muy significativo a este respecto, a pesar de los múltiples enigmas de los que está rodeado.

contemporáneos han pensado que en el caso en el cual el ejercicio efectivo de un oficio haya desaparecido, la exclusión de las mujeres de la iniciación correspondiente había perdido por ello mismo su razón de ser; pero eso es un verdadero sinsentido, pues la iniciación no está por ello cambiada, y, como hemos ya explicado en otro lugar[64], este error implica un total desconocimiento del significado y del real alcance de las cualificaciones iniciáticas. Como decíamos entonces, la conexión con el oficio, totalmente independiente de su ejercicio exterior, permanece inscrita necesariamente en la forma misma de la iniciación, y en aquello que la caracteriza y constituye esencialmente como tal, de modo que en ningún caso podría ser válida para quienquiera no fuera apto para ejercer el oficio en cuestión. Naturalmente, nos estamos refiriendo en particular a la Masonería, ya que por lo que hace al Compañerazgo, el ejercicio del oficio no ha dejado jamás de considerarse como condición indispensable; por lo demás no conocemos ningún otro ejemplo de una desviación de este tipo más que la "Masonería mixta", que por tal razón no podrá nunca ser considerada "regular" por nadie que al menos comprenda mínimamente los principios de la Masonería. En el fondo la existencia de esta "Masonería Mixta" (o Co-Masonry como se la denomina en los países de habla inglesa) constituye simplemente una tentativa de introducir en el ámbito iniciático mismo, que por sobre cualquier otro debería estar exento, aquella concepción "igualitaria" que, rehuyendo ver las diferencias de la naturaleza existentes entre los seres, llega hasta atribuir a las mujeres

---

[64] *Aperçus sur l'Initiation*, cap. XIV.

una función propiamente masculina , y que está además manifiestamente en la raíz de todo el "feminismo" contemporáneo[65].

Ahora bien, el problema que se plantea es el siguiente: ¿por qué todos los oficios que están incluidos en el Compañerazgo son exclusivamente varoniles, y por qué ningún oficio femenino parece haber dado origen a una iniciación de este tipo? A decir verdad es ésta una cuestión bastante compleja y no pretendemos resolverla por entero aquí; dejando de lado la investigación de contingencias históricas intervinientes, diremos solamente que puede haber ciertas dificultades particulares, de las cuales una de las principales posiblemente se deba al hecho que, desde el punto de vista tradicional, los oficios femeninos deben normalmente ejercerse en casa, y no como en el caso de los masculinos, fuera de ella. Sin embargo, una dificultad de este tipo no es insuperable, y podría solamente requerir algunas modalidades especiales en la constitución de una organización iniciática; y, por otra parte, no hay duda alguna que hay oficios femeninos perfectamente susceptibles de servir de soporte para una iniciación. Podemos citar, a título de ejemplo, el tejido, del cual hemos expuesto en una de nuestras obras su simbolismo particularmente importante[66]; este oficio es además de los que pueden ejercerse a la vez por hombres y por mujeres; como ejemplo de un oficio más exclusivamente femenino, citaremos el bordado, al que se refieren directamente las consideraciones sobre el

---

[65] Entiéndase bien que hablamos aquí de una Masonería donde las mujeres son admitidas al mismo título que los hombres, y no de la antigua "Masonería de adopción", que tenía solamente como fin el dar satisfacción a las mujeres que se lamentaban de estar excluidas de la Masonería, confiriéndoles un simulacro de iniciación que, si era totalmente ilusorio y no tenía ningún valor real, no tenía al menos ni las pretensiones ni los inconvenientes de la "Masonería mixta".

[66] *Le Symbolisme de la Croix*, cap. XIV.

simbolismo de la aguja, del que ya hemos hablado en diversas ocasiones, así como algunas de las que conciernen al sûtrâtmâ[67]. Es fácil entender cómo podrá haber por este lado, en principio al menos, posibilidades de iniciación femenina que no serían desdeñables; pero decimos en principio porque desafortunadamente, en las condiciones actuales, no hay de hecho ninguna transmisión auténtica que permita realizar tales posibilidades; y no nos cansaremos de repetir, visto que se trata de algo que muchos parecen perder siempre de vista, que a falta de tal transmisión no puede haber iniciación valida, ya que ésta no puede ser de ninguna manera constituida por iniciativas individuales que, cualesquiera que sean, no pueden, por sí solas, originar sino una pseudo-iniciación, puesto que falta necesariamente el elemento suprahumano, vale decir, la influencia espiritual.

De todos modos podría tal vez entreverse una solución considerando lo siguiente: los oficios que pertenecen al Compañerazgo tuvieron siempre, habida cuenta de sus afinidades más particulares, la facultad de afiliar tales o cuales oficios, y conferir a éstos una iniciación de la que antes carecían, iniciación que es regular por el hecho mismo de ser una adaptación de una iniciación preexistente: ¿no habría algún oficio que sea susceptible de efectuar tal transmisión con relación a determinados oficios femeninos? El asunto no parece enteramente imposible, y quizá no carece de antecedentes en el pasado[68]. Sin embargo no hay que ocultar que

---

[67] Ver especialmente "Encuadres y laberintos", en el número de octubre-noviembre de 1947: los dibujos de Durero y de Vinci de los que se trata podrían ser considerados, y lo han sido además por algunos, como representando modelos de bordado. (Véase *Symboles de la Science Sacrée*, cap. LXVI).

[68] Hemos visto mencionar en alguna parte que, en el siglo XVIII, una corporación femenina al menos, la de las alfileteras, habría sido afiliada así al Compañerazgo; lamentablemente, nuestros recuerdos no nos permiten aportar más precisiones al respecto.

habría grandes dificultades respecto de la necesaria adaptación, que evidentemente es mucho más delicada que si se tratara de oficios masculinos: ¿dónde podrían encontrarse hoy hombres suficientemente competentes como para lograr tal adaptación en un espíritu rigurosamente tradicional y guardándose de introducir la menor fantasía que arriesgaría comprometer la validez de la iniciación trasmitida[69]? De cualquier manera, no podemos obviamente hacer otra cosa que formular una sugerencia, ya que no nos toca a nosotros ir más lejos en este sentido; pero oímos tan frecuentemente deplorar la inexistencia de una iniciación femenina occidental que nos ha parecido que valía la pena indicar al menos lo que, en este orden, nos parecía constituir la única posibilidad actualmente subsistente.

---

[69] El peligro sería en suma hacer en el Compañerazgo, o a su lado, algo que no tendría más valor real que la "Masonería de adopción" de la que antes hablábamos; y aún los que instituyeron ésta sabían al menos a qué atenerse, mientras que, en nuestra hipótesis, los que quisieran instituir una iniciación "compañónica" femenina sin tener en cuenta ciertas condiciones necesarias serían como consecuencia de su incompetencia, los primeros en hacerse vanas ilusiones.

Capítulo IV

PALABRA PERDIDA Y NOMBRES SUSTITUTIVOS

Artículo publicado originalmente en
Études Traditionnelles, julio-diciembre de 1948.

E s sabido que en casi todas las tradiciones se alude a algo perdido o desaparecido que, sean cuales sean las formas con las que se lo simboliza, tiene en el fondo siempre el mismo significado; podríamos incluso decir que los mismos significados, ya que, como en todo simbolismo, hay varios, aunque por otra parte estrechamente emparentados entre sí. En realidad, se trata en todos los casos de una alusión al oscurecimiento espiritual que, en virtud de las leyes cíclicas, sobrevino en el transcurso de la historia de la humanidad: es ante todo la pérdida del estado primordial, y también, por una consecuencia inmediata, la pérdida de la tradición correspondiente, pues dicha tradición no era sino el propio conocimiento, implícito esencialmente a la posesión de ese estado. Estas observaciones aparecieron ya en una de nuestra obras[70], al referirnos en particular al simbolismo del Grial, en el cual se muestran con toda claridad los dos aspectos que acabamos de mencionar, y que se refieren respectivamente al estado primordial y a la tradición primordial. A estos dos, se podría agregar un tercero

---

[70] *El Rey del Mundo*, cap. V.

relativo a la sede primordial, pero es evidente que la residencia en el "Paraíso terrenal", es decir, propiamente en el "Centro del Mundo", no difiere en nada de la posesión del estado primordial.

Por otra parte, es preciso indicar que el oscurecimiento no se produjo súbitamente y de una vez por todas, sino que, tras la pérdida del estado primordial, se manifestó en etapas sucesivas correspondientes a otras tantas fases o épocas en el desarrollo del ciclo humano; y la "pérdida" de la que hablamos puede también representar cada una de estas etapas, dado que un similar simbolismo siempre puede aplicarse en grados diferentes. Esto puede ser expresado del siguiente modo: lo que en un principio se había perdido fue sustituido por algo que, en la medida de lo posible, debía tomar su lugar, lo cual a su vez se perdió, creando la necesidad de nuevas sustituciones. Esto se puede constatar en la constitución de los centros espirituales secundarios en el momento en que el centro supremo fue ocultado a la humanidad, al menos en su conjunto y en tanto que se trata de los hombres comunes o "medios", ya que existen siempre y necesariamente casos excepcionales sin los cuales, interrumpida toda comunicación con el centro, la espiritualidad misma en todos sus grados habría desaparecido por completo. Puede también afirmarse que las formas tradicionales particulares, que corresponden precisamente a los centros secundarios de los que hablamos, son sustitutivos más o menos velados de la tradición primordial perdida o más bien oculta, sustituciones adaptadas a las condiciones de las diversas épocas que se sucedieron; y, ya se trate de centros o de tradiciones, la cosa sustitutiva es como un reflejo directo o indirecto, cercano o lejano según los casos, de la que fue perdida. En razón de la filiación ininterrumpida a través de la cual todas las tradiciones regulares se vinculan en definitiva con la tradición primordial, podría aún observarse que aquellas son con respecto a ésta como otros tantos brotes de un único árbol, el mismo que es símbolo del "Eje del Mundo" y que se alza en el centro del "Paraíso Terrenal", como se repite en aquellas leyendas del Medievo en las que se habla de los distintos retoños del "Árbol de la Vida"[71].

Un ejemplo de sustitución a su vez sucesivamente perdida puede identificarse claramente en la tradición mazdea; sobre esto debemos señalar que lo que está perdido no está representado solamente por la copa sagrada, es decir, por el Grial o por alguno de sus equivalentes, sino también por su contenido, lo que es fácilmente comprensible puesto que ese contenido, cualquiera que sea el nombre que se le asigne, no es en el fondo sino la "bebida de la inmortalidad", cuya posesión constituye esencialmente uno de los privilegios del estado primordial. Por eso se dice que el soma védico, a partir de cierta época, vino a desconocerse, lo que obligó a su remplazo por otra bebida que era tan sólo una imagen del mismo. Incluso parece que, aunque no esté formalmente indicado, tal sustitutivo se hubiera perdido a su vez posteriormente[72]. Entre los persas, en cambio, para quienes el haoma es el equivalente del soma hindú, la segunda pérdida es mencionada expresamente: se dice que el haoma blanco podía únicamente recogerse sobre el Alborj, es decir, sobre la montaña polar, que representa la sede primordial; después fue reemplazado por el haoma amarillo, del mismo modo que, en la región donde se asentaron los antepasados de los persas, hubo otro Alborj, que era sólo una imagen del primero. Mas tarde, este haoma

---

[71] A este respecto, es interesante destacar que, de acuerdo con algunas de estas leyendas, de una de estas ramas se habría obtenido la madera utilizada para construir la Cruz.

[72] Es entonces completamente inútil investigar cuál hubiera podido ser la planta de donde provenía el *soma*. Independientemente de cualquier otra consideración, no podemos dejar de experimentar una cierta sensación de gratitud cada vez que un orientalista, tratando del soma, nos ahorra el "cliché" convencional de la *asclepias acida*.

amarillo se perdió a su vez, y no quedó de él más que el recuerdo. Recordemos al respecto que, en otras tradiciones, el vino es también un sustitutivo de la "bebida de la inmortalidad", y es por tal motivo que, como ya explicamos en otra obra[73], es considerado generalmente como un símbolo de la doctrina escondida o reservada, es decir, del conocimiento esotérico e iniciático.

Consideremos ahora otra forma del mismo simbolismo, que puede por otra parte referirse a hechos realmente ocurridos en la historia. Es empero importante comprender que, como para todo hecho histórico, sólo su valor simbólico justifica nuestro interés. De manera general, toda tradición tiene normalmente como medio de expresión una determinada lengua, que por tal motivo adquiere el carácter de lengua sagrada; si esta tradición desaparece, es natural que al mismo tiempo se pierda la lengua correspondiente; incluso si aún subsistiera exteriormente algo de la misma, se trataría solamente de una especie de "cuerpo muerto", puesto que desde entonces se ignora su sentido profundo, que ya no puede ser conocido verdaderamente. Así debió ocurrir con la lengua primitiva con la que se expresaba la tradición primordial, y, por ello, en efecto, se encuentran, en numerosas leyendas y narraciones tradicionales, muchas alusiones a esta lengua primitiva y a su pérdida. Agreguemos que, aun cuando una u otra lengua sagrada particular conocida actualmente parezca querer identificarse con la propia lengua primitiva, debemos entender por ello que, efectivamente, se trata en realidad de un sustitutivo que, para los adherentes de la forma tradicional correspondiente, toma consecuentemente su lugar. Según otras narraciones, parecería sin embargo que la lengua primitiva se habría conservado hasta una época que, aunque pueda parecer muy

---

[73] *El Rey del Mundo*, cap. VI.

remota, es de todas maneras muy posterior a los tiempos primordiales: tal es el caso del relato bíblico de la "confusión de las lenguas", el cual, aunque no pueda asignársele un determinado período histórico, corresponde al comienzo del Kali-yuga. Ahora bien, es seguro que ya existían formas tradicionales particulares en una época muy anterior, y cada una de ellas debió tener su propia lengua sagrada; esta persistencia de la lengua única de los orígenes no debe ser entonces entendida literalmente, sino más bien en el sentido de que, hasta entonces, no había desaparecido todavía la conciencia de la unidad esencial de todas las formas tradicionales[74].

En ciertos casos, en lugar de la pérdida de una lengua se habla solamente de la pérdida de una palabra, por ejemplo, de un nombre divino, que caracteriza a una determinada tradición y que de alguna manera la representa sintéticamente. La sustitución por un nuevo nombre señalaría entonces el paso de una tradición a otra. Otras veces, en cambio, se pretende aludir a "pérdidas" parciales producidas en ciertos momentos críticos durante la vida de una misma forma tradicional: cuando tales "pérdidas" fueron compensadas con la sustitución por algo equivalente, ello significa que las circunstancias había exigido una readaptación de la tradición considerada. En el caso contrario, las pérdidas indican un empobrecimiento más o menos grave de la tradición que no pudo remediarse con posterioridad. Por citar un ejemplo conocido, citaremos el caso de la tradición hebrea, en la que se dan, precisamente, los dos casos indicados: tras la cautividad de Babilonia, la antigua escritura perdida

---

[74] Podría señalarse al respecto que lo que es designado como "don de lenguas" (ver *Apreciaciones sobre la Iniciación*, cap. XXVII) se identifica con el conocimiento de la lengua primitiva entendida simbólicamente.

debió ser sustituida por una nueva[75], y, si se toma en cuenta el valor jeroglífico inherente a los caracteres de una lengua sagrada, este cambio debió necesariamente implicar modificaciones en la propia forma tradicional, es decir, una readaptación[76]. Por otra parte, durante la destrucción del Templo de Jerusalén y la dispersión del pueblo judío, se perdió la pronunciación verdadera del nombre tetragramático. Si bien fue sustituido por otro nombre, el de Adonaï, éste nunca fue considerado como el equivalente real de aquel que ya no se sabía pronunciar. En efecto, la transmisión regular de la pronunciación del principal nombre divino[77], ha-Shem o el Nombre por excelencia, estaba vinculada esencialmente a la continuidad del sacerdocio, cuyas funciones sólo podían ser ejercidas en el Templo de Jerusalén. Desaparecido el Templo, la tradición hebrea quedó inevitablemente incompleta, como por otra parte queda suficientemente probado por la interrupción de los sacrificios, es decir, de aquello que constituía la parte más "central" de la ritos de esta tradición, así como el "Tetragrama" ocupaba una posición verdaderamente "central" con respecto a los demás nombres divinos[78]. En efecto, lo que se había perdido era verdaderamente el centro espiritual de la tradición. Por lo demás, considerando un ejemplo como éste, es particularmente evidente que el hecho histórico en sí, que en absoluto es dudoso como tal, no podría ser

---

[75] Apenas hay necesidad de señalar cuán inverosímil sería este hecho si quisiéramos tomarlo al pie de la letra: ¿cómo un corto período de setenta años habría podido bastar para que nadie conservara memoria de los caracteres antiguos? Aunque, ciertamente, no es casual que ello sucediera en esa época de readaptaciones tradicionales que fue el siglo VI a.C.

[76] Es muy probable que los cambios verificados en los ideogramas chinos en más de una oportunidad deban también interpretarse del mismo modo.

[77] Esta transmisión es comparable exactamente a la de un mantra en la tradición hindú.

[78] El término diáspora o "dispersión" (en hebreo galûth) define muy bien el estado de un pueblo cuya tradición se ve privada de su centro normal.

separado de su significado simbólico, donde reside en el fondo toda su razón de ser y sin el cual sería completamente ininteligible.

Hemos visto que la noción de lo perdido, en uno u otro de sus diferentes símbolos, existe incluso en el exoterismo de las diversas formas tradicionales; y podría incluso decirse que lo perdido se refiere más precisamente y sobre todo al aspecto exotérico, ya que es evidente que es allí donde la pérdida se ha producido y es verdaderamente efectiva, y donde puede ser considerada en cierto modo como definitiva e irremediable, puesto que lo es en efecto para la mayoría de la humanidad terrestre mientras dure el actual ciclo. Hay algo que, por el contrario, pertenece propiamente al orden esotérico e iniciático: se trata de la búsqueda de lo que se ha perdido o, como se decía en el Medievo, la "demanda" (queste); y ello se comprende fácilmente, puesto que la iniciación, en sus primeros estadios, los que corresponden a los pequeños "misterios", tiene efectivamente como finalidad esencial la restauración del estado primordial. Es por otra parte necesario señalar que, al igual que la pérdida se produjo en realidad gradualmente y por etapas sucesivas, así también la búsqueda deberá desarrollarse gradualmente, recorriendo en sentido inverso las mismas etapas, es decir, remontando en cierta forma el curso del ciclo histórico de la humanidad, de un estado a otro anterior, hasta llegar al estado primordial. A estas etapas podrán naturalmente corresponder otros tantos grados de iniciación a los "pequeños misterios"[79]. Añadiremos inmediatamente que, por ello mismo, las sucesivas sustituciones de las que hemos hablado pueden igualmente interpretarse en sentido inverso; se explica así que, en ciertos casos, lo que se entiende como "palabra encontrada" no sea en realidad sino una "palabra sustituta",

---

[79] Sobre este punto, ver *Apreciaciones sobre la Iniciación*, cap. XXXIX.

representando ambas solamente etapas intermedias. Es por otra parte evidente que todo aquello que puede comunicarse exteriormente no podría ser con toda seguridad la "palabra perdida", sino nada más que un símbolo de la misma, siempre más o menos inadecuado, como lo es toda expresión de las verdades trascendentes; y este simbolismo es frecuentemente muy complejo, debido a la multiplicidad de significados que incluye, así como a los diferentes grados que conlleva en su aplicación.

En las iniciaciones occidentales hay por lo menos dos ejemplos muy conocidos de la búsqueda de la cuestión (lo que no quiere decir que hayan sido siempre efectivamente comprendidos por quienes hablaron de ellos): la "demanda del Grial" en las iniciaciones caballerescas de la Edad Media y la "búsqueda de la palabra perdida" en la iniciación masónica, y ambas pueden ser consideradas como casos típicos de las dos formas de simbolismo que hemos indicado. En lo que respecta a la primera, A. E. Waite ha observado con razón que se encuentran numerosas alusiones más o menos explícitas a fórmulas y a objetos sustituidos; ¿acaso no puede decirse que la misma "Mesa Redonda" no es en definitiva sino un "sustituto", puesto que, aunque su destino sea recibir el Grial, éste nunca llega a manifestarse efectivamente? Sin embargo, esto no significa, como demasiado fácilmente quisieran creer algunos, que la "demanda" nunca pueda llegar a satisfacerse, sino tan sólo que, incluso cuando lo sea para algunos en particular, no puede serlo para el conjunto de una colectividad, aún cuando ésta posea indudablemente carácter iniciático. La "Mesa Redonda" y su caballería, como ya señalamos en otra ocasión[80], presentan todas las señales que indican que efectivamente se trata de la constitución de un centro espiritual

---

[80] *El Rey del Mundo*, capítulos IV y V.

auténtico; pero, repitámoslo de nuevo, no siendo todo centro espiritual secundario sino una imagen o un reflejo del centro supremo, sólo puede cumplir realmente la función de "sustituto" con respecto a éste, del mismo modo que cada centro tradicional particular no es propiamente sino un "sustituto" de la tradición primordial.

Si pasamos a considerar la "palabra perdida" y su búsqueda en la Masonería, debemos constatar que, al menos en el estado actual de las cosas, el tema está rodeado de la mayor obscuridad; no tenemos la pretensión de disiparla por completo, pero las pocas observaciones que formularemos quizá sean suficientes para eliminar todo aquello que, a primera vista, podría dar la impresión de ser contradictorio. Lo primero que debemos indicar a este respecto es que el grado de Maestro, tal como es practicado en la Craft Masonry, insiste en la "pérdida de la palabra", que se presenta como una consecuencia de la muerte de Hiram, pero que no parece contener indicación expresa en cuanto a su búsqueda, y aún menos se habla de una "palabra reencontrada". Esto puede parecer verdaderamente extraño, puesto que, siendo la Maestría el último de los grados que constituyen la Masonería propiamente dicha, tal grado debería necesariamente corresponder, al menos de forma virtual, a la perfección de los "pequeños misterios", sin lo cual su misma denominación resultaría injustificada. Es cierto que puede decirse que la iniciación a este grado es en sí misma, hablando con propiedad, un punto de partida, lo que en suma es perfectamente normal. Sin embargo, sería de esperar que hubiera en esta iniciación algo que permitiera "comenzar", si así puede decirse, la búsqueda que constituye el trabajo posterior que deberá conducir a la realización efectiva de la Maestría; ahora bien, pensamos que, a pesar de las apariencias, esto es realmente así. En efecto, la "palabra sagrada" del grado es claramente una "palabra sustituta", y por lo demás es así como se la considera; además, esta "palabra sustituta" es de una especie muy particular: ha sido deformada de muy diferentes maneras, hasta el punto de llegar a ser irreconocible[81], de ella hay diversas interpretaciones, que accesoriamente pueden presentar un cierto interés por sus alusiones a ciertos elementos simbólicos del grado, pero que no pueden justificarse por medio de la etimología hebrea. Pero, si se restituye a dicha palabra su forma correcta, descubrimos que su sentido es muy distinto de aquellos que se le atribuyen, pues la palabra en cuestión no es sino una pregunta, y la respuesta sería la verdadera "palabra sagrada" o la "palabra perdida", es decir, el verdadero nombre del Gran Arquitecto del Universo[82]. Planteado el problema en estos términos, puede considerarse que la búsqueda está "encaminada", tal como hemos indicado unas líneas atrás, y, por lo tanto, corresponde a cada uno, si tiene la capacidad para ello, el hallar la respuesta y lograr la Maestría efectiva a través de su propio trabajo interior.

Otro punto que debemos considerar es el siguiente: la mayoría de las veces la "palabra perdida" es asimilada al Nombre tetragramático, en concordancia con el simbolismo hebraico, lo que de tomarse al pie de la letra constituiría un evidente anacronismo, puesto que es fácil darse cuenta de que la pronunciación del Nombre no se perdió

---

[81] Estas deformaciones han dado lugar también a dos palabras por así decir distintas: una "palabra sagrada" y una "palabra de paso" intercambiables según los diferentes ritos, pero que en realidad no son más que una sola.

[82] No se trata aquí de rastrear si las múltiples deformaciones de la palabra misma y de su significado hayan sido o no intencionadas, lo que sin duda sería difícil de establecer a falta de datos precisos sobre las circunstancias en que de hecho se produjeron. Lo que en todo caso es seguramente cierto es que éstas han acarreado el hecho de disimular completamente lo que puede considerarse el punto más esencial del grado de Maestro, al cual convirtieron así en un enigma aparentemente carente de solución.

en la época de Salomón y de la construcción del Templo de Jerusalén, sino a partir de la destrucción final del Templo. Sin embargo, este anacronismo no debería ser considerado como constituyendo una dificultad real, ya que aquí no se trata en absoluto de la "historicidad" de los hechos en cuanto tales, la cual, desde nuestro punto de vista, poco importa en sí misma; el Tetragrama es mencionado pura y exclusivamente por el valor que tradicionalmente representa; incluso el mismo Tetragrama pudo perfectamente haber sido en cierto sentido una "palabra sustituta", ya que pertenece propiamente a la revelación mosaica, y ésta, en cuanto tal, como la lengua hebrea, no podría remontarse realmente hasta la tradición primordial[83]. Si hemos aludido a esta cuestión es sobre todo para llamar la atención sobre un hecho que, en el fondo, es mucho más importante: en el exoterismo hebreo, la palabra que sustituye al Tetragrama que ya no se sabe pronunciar, como dijimos, es otro nombre divino, Adonaï, que igualmente está formado por cuatro letras, pero que se considera menos esencial. Hay en todo esto una especie de resignación ante una pérdida considerada irreparable, que se trata de remediar solamente en la medida en que aún lo permiten las condiciones presentes. En la iniciación masónica, en cambio, la "palabra sustituta" es una pregunta que ofrece la posibilidad de reencontrar la "palabra perdida". He aquí expresada, en suma, de una manera simbólica muy significativa, una de las diferencias fundamentales existentes entre el punto de vista exotérico y el iniciático[84]. Antes de continuar, se impone una breve

---

[83] Con respecto al "primer Nombre de Dios" según ciertas tradiciones iniciáticas, ver *La Gran Triada*, cap. XXV.

[84] Señalemos de paso que en el grado de Maestro no sólo se habla de una "palabra sustitutiva" sino también de un "signo sustitutivo". Si la "palabra perdida" se identifica simbólicamente con el Tetragrama, ciertos indicios permiten suponer que correlativamente el "signo perdido" debería identificarse con la bendición de los *Kohanim*. Aquí tampoco debería verse la expresión literal de un hecho histórico, ya que en realidad este signo jamás se ha perdido;

digresión para mejor comprender lo que más adelante diremos: la iniciación masónica, que se refiere esencialmente a los "pequeños misterios", como todas las iniciaciones de oficio, concluye por eso mismo en el grado de Maestro, ya que la realización completa de este grado implica la restauración del estado primordial. Esto conduce naturalmente a preguntarse cuáles podrían ser, en la Masonería, el sentido y la función de los "altos grados", en los que algunos, y precisamente por esta razón, han querido ver solamente algo "superfluo", más o menos inútil y vano. En realidad, debemos en primer lugar distinguir aquí dos casos[85]: por un lado, el de los grados que tienen un vínculo directo con la Masonería[86], y por otro el caso de los grados que pueden considerarse vestigios o recuerdos de antiguas organizaciones iniciáticas occidentales[87] que se injertaron en la Masonería, o que llegaron a "cristalizarse" de alguna manera alrededor de la misma. La razón de ser de estos últimos grados, dejando aparte su interés puramente "arqueológico"(lo que evidentemente sería una justificación totalmente insuficiente desde el punto de vista iniciático), es en suma el hecho de que conservan lo que aún puede mantenerse de las iniciaciones de que se trata, y ello de la única manera en que puede hacerse tras su desaparición en

---

pero al menos uno podría legítimamente preguntarse si, desde el momento en que el Tetragrama ya no fue pronunciado, el signo en cuestión habría conservado todavía efectivamente todo su valor ritual.

[85] Dejamos naturalmente de lado los demasiado numerosos grados de ciertos "sistemas" que tienen un carácter más bien engañoso, y que reflejan solamente las concepciones particulares de sus autores.

[86] No se puede sin embargo decir estrictamente que formen parte integrante de ella, con la sola excepción del *Royal Arch*.

[87] Utilizamos aquí la palabra "recuerdos" (*souvenirs* en el original) para no tener que entrar en una discusión sobre la filiación más o menos directa de estos grados, lo que podría llevarnos demasiado lejos, en especial en lo que concierne a las organizaciones que se remontan a diversas formas de iniciación caballeresca.

cuanto formas independientes; habría ciertamente mucho que decir de este papel "conservador" de la Masonería y de la posibilidad implícita que encierra de suplir en cierta medida la ausencia de iniciaciones de otro orden en el mundo occidental actual. Pero ello está totalmente fuera del argumento que tratamos, y es solamente el primer caso, el de los grados cuyo simbolismo se relaciona más o menos estrechamente con el de la Masonería propiamente dicha, el que nos concierne directamente aquí.

Hablando en general, estos grados pueden ser considerados como constituyendo propiamente determinadas extensiones o desarrollos del grado de Maestro; es indiscutible en principio que éste es de por sí suficiente, pero de hecho la excesiva dificultad para discernir todo lo que contiene implícitamente justifica la existencia de estos desarrollos posteriores[88]. Se trata pues de una ayuda para quienes quieren realizar lo que todavía no poseen sino en forma virtual. Al menos, tal es la intención fundamental de estos grados, sean cuales fueren las reservas que podrían hacerse sobre la mayor o menor eficacia práctica de tal ayuda, sobre la cual lo mínimo que puede decirse es que en la mayoría de los casos está lamentablemente empobrecida por el aspecto fragmentario y muy frecuentemente alterado bajo el cual se presentan actualmente los rituales correspondientes. Pero lo que debemos tener presente es el principio,

---

[88] Al menos como una razón subsidiaria, hay que indicar el hecho de que los siete grados con los que contaba la antigua Masonería operativa están reducidos a tres. Al no conocer esos grados los fundadores de la Masonería especulativa, se originaron graves lagunas que, a pesar de ciertas "rectificaciones" posteriores, no han podido subsanarse por completo en el marco del actual sistema de tres grados simbólicos. No obstante, hay algunos "altos grados" que parecen ser tentativas por remediar esta falta, aunque no puede decirse que se haya logrado en su totalidad por carecer de la verdadera transmisión operativa indispensable para ello.

que es independiente de estas consideraciones contingentes. Por otro lado, y a decir verdad, si el grado de Maestro fuera más explícito, y si todos los que a él acceden estuvieran verdaderamente cualificados, sería en el interior de este grado donde estos desarrollos deberían tener su lugar, sin que hubiera necesidad de hacerlos objeto de otros grados nominalmente distintos del mismo[89].

Ahora bien, y es aquí donde queríamos llegar, entre los altos grados en cuestión hay algunos que insisten más particularmente sobre la "búsqueda de la palabra perdida", es decir, como hemos explicado antes, sobre aquello que constituye el trabajo esencial de la Maestría; incluso hay algunos grados que ofrecen una "palabra reencontrada", lo que parece implicar la culminación de la búsqueda; pero, en realidad, esta "palabra reencontrada" es siempre una nueva "palabra sustituta", y de acuerdo con las consideraciones expuestas anteriormente, es fácil comprender que no pueda ser de otro modo, ya que la verdadera "palabra" es rigurosamente incomunicable. Así es en particular con respecto al grado del Royal Arch, el único que debe ser considerado como estrictamente masónico, hablando con propiedad, y cuyo origen operativo directo no ofrece duda alguna; de alguna manera es el complemento normal del grado de Maestro, con una perspectiva abierta a los "grandes misterios"[90]. El término que representa en este grado la "palabra reencontrada" se presenta, como muchos otros, bajo una forma muy alterada, lo que ha dado lugar a

---

[89] El Maestro, al poseer "la plenitud de los derechos masónicos" tiene especialmente el de conocer todos los conocimientos incluidos en la forma iniciática a la cual pertenece; es lo que esxpresaba en otro tiempo bastante claramente la antigua concepción del "Maestro en todos los grados", que parece completamente olvidada hoy.

[90] Nos remitimos a lo que ya indicamos sobre este tema en diversas ocasiones, especialmente en nuestro estudio sobre La piedra angular (números de abril y mayo de 1940). (Nota del Editor: Ver también el capítulo XLIII de *Símbolos de la Ciencia Sagrada*).

varias suposiciones en cuanto a su significado; pero, según la interpretación más autorizada y plausible, se trata en realidad de una palabra compuesta, formada por la reunión de tres nombres divinos pertenecientes a tres tradiciones diferentes. Hay aquí al menos una indicación interesante desde dos puntos de vista: en primer lugar, esto implica evidentemente que la "palabra perdida" es considerada como constituyendo un nombre divino; después, la asociación de estos diferentes nombres no puede explicarse de otro modo que como una afirmación implícita de la unidad fundamental de todas las formas tradicionales; pero es obvio que tal conjunción, a partir de nombres provenientes de diferentes lenguas sagradas, no es todavía más que algo totalmente exterior y no podría de ninguna manera simbolizar adecuadamente la restitución de la tradición primordial, y que, en consecuencia, no es realmente sino otra "palabra sustituida"[91].

Otro ejemplo, por lo demás de un tipo muy diferente, es el del grado escocés de Rosa-Cruz, en el cual la "palabra reencontrada" se presenta como un nuevo Tetragrama destinado a reemplazar al que se había perdido; de hecho, estas cuatro letras, que no son más que iniciales que no constituyen propiamente una verdadera palabra, no pueden expresar aquí sino la situación de la tradición cristiana frente a la hebrea, o el reemplazo de la "Antigua Ley" por la "Nueva Ley", y

---

[91] Debe quedar claro que lo que estamos diciendo se refiere al *Royal Arch* del Rito inglés, que, a pesar de la similitud del título, tiene muy pocas relaciones con el grado denominado *Royal Arch of Henoch*, una de cuyas versiones se convirtió en el grado 13° del Rito Escocés Antiguo y Aceptado, y en el cual la "palabra reencontrada" está representada por el Tetragrama mismo, grabado sobre una plancha dorada colocada en la "novena bóveda". La atribución de este depósito a Henoch constituye, por otro lado, en lo que concierne al Tetragrama hebreo, un evidente anacronismo, pero puede interpretarse como el indicio de una intención de remontarse hasta la tradición primordial, o, por lo menos, "antediluviana".

sería difícil decir si esta última representa un estado más próximo al estado primordial, a menos que no quiera entendérselo en el sentido de que el Cristianismo ha cumplido una "reintegración" abriendo ciertas nuevas posibilidades para el retorno a aquel estado, lo que por otra parte es de alguna manera cierto para toda forma tradicional constituida en una determinada época y en conformidad más particular con las condiciones de dicha época. Conviene agregar que al significado simplemente religioso y exotérico se superponen naturalmente otras interpretaciones de orden principalmente hermético, que están lejos de carecer de interés en sí mismas; pero estas últimas, además de alejarse de la consideración de los nombre divinos que es esencialmente inherente a la "palabra perdida", contienen algo que proviene más del hermetismo cristiano que de la Masonería propiamente dicha, y, sean cuales sean las afinidades existentes entre ambas formas, no es posible sin embargo considerarlas idénticas, pues, si bien usan hasta cierto punto los mismos símbolos, no dejan de provenir de "técnicas" iniciáticas muy diferentes en más de un aspecto. Por otra parte, "la palabra" del grado de Rosa-Cruz se refiere claramente al punto de vista de una forma tradicional determinada, lo que nos sitúa en todo caso muy lejos del retorno a la tradición primordial, que está más allá de todas las formas particulares. Bajo este aspecto, como bajo muchos otros, el grado del Royal Arch tendría sin duda más razones que el de Rosa-Cruz para considerarse como el nec plus ultra de la iniciación masónica.

Pensamos que nos hemos extendido suficientemente sobre estas distintas "sustituciones", y, para concluir, debemos volver a considerar el grado de Maestro, a fin de buscar solución a otro de los enigmas que plantea: ¿cómo es posible que la "pérdida de la palabra" se presente como una consecuencia de la muerte de Hiram, cuando, según la leyenda, había otros que igualmente la poseían? Esta cuestión, en efecto, deja perplejos a mucho masones, por lo menos a aquellos que reflexionan un poco sobre el simbolismo, y algunos llegan a considerarla algo inverosímil, pues les parece totalmente imposible explicarlo aceptablemente, mientras que, como veremos, se trata en realidad de todo lo contrario.

El problema puede plantearse con más precisión de la manera siguiente: en la época de la construcción del Templo, la "palabra" de los Maestros estaba, según la leyenda del grado, en posesión de tres personajes que tenían el poder de comunicarla: Salomón, Hiram, rey de Tiro, e Hiram-Abi; admitido esto, ¿cómo puede bastar la muerte de este último para causar la pérdida de la "palabra"? La respuesta es que, para comunicarla regularmente y en forma ritual, se necesitaba el concurso de los "tres primeros Grandes Maestros", de tal manera que la ausencia o desaparición de uno sólo de ellos hacía imposible esta comunicación, así como es imposible formar un triángulo si no es con tres ángulos; y esto no es una simple comparación o una aproximación más o menos imaginativa y privada de todo fundamento real, como podrían pensar los que no están acostumbrados a percibir ciertas correspondencias simbólicas. En efecto, una Logia operativa no puede abrirse sin el concurso de tres Maestros[92], provistos de tres varillas cuyas longitudes están respectivamente en relación con los números 3, 4 y 5; y solamente a partir del momento en que estas tres varillas han sido aproximadas y dispuestas en forma tal de conformar el triángulo rectángulo

---

[92] Los Maestros son aquí los que poseen el séptimo y último grado operativo, al cual pertenecía primitivamente la leyenda de Hiram; y es por tal motivo que la leyenda era desconocida por los Compañeros "aceptados" que fundaron por propia iniciativa la Gran Logia de Inglaterra en 1717, y que naturalmente no podían trasmitir nada más que lo que ellos mismos habían recibido.

pitagórico es cuando puede tener lugar la apertura de los trabajos. Dicho esto, es fácil comprender que, de forma similar, una palabra sagrada pueda estar compuesta de tres partes, tales como tres sílabas[93], no pudiendo cada una de las cuales ser pronunciada más que por uno de los tres Maestros, de manera que, a falta de uno de ellos, tanto la palabra como el triángulo quedarían incompletos, y nada válido podría realizarse, como veremos más adelante cuando retornemos sobre este punto.

Señalaremos incidentalmente otro caso en el que se halla también un simbolismo del mismo género, al menos con respecto a lo que nos interesa ahora: en ciertas corporaciones medievales, el cofre que contenía el "tesoro" tenía tres cerraduras cuyas llaves estaban confiadas a tres oficiales diferentes, de manera que se necesitaba la presencia simultánea de los tres para poder abrir el cofre. Naturalmente, quienes consideran las cosas de una manera exclusivamente superficial pueden no ver en todo esto más que una medida de precaución contra una posible infidelidad; pero, como frecuentemente sucede en casos similares, la explicación únicamente exterior y profana es completamente insuficiente, y aún admitiendo que sea legítima en su orden, nada impide de manera alguna que el mismo hecho tenga un significado simbólico mucho más profundo que le otorga todo su valor real. Pensar de otro modo equivale a desconocer por completo el punto de vista iniciático, y, por lo demás, es sabido que la llave posee en sí misma un simbolismo lo

---

[93] La sílaba es realmente el elemento no descomponible de la palabra pronunciada. Por otra parte hay que señalar que la "palabra sustitutiva" misma, en sus diferentes formas, está compuesta siempre de tres sílabas que se enuncian por separado en su pronunciación ritual.

suficientemente importante como para justificar lo que hemos dicho[94].

Volviendo al triángulo rectángulo del que hemos hablado, podemos decir, después de lo que hemos visto, que la muerte del "tercer Gran Maestro" lo torna incompleto; es a ello a lo que corresponde, en un cierto sentido e independientemente de sus significados propios, la forma de la escuadra del Venerable, que tiene los lados desiguales, normalmente en relación 3 a 4, de manera que pueden considerarse como los dos lados que forman el ángulo recto del triángulo, y en el cual está ausente la hipotenusa, o, si se prefiere, está "sobreentendida"[95]. Debemos señalar también que la reconstitución del triángulo completo, tal como figura en las insignias del Past Master, implica, o al menos debería teóricamente implicar, que éste ha llegado a realizar la reconstitución de lo que se había perdido[96].

---

[94] No podemos extendernos aquí acerca de los diferentes aspectos del simbolismo de la llave, especialmente sobre su carácter axial (ver *La Gran Triada*, cap. VI), pero al menos podemos destacar que en los antiguos "catecismos" masónicos, la lengua está representada como la "llave del corazón". La relación entre el corazón y la lengua simboliza la existente entre "pensamiento" y "palabra", es decir, de acuerdo con el significado cabalístico de estos dos términos considerados principalmente, la relación existente entre el aspecto interior y el exterior del Verbo. Así se explica también que entre los antiguos egipcios (quienes usaban llaves de madera que tenían precisamente forma de lengua) la persicaria, cuyo fruto tiene la forma de un corazón y las hojas la de una lengua, tuviera un carácter sagrado (ver Plutarco, *De Isis y Osiris*, 68).

[95] A título de curiosidad, señalaremos que en la Masonería mixta o Co-Masonería se consideró oportuno considerar la escuadra del Venerable con lados iguales en longitud a fin de representar la igualdad del hombre y de la mujer, lo que no tiene la más mínima relación con su verdadero significado. Es un claro ejemplo de la incomprensión del simbolismo y de las innovaciones imaginativas que son su consecuencia inevitable.

[96] Ver *La Gran Triada*, págs. 110 y 146.

En cuanto a la palabra sagrada que sólo puede ser comunicada por el concurso de tres personas, es muy significativo que justamente este carácter se verifique en la palabra que, en el grado del Royal Arch, se considera representante de la "palabra reencontrada", y cuya comunicación regular no es efectivamente posible más que de esta forma. Las tres personas de que se trata forman entre sí un triángulo, y las tres partes de la palabra que, como explicamos anteriormente, son entonces las tres sílabas correspondientes a otros tantos nombres divinos de diferentes tradiciones, "pasan" sucesivamente, si así puede decirse, de uno a otro de los lados del triángulo, hasta que la palabra sea completamente "justa y perfecta". Aunque en realidad no se trate aquí sino de otra "palabra sustituta", el hecho de que el Royal Arch sea, en cuanto a su filiación operativa, el más "auténtico' de todos los grados superiores, otorga a esta forma de comunicación una importancia innegable que confirma la interpretación de lo que a este respecto permanece oscuro en el simbolismo del grado de Maestro, tal como actualmente es practicado.

A propósito de ello, añadiremos todavía una observación sobre el Tetragrama hebreo: puesto que éste es uno de los nombres divinos más frecuentemente asimilados a la "palabra perdida", debe haber también en él algo que corresponda a lo que acabamos de decir, ya que el mismo carácter, desde el momento en que es verdaderamente esencial, debe estar de algún modo en todo lo que tal "palabra" representa de manera más o menos adecuada. Lo que queremos decir es que, para que la correspondencia simbólica sea exacta, la pronunciación del Tetragrama debería ser necesariamente trisilábica; pero ya que el mismo se escribe normalmente con cuatro letras, podría decirse que, según el simbolismo numérico, el número 4 se refiere aquí al aspecto "substancial" de la palabra (en tanto que ésta esté escrita, o se deletree conforme a la escritura, que ejerce la función de un soporte "corpóreo"), y el 3 a su aspecto "esencial" (en tanto que la palabra sea pronunciada integralmente por la voz, lo único que otorga el "espíritu" y la "vida"). De ello se desprende que la forma Jehovah, si bien no puede ser considerada como la verdadera pronunciación del Nombre, que ya nadie conoce, la representa al menos mucho mejor al constar de tres sílabas (y su misma antigüedad, en cuanto transcripción aproximativa en las lenguas occidentales, podría ya por sí misma dejarlo entrever) que la forma Yahveh, puramente engañosa e inventada por los exégetas y los "críticos" modernos, y que, no poseyendo más que dos sílabas, resulta evidentemente inapropiada para una transmisión ritual como ésta de la que estamos hablando.

Habría con seguridad mucho más para decir sobre todo esto, pero debemos finalizar aquí estas consideraciones ya demasiado extensas, y que, volvamos a decirlo para terminar, no tiene más pretensión que la de aclarar un poco algunos aspectos de esta cuestión tan compleja de la "palabra perdida".

Capítulo V

EL CRISMÓN Y EL CORAZÓN
EN LAS ANTIGUAS MARCAS CORPORATIVAS

Publicado originalmente en Regnabit, noviembre de 1925.
Retomado en Études Traditionnelles, enero-febrero de 1951.
Recopilado posteriormente en Études sur la Franc-Maçonnerie II
y en Ecrits pour "Regnabit".

En un artículo, de un carácter por lo demás puramente documental, dedicado al estudio de "Blasones con motivos astrológicos y talismánicos" y publicado en la "Revue de l'Histoire des Réligions" (julio-octubre 1924), W. Deonna, de Ginebra, al comparar los signos que aparecen en estos blasones con otros símbolos más o menos similares, se refiere más ampliamente al "quatre de chiffre" que fue "común en los siglos XVI y XVII[97], como marca de familia y de casa para los particulares, quienes lo incluían en sus lápidas sobre sus blasones". Él señala que este signo "se presta a todo tipo de combinaciones, con la cruz, el globo, el corazón, asociado a monogramas de propietarios, se

---

[97] El mismo signo ha sido muy usado en el siglo XV al menos en Francia, y especialmente en las marcas de impresores. Hemos recogido los siguientes ejemplos: Wolf (Georges), impresor-librero de París, 1489; Syber (Jean), impresor de Lyon, 1478; Remboldt (Bertholde), impresor de Paris, 1489.

complica con barras asociadas", y reproduce unos cuantos ejemplos. Nosotros pensamos que dicho signo fue esencialmente una "marca de maestría", común a muchas corporaciones diferentes, con las cuales los particulares y las familias que se sirvieron de este signo estaban sin duda unidas por algunos vínculos frecuentemente hereditarios.

Deonna habla a continuación, bastante someramente, del origen y del significado de esta marca: "Jusselin, dice él, la deriva del monograma constantiniano, ya interpretado libremente y deformado en los documentos merovingios y carolingios[98], pero esta hipótesis aparece como totalmente arbitraria, y ninguna analogía la sostiene". No compartimos tal opinión, e incluso consideramos que tal asimilación debe ser por el contrario muy natural, pues, por nuestra parte, la habíamos hecho siempre sin tener conocimiento de los trabajos específicos que podían existir sobre el asunto, e incluso no habríamos creído que pudiera ser contestada, de evidente que nos parecía. Pero sigamos y veamos cuales son las otras explicaciones propuestas: "¿Será quizá el 4 de las cifras árabes, sustitutas de las cifras romanas en los manuscritos europeos anteriores al siglo XI?... ¿Hay que suponer que representa el valor místico de la cifra 4, que se remonta a la Antigüedad y que los modernos han conservado?". Deonna no rechaza esta interpretación pero prefiere otra: él supone "que se trata de un signo astrológico", el de Júpiter.

A decir verdad, esas diversas hipótesis no son necesariamente excluyentes unas de otras: puede muy bien haber habido, tanto en este caso como en muchos otros, superposición e incluso fusión de

---

[98] "Origine de monogramme des tapissiers" en el "Bulletin monumental", 1922, págs. 433-435.

varios símbolos en uno sólo, de muchos símbolos, al cual aparecen vinculados, por ello mismo, múltiples significados; no hay nada ahí que deba sorprender, pues como antes dijimos esta multiplicidad de sentidos es como inherente al simbolismo, del que constituye asimismo una de sus mayores ventajas como medio de expresión. Ahora bien, es necesario, naturalmente, el llegar a reconocer el sentido primero y principal del símbolo; y en este caso persistimos en considerar que dicho sentido viene dado por la identificación con el Monograma de Cristo, mientras que los demás le están asociados secundariamente.

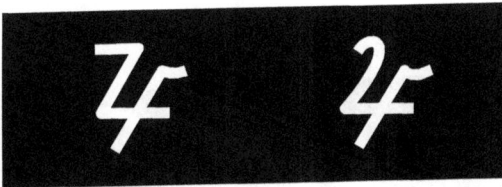

Fig. 1

Es cierto que el signo astrológico de Júpiter, cuyas dos formas principales (fig. 1), presentan en su aspecto general un parecido con la cifra 4 (fig. 2); y también es cierto que su uso está relacionado con la idea de "maestría", sobre lo que volveremos más adelante. Sin embargo, para nosotros, este elemento, en el simbolismo de la marca en cuestión, podría solamente ubicarse en tercer lugar. Destaquemos por lo demás que el origen mismo del signo de Júpiter es muy incierto, pues unos quieren ver en él la representación del rayo, mientras para otros es simplemente la inicial del nombre de Zeus.

Fig. 2

Por otra parte, nos parece innegable que lo que Deonna denomina el "valor místico" del número 4 ha desempeñado también aquí un papel, e incluso un papel más importante, pues nosotros le asignaríamos el segundo lugar en este complejo simbolismo. Puede destacarse, a este respecto, que la cifra 4, en todas las marcas donde figura, tiene una forma que es exactamente la de una cruz cuyas dos extremidades están unidas por una línea oblicua; ahora bien, la cruz era en la Antigüedad, y especialmente entre los Pitagóricos, el símbolo del cuaternario (o más exactamente uno de los símbolos, pues había otro que era el cuadrado), y, además, la asociación de la cruz con el Crismón ha debido establecerse de la manera más natural.

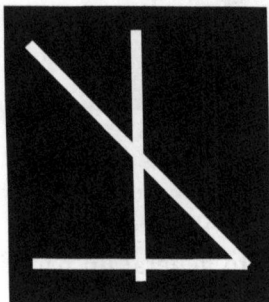 

Fig. 3   Fig. 4

Por consiguiente, esta observación nos lleva de nuevo al Crismón; y, primero, debemos decir que conviene hacer una distinción entre el Crismón constantiniano propiamente dicho, el signo del Lábaro, y lo que se llama el Crismón simple. Este (fig. 3), nos aparece como el símbolo fundamental del que otros muchos derivaron más o menos directamente. Se le considera formado por la unión de las letras I y X, es decir de las iniciales griegas de las dos palabras Iesous Christós y es éste uno de los sentidos que tuvo desde los primeros tiempos del Cristianismo; pero este símbolo, en sí mismo, es muy antiguo, y es

uno de aquellos que están difundidos por doquier y en todas las épocas. Este es un ejemplo de la adaptación cristiana de los signos y de las narraciones simbólicas precristianas como ya hemos señalado respecto a la leyenda del Santo Grial; y tal adaptación debe considerarse, no sólo como legítima sino en cierto modo como necesaria, para quienes como nosotros ven en esos símbolos unos vestigios de la tradición primordial. La leyenda del Grial es de origen celta; por una coincidencia digna de ser destacada, el símbolo del que hablamos se encuentra también entre los Celtas, entre los cuales constituye un elemento esencial de la "rodela" (fig. 4). Por lo demás, la rodela se perpetuó a través de toda la Edad Media, y no es inverosímil admitir que se pueda vincular con ella incluso el rosetón de las catedrales[99]. Existe, en efecto, una conexión segura entre la figura de la rueda y los símbolos florales de significados múltiples, tales como la rosa y el loto, a los cuales hemos aludido en precedentes artículos; pero esto nos llevaría demasiado lejos de nuestro tema. En cuanto al significado general de la rueda, en la que los modernos en general quieren ver un símbolo exclusivamente "solar", de acuerdo a la explicación de la que usan y abusan en toda circunstancia, diremos solamente, sin poder insistir todo lo que haría falta, que en realidad es por el contrario y antes que nada un símbolo del Mundo, como se puede determinar particularmente por el estudio de la iconografía

---

[99] En un artículo precedente, Deonna reconocía por su cuenta propia la existencia de una relación entre la "rodela" y el Monograma de Cristo ("Quelques reflexions sur le Symbolisme, en particulier dans l'art préhistorique", en la *Revue de l'Histoire des Religions*, enero-abril 1924); por tanto, nos sorprende más verle negar a continuación la relación, sin embargo más visible, entre el Crismón y el "cuatro de cifra". (N. d. T.: El significado es también evidente en la iconografía de los discos de la tradición de los mapuches, donde la rueda y su cruz simbolizan el mundo).

hindú. Para ceñirnos a la "rodela" céltica (fig. 5)[100], señalaremos todavía que muy probablemente hay que atribuir igual origen y significado al emblema que figura en el ángulo superior de la bandera británica (fig. 6), que no difiere en suma más que por estar inscrito en un rectángulo en vez de en una circunferencia, y en el cual algunos ingleses quieren ver el signo de la supremacía marítima de su patria[101].

Fig. 5

Fig. 6

Formulemos ahora una observación sumamente importante respecto del simbolismo heráldico: la forma del Crismón simple es una especie de esquema general según el cual se dispusieron en el blasón las figuras más diversas. Obsérvese por ejemplo un águila o cualquier otra ave heráldica, y no será difícil descubrir la citada disposición (la cabeza, la cola, las extremidades de las alas y de las patas corresponden a las seis puntas de la fig. 3); obsérvese luego el emblema de la flor de lis, y nuevamente podrá comprobarse lo

---

[100] Hay dos tipos de "rodela", uno de seis radios (fig.4) y otro de ocho (fig. 5), y cada uno de los números tiene naturalmente su razón de ser y su significado. El Crismón corresponde al primer tipo; en cuanto al segundo es interesante notar la similitud sorprendente que tiene con el loto hindú de ocho pétalos.

[101] La forma misma de la "rodela" se encuentra de nuevo más claramente aún cuando el mismo emblema está trazado sobre el escudo que lleva la figura alegórica de Albión.

mismo. Poco importa por lo demás cuál es el origen real del emblema de la flor de lis, que ha dado lugar a tan variadas hipótesis: que sea verdaderamente una flor, lo que nos llevaría de nuevo a los símbolos florales recordados anteriormente (el lirio natural tiene efectivamente seis pétalos), o que en cambio se haya tratado primitivamente de la punta de una lanza, o de un ave, o de una abeja, o del antiguo símbolo caldeo de la realeza (jeroglífico sâr), o incluso de un sapo[102], o aún como es mucho más probable que resulte de la síntesis de varias de estas figuras siempre permanece estrictamente conforme con el esquema del que hablamos.

Una de las razones de esta particularidad hay que encontrarla en la importancia de las significaciones vinculadas con el número seis, ya que la figura que estamos considerando no es, en el fondo, sino uno de los símbolos geométricos que corresponden a dicho número. Si unimos sus extremidades de dos en dos (fig. 7), se obtiene otro símbolo senario muy conocido, el doble triángulo (fig. 8), conocido más comúnmente por el nombre de "sello de Salomón"[103]. Es una figura usada muy frecuentemente entre los Judíos y entre los Árabes, pero es también un emblema cristiano; fue incluso, como nos ha señalado L. Charbonneau-Lassay, uno de los antiguos símbolos de Cristo, como lo fue también otra figura equivalente, la estrella de seis puntas (fig. 9), que no es en suma más que una variante, y como lo es también, por supuesto, el Crismón mismo, lo que es una razón más para establecer entre todos estos signos un estrecho vínculo. El

---

[102] Por más extraño que resulte, esta opinión ha debido ser admitido muy antiguamente, porque en las tapicerías del siglo XV de la Catedral de Reims, el estandarte de Clodoveo tiene tres sapos. Es muy posible además que primitivamente este sapo fuera en realidad una rana, antiguo símbolo de resurrección.

[103] A veces esta figura se la llama también "escudo de David" o también "escudo de Miguel", esta última designación podría llevar a consideraciones muy interesantes.

hermetismo cristiano del Medioevo veía en los dos triángulos opuestos y entrelazados, donde uno es como reflejo o la imagen invertida del otro, una representación de la unión de las dos naturalezas, divina y humana, en la persona de Cristo; y el número seis incluye entre sus significados los de unión y de mediación, que convienen perfectamente al Verbo encarnado. Por otra parte, el mismo número seis, según la Kábala hebrea, es el número de la creación (la obra de los seis días), y, bajo este aspecto, atribuir del símbolo al Verbo no deja de tener justificación, pues es como una especie de traducción gráfica del "per quem omnia facta sunt" del Credo[104].

Fig. 7   Fig. 8

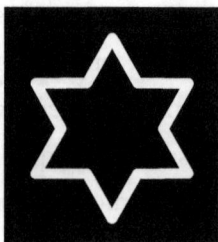

Fig. 9

---

[104] (N. del T. = "por quien fueron hechas todas las cosas"). En China seis trazos dispuestos de otra forma son también símbolo del Verbo; asimismo representan el término medio de la Gran Tríada, es decir el Mediador entre el Cielo y la Tierra, el que reúne en sí mismos las dos naturalezas, celeste y terrestre.

Ahora bien lo que es especialmente interesante desde el punto de vista donde nos situamos en este estudio, es que el doble triángulo fue escogido en el siglo XVI, y posiblemente antes aún, como emblema y como contraseña de ciertas corporaciones. Igualmente, sobre todo en Alemania, se convirtió en la divisa habitual de las tabernas o cervecerías donde dichas corporaciones mantenían sus reuniones[105]. Era en cierto modo una marca general común, en tanto que las figuras más o menos complejas en las que se encontraba el "cuatro de cifra" eran marcas personales, particulares de cada maestro; y ¿no es lógico suponer que entre estas últimas y la anterior, debió de haber cierto parentesco, el mismo parentesco existente entre el Crismón y el doble triángulo cuya realidad acabamos de demostrar?

Fig. 10   Fig. 11   Fig. 12

---

[105] A este propósito señalemos de paso un hecho curioso y muy poco conocido: la leyenda de Fausto, proveniente más o menos de la misma época, era parte constitutiva del ritual de iniciación de los impresores.

Fig. 13   Fig. 14

El Crismón constantiniano (fig. 10), que se compone de dos letras griegas reunidas, la X y la P, las dos primeras de "Christos", parece a primera vista como derivado inmediatamente del Crismón simple, del que conserva exactamente la disposición fundamental, y del cual no se distingue más que por el agregado de un lazo, en la parte superior, que transforma la I en P. Ahora bien, si se considera al "cuatro de cifra" en sus formas más simples y corrientes, la similitud, podríamos inclusive decir la identidad, con el Crismón constantiniano es innegable; y es especialmente sorprendente cuando la cifra 4, o el signo que imita su forma y que al mismo tiempo puede ser una deformación de la P, está vuelta hacia la derecha (fig. 11), en lugar de estarlo hacia la izquierda (fig. 12), pues se encuentran ejemplos indistintamente de las dos orientaciones[106]. Además aparece aquí un segundo elemento simbólico que no estaba en el Crismón constantiniano: nos referimos a un signo en forma de cruz que se introduce muy naturalmente por la transformación de la P en 4. Frecuentemente, este signo está como subrayado por el agregado de

---

[106] La fig. 12 reproducida por Deonna incluye la siguiente mención: "Marca de Zacarias Palthenio, impresor, Francfurt, 1599".

una línea suplementaria, sea horizontal (fig 13) sea vertical (fig. 14), que constituye como una especie de duplicación de la cruz[107].

Se observará que en la segunda de estas figuras, falta toda la parte inferior del Crismón y la substituye un monograma personal, así como diversos símbolos en otros casos. Tal vez de aquí surgieron ciertas dudas sobre la identidad del signo que se conserva constantemente el mismo bajo todos estos cambios: pero pensamos que las marcas que contienen el Crismón completo son las que representan la forma primitiva, en tanto que las otras son modificaciones posteriores las cuales tuvieron como consecuencia que la parte conservada fuera tomada por el todo, probablemente sin perder de vista jamás el sentido.

Sin embargo nos parece que en ciertos casos el elemento de cruz del símbolo llegó a ocupar el primer plano; al menos así nos parece desprenderse de la asociación del "cuatro de cifra" con determinados signos, y este es el punto que nos queda por examinar.

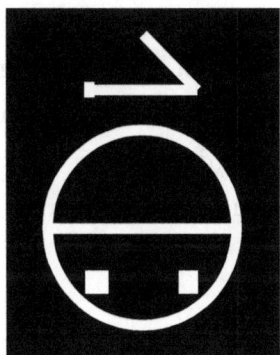

Fig. 15

Fig. 16

---

[107] Fig.13: "Marca de fecha 1540, Ginebra; atribuida a Jacques Bernard, primer pastor 'reformado' de Satigny". Fig.14: "Marca del impresor Carolus Marellus, Paris, 1631".

Entre los signos en cuestión hay uno que figura en la marca de una tapicería del siglo XVI que se conserva en el museo de Chartres y cuya naturaleza no presenta duda alguna: se trata evidentemente, en una forma apenas modificada, del "globo del Mundo" (fig. 16), símbolo constituido por el signo hermético del reino mineral coronado por una cruz; aquí el "cuatro de cifra" pura y simplemente ha tomado el lugar de la cruz[108].

Tal "globo del Mundo" es esencialmente un signo de potencia, y al mismo tiempo signo del poder temporal y del poder espiritual, ya que si bien es verdad que es una de las insignias de la dignidad imperial, también se la encuentra constantemente en la mano de Cristo, y no sólo en aquellas representaciones que evocan más particularmente la Majestad divina, como las del Juicio final, sino incluso en las representaciones del Cristo niño. Así, cuando este signo substituye al Crismón, (y aquí hay que recordar el vínculo que originariamente une a dicho signo con la "rodela", otro símbolo del Mundo), puede decirse que en suma es inclusive un atributo de Cristo que ha substituido a otro; igualmente la idea de "maestría" está ligada directamente a este nuevo atributo, como en el caso del signo de Júpiter, en el cual nos puede hacer pensar especialmente la parte superior del símbolo, pero sin que por ello pierda su valor de cruz, respecto de lo cual no queda la menor duda cuando se comparan las dos figuras.

---

[108] Hemos visto igualmente el signo del "globo del Mundo" en numerosas marcas de comienzos del siglo XVI.

Fig. 17

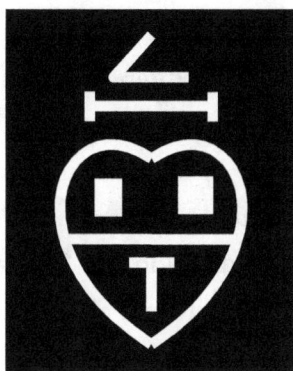

Fig. 18

Fig. 19

Fig. 20

Fig. 21

Llegamos así hasta un grupo de marcas que son el motivo directo de este estudio: la diferencia esencialmente estas marcas y aquellas de que hablábamos en último término es la substitución del globo por un corazón. Curiosamente ambos tipos de símbolos están estrechamente ligados entre sí, (figuras 17 y 18), pues en algunos el corazón está dividido por líneas que siguen exactamente la misma pauta que caracteriza al "globo del Mundo"[109], lo cual ¿no está indicando una como equivalencia, por lo menos en cierto aspecto, y no sería ya suficiente como para sugerir que se trata del "Corazón del Mundo"? En otros ejemplos, las líneas rectas trazadas en el interior del corazón están substituidas por líneas curvas que parecen dibujar las aurículas del mismo y donde están inscritas las iniciales (figuras 19 y 20); pero dichas marcas parecen más recientes que las anteriores[110], de modo que con toda verosimilitud se trata de una modificación bastante tardía, y posiblemente destinada simplemente a dotar la figura con un aspecto más o menos geométrico y ornamental.

Finalmente hay variantes más complejas en las que el símbolo principal está acompañado de signos secundarios, los cuales manifiestamente no cambian en nada su significado e incluso en la que reproducimos (fig. 21), nos permite pensar que las estrellas no están sino para destacar más decididamente el carácter celeste que hay que reconocerle[111]. Con esto queremos decir que en nuestra opinión, en todas estas figuras debe verse el Corazón de Cristo, y que

---

[109] Fig. 17: "Marca de tapicería del siglo XVI, Museo de Chartres". Fig.18: "Marca de Maestro Samuel de Tournes, en vaso de peltre de Pierre Rayaume, Ginebra, 1609".

[110] Fig. 19: "Marca de Jacques Eynard, mercader genovés, sobre un vitral del siglo XVII". Fig. 20: "Marca de Maestría, sobre un plato de estaño de Jacques Morel, Ginebra, 1719".

[111] Fig. 21: "Marca de Maestría sobre un plato de estaño de Pierre Royaume, Ginebra, 1-09".

no es posible ver otra cosa, puesto que tal corazón está coronado por una cruz, e incluso, en lo que respecta a todas las que tenemos a la vista, por una cruz duplicada con el agregado de una línea horizontal a la cifra 4.

Fig. 22

Fig. 23

Abramos ahora un paréntesis para señalar otra curiosa aproximación: esquematizando estas figuras se obtiene un símbolo hermético conocido (figura 22), que no es sino la posición invertida del símbolo del azufre alquímico (fig. 23). Reencontramos así el triángulo invertido cuya equivalencia con el corazón y la copa ya hemos indicado en nuestro precedente artículo. Aislado, este triángulo sólo es el signo alquímico del agua, mientras que el triángulo con el vértice hacia arriba, lo es del fuego. Ahora bien, entre los diversos significados constantes del agua, en las más antiguas tradiciones, hay uno que es más particularmente interesante destacar aquí: se trata del símbolo de la Gracia, y de la regeneración que provoca en el ser que la recibe. Recordemos el agua bautismal, las cuatro fuentes de agua viva del Paraíso terrenal, así como el agua vertida por el Corazón de Cristo, manantial inagotable de la Gracia. Finalmente y como refuerzo de la explicación, el símbolo invertido del azufre significa el descenso de las influencias espirituales en el "mundo de aquí abajo", vale decir, en el mundo terrestre y humano;

en otras palabras, se trata del "rocío celeste" del cual ya hemos hablado[112]. Estos son los símbolos herméticos antes aludidos, y se convendrá que su verdadero significado ¡está muy alejado de aquellas interpretaciones falsificadas que pretenden asignarle ciertas sectas contemporáneas!

Fig. 24   Fig. 25

Dicho esto, retornemos a nuestras marcas corporativas para formular en pocas palabras las conclusiones que nos parecen desprenderse de lo que venimos de exponer.

En primer lugar, creemos haber establecido de manera suficiente que el Crismón es el tipo fundamental del que derivan todas estas marcas, y de donde, en consecuencia, extraen su principal significado. En segundo lugar, cuando en ciertas marcas se ve al Corazón tomar el lugar del Crismón y de otros símbolos que, de manera inequívoca, se refieren directamente a Cristo, ¿no se tendría

---

[112] La figura 24, que es el mismo símbolo hermético, acompañado de iniciales, proviene de una losa funeraria de Ginebra (colecciones lapidarias, nº 573). La fig. 25, que es una modificación suya, es mencionada en estos términos por M. Deonna: "Clave de bóveda de una casa en Molard, Ginebra, demolida en 1889, marca de Jean de Villard, con la fecha 1576".

acaso el derecho de afirmar decididamente que dicho corazón es efectivamente el Corazón de Cristo? Agreguemos que, como ya fue señalado, el hecho de que el corazón esté coronado por una cruz, o por un signo seguramente equivalente, o también y mejor aún por uno y otro juntos, apoya lo dicho de la mejor manera posible, ya que en cualquier otra hipótesis no vemos cómo podría ofrecerse una explicación plausible.

Finalmente la idea de inscribir el propio nombre, con iniciales o en monograma, en el mismo Corazón de Cristo, ¿no es acaso muy propio de la piedad de nuestros ancestros?[113].

Con esta última reflexión, damos por terminado este estudio contentándonos por esta vez con haber aportado, con datos precisos sobre algunos puntos interesantes del simbolismo religioso en general, a la antigua iconografía del Sagrado Corazón una contribución que nos viene de una fuente un poco imprevista, y auspiciando solamente que entre nuestros lectores haya alguno que pueda completarlos con aportes documentales del mismo tipo, pues pensamos que puedan ciertamente existir en número considerable aquí y allá, y bastaría con reunirlos para formar un conjunto de testimonios verdaderamente impresionante[114].

---

[113] Es de destacar que la mayor parte de las marcas que hemos reproducido, estando tomadas de la documentación de Deonna, son de procedencia ginebrina y han debido de pertenecer; pero no ha lugar quizás a sorprenderse demasiado, si se piensa además que el capellán de Cromwell, Thomas Goodwin, dedicó un libro a la devoción al Corazón de Jesús. Hay que felicitarse, pensamos, de ver a los protestantes mismos aportar así su testimonio a favor del culto del Sagrado Corazón.

[114] Sería particularmente interesante el investigar si el corazón se encuentra a veces en las marcas de maestros constructores y tallistas de piedra, surgidas en la catedral de San Pedro de Ginebra, entre las cuales se encuentran triángulos invertidos; algunas acompañadas por

Capítulo VI

A PROPÓSITO DE LOS SIGNOS CORPORATIVOS Y DE SU SENTIDO ORIGINAL

Artículo publicado originalmente en Regnabit, número de febrero de 1926. Retomado en Études Traditionnelles, abril-mayo de 1951. Recopilado en este volumen y en Ecrits pour "Regnabit".

Visto que el artículo que dedicamos a los antiguos signos corporativos (Regnabit, noviembre de 1925) parece haber despertado el interés de cierto número de lectores, volvemos nuevamente sobre este tema tan poco conocido, a fin de agregar algunas otras indicaciones que consideramos de utilidad, a juzgar por las cuestiones que nos han sido sometidas desde varios lados.

En primer lugar, desde aquel entonces nos ha sido aportada una confirmación a lo que decíamos al final del artículo, a propósito de los signos de los albañiles y picapedreros y de los símbolos herméticos a los cuales aquellos parecen vincularse directamente. La información de que hablamos proviene de un artículo relativo al "Compañerazgo", que, por una extraña coincidencia, se publicaba precisamente al

---

una cruz emplazada debajo o en el interior; no es por tanto improbable que el corazón haya también figurado entre los emblemas usados en esta corporación.

mismo tiempo que el nuestro. De allí tomamos este pasaje: "El Cristianismo, llegado a su apogeo, persiguió un estilo que resumiera su pensamiento, y a las cúpulas, al arco de medio punto, a las torres macizas, sustituyó las agujas esbeltas y la ojiva que, progresivamente, fueron difundiéndose. Fue entonces cuando el Papado fundó en Roma la Universidad de las Artes, hacia donde los monasterios de todos los países enviaron sus estudiantes y sus constructores laicos. De este modo, estas élites fundaron la Maestría universal, donde picapedreros, escultores, carpinteros y otros oficios del Arte recibieron aquella concepción constructiva que ellos llamaban la Gran Obra. La reunión de todos los Maestros de Obra extranjeros formó la asociación simbólica, la paleta rematada por la cruz; y de los brazos de la cruz colgaban la escuadra y el compás, los signos universales"[115].

La trulla rematada por la cruz viene a ser exactamente el símbolo hermético que habíamos reproducido en la figura 22 de nuestro artículo; y la trulla, a causa de su forma triangular, estaba considerada ahí como un emblema de la Trinidad: "Sanctissima Trinitas Conditor Mundi"[116]. Por lo demás, parece ser que el dogma trinitario ha sido puesto particularmente en evidencia por las antiguas corporaciones; y la mayor parte de los documentos que provienen de las mismas comienzan con la fórmula: "En el nombre de la Santísima e Indivisible Trinidad".

---

[115] Auguste Bonvous, *La Religion de l'Art*, en *Le Voile d'Isis*, número especial dedicado al "Compañerazgo", noviembre de 1925.

[116] La palabra *Conditor* contiene una alusión al simbolismo de la "piedra angular". –Al final del artículo se encuentra reproducida una curiosa figura de la Trinidad, en la cual el triángulo invertido juega un papel importante.

Puesto que ya hemos indicado la identidad simbólica existente entre el triángulo invertido y el corazón, no resulta ocioso agregar que a este último puede igualmente atribuírsele un sentido trinitario. Encontramos la prueba de ello en una lámina dibujada y grabada por Callot para una tesis sostenida en 1625, y de la que ya trató el R. P. Anizan en esta misma Revista (diciembre de 1922). A la cabeza de la composición se halla figurado el Corazón de Cristo, conteniendo tres iod, la primera letra del nombre de Jehovah en hebreo; estas tres iod eran además consideradas como formando por sí solas un nombre divino, que resulta bastante natural interpretar como una expresión de la Trinidad[117]. "Hoy –escribía al respecto el R. P. Anizan– adoramos el 'Corazón de Jesús, Hijo del Padre Eterno'; el 'Corazón de Jesús unido sustancialmente al Verbo de Dios'; el Corazón de Jesús, formado por el Espíritu Santo en el seno de la Virgen María'. ¿Cómo extrañarse de que en 1625 haya sido atestiguado el augusto contacto del Corazón de Jesús con la Santa Trinidad? En el siglo XII, algunos teólogos han visto a este Corazón como el 'Santo de los Santos' y como el 'Arca del Testamento'[118]. Esta verdad no podía perderse: su expresión misma logra la adhesión del espíritu. De hecho ella no se perdió. En un Diurnal aparecido en Amberes en 1616, leemos esta bella plegaria: 'Oh Corazón dulcísimo de Jesús, donde todo bien reside, órgano de la siempre adorable Trinidad, en vos me confío, en vos me refugio totalmente'. Ese 'Organo de la Santísima

---

[117] Las tres *iod* inscritas en el Corazón de Cristo se encuentran dispuestas en el orden 2 y 1, de manera que correspondan a los tres vértices de un triángulo invertido. Podemos agregar que tal disposición aparece muy a menudo en los elementos del blasón; en particular, es el caso de las tres flores de lis en las insignias de los reyes de Francia.

[118] Estas asimilaciones se encuentran bastante directamente relacionadas con la cuestión de los "centros espirituales" que hemos tocado en nuestro estudio sobre el Santo Grial; nos explicaremos más completamente sobre este punto cuando abordemos el tema del simbolismo del corazón en las tradiciones hebraicas.

Trinidad' helo aquí, claramente representado: es el Corazón con las tres iod. Y este Corazón de Cristo, órgano de la Trinidad, nuestra lámina nos dice en una palabra que es el 'principio del orden': Praedestinatio Christi est ordinis origo".

No faltará la oportunidad de volver sobre otros aspectos de este simbolismo, en especial por lo que concierne al significado místico de la letra iod; pero no hemos querido dejar de mencionar desde ahora estos paralelos tan significativos.

Varias personas, que aprueban nuestra intención de restituir a los símbolos su sentido originario y que gentilmente han querido hacérnoslo saber, nos han manifestado al mismo tiempo el deseo de ver al Catolicismo reivindicar decididamente todos estos símbolos que le pertenecen de derecho, incluyendo aquéllos –como, por ejemplo, los triángulos– de los cuales se han apropiado organizaciones tales como la Masonería. La idea es muy justa y concuerda con cuanto pensamos; pero hay un punto sobre el cual puede existir, en la mente de algunos, un equívoco e incluso un verdadero error histórico, que será oportuno disipar.

En verdad, no hay muchos símbolos que puedan decirse propia y exclusivamente "masónicos"; ya lo habíamos señalado a propósito de la acacia (diciembre de 1925, pág. 26). Inclusive los emblemas más específicamente "constructivos", como la escuadra y el compás, han sido, de hecho, comunes a un gran número de corporaciones, podríamos decir incluso a casi todas[119], sin hablar de la utilización

---

[119] El "Compañerazgo" prohibía sólo a zapateros y panaderos portar el compás.

que ha sido hecha también en el simbolismo puramente hermético[120]. La Masonería se sirve de símbolos de un carácter bastante diverso, al menos aparentemente, pero no es, como parece creerse, que se haya apropiado de los mismos para desviarlos de su verdadero sentido; ella los ha recibido, como las otras corporaciones (ya que en sus orígenes fue una de éstas), en una época en la cual era muy distinta de lo que se ha vuelto hoy día, y ella los ha conservado, pero, desde hace ya mucho tiempo, no los comprende más.

"Todo indica, decía Joseph de Maistre, que la Francmasonería vulgar es una rama desprendida y quizás corrompida de un tronco antiguo y respetable"[121]. Y es precisamente así como debe ser considerada la cuestión: con demasiada frecuencia se comete el error de no pensar más que en la Masonería moderna, sin pensar siquiera que esta última es simplemente la resultante de una desviación. Los primeros responsables de esta desviación fueron, al parecer, los pastores protestantes Anderson y Desaguliers, que redactaron las Constituciones de la Gran Logia de Inglaterra, publicadas en 1723, y que hicieron desaparecer todos los antiguos documentos que cayeron en sus manos, para que nadie se percatara de las innovaciones que introducían, y también porque tales documentos contenían fórmulas que juzgaban muy incómodas, como la obligación de "fidelidad a Dios, a la Santa Iglesia y al Rey", señal indiscutible del origen católico de la Masonería[122]. Esta obra de deformación fue preparada por los

---

[120] Es así que la escuadra y el compás figuran, por lo menos desde comienzos del siglo XVII, en las manos del *Rebis* hermético (véanse, por ejemplo, las *Doce Llaves de la Alquimia*, de Basilio Valentín).

[121] *Mémoire au duc de Brunswick*, 1782.

[122] Durante el siglo XVIII, la Masonería *escocesa* fue un intento de retorno a la tradición católica, representada por la dinastía de los Estuardo, en oposición a la Masonería *inglesa*, ya protestante y devota de la Casa de Orange.

protestantes aprovechando los quince años que habían transcurrido entre la muerte de Christopher Wren, último Gran Maestre de la Masonería antigua (1702) y la fundación de la nueva Gran Logia de Inglaterra (1717). Sin embargo, dejaron subsistir el simbolismo, sin percatarse de que el mismo, para quien supiera comprenderlo, atestiguaba en su contra tan elocuentemente como los textos escritos, que además no habían podido destruir en su totalidad. He aquí, muy brevemente resumido, cuanto deberían saber quienes desean combatir eficazmente las tendencias de la Masonería actual[123].

No nos corresponde examinar aquí en su conjunto la cuestión tan compleja y controvertida de la pluralidad de orígenes de la Masonería; nos limitamos a tomar en consideración lo que puede llamarse el aspecto corporativo, representado por la Masonería operativa, o sea las antiguas fraternidades de constructores. Al igual que las demás corporaciones, estas últimas poseían un simbolismo religioso, o si se prefiere, hermético–religioso, en relación con las concepciones de aquel esoterismo católico tan difundido en la Edad Media, cuyos vestigios se encuentran por doquier en los monumentos y hasta en la literatura de aquella época. A pesar de cuanto sostienen numerosos historiadores, la confluencia del hermetismo con la Masonería se remonta a mucho antes de la afiliación de Elías Ashmole a esta última (1646); por nuestra parte pensamos incluso que, durante el siglo XVII solamente se trató de reconstruir, bajo este aspecto, una tradición que en gran parte ya se había perdido. Algunos, que parecen estar bien informados de la historia de las corporaciones, llegan incluso a fijar con mucha

---

[123] Posteriormente se produjo otra desviación en los países latinos, esta vez en sentido antirreligioso, pero más que nada conviene insistir sobre la "protestantización" de la Masonería anglosajona.

precisión la fecha de esta pérdida de la antigua tradición, allá por el año 1459[124]. Nos parece indiscutible que los dos aspectos operativo y especulativo han estado siempre reunidos en las corporaciones de la Edad Media, que utilizaban por lo demás ciertas expresiones muy claramente herméticas como aquella de "Gran Obra", con aplicaciones diversas pero siempre analógicamente correspondientes entre sí[125].

Por otra parte, si quisiéramos remontarnos verdaderamente a los orígenes, suponiendo que la cosa sea posible con las informaciones necesariamente fragmentarias de que se dispone en semejante materia, sería indudablemente necesario superar los confines de la Edad Media e incluso aquellos del Cristianismo. Esto nos lleva a completar en un cierto aspecto cuanto habíamos dicho sobre el simbolismo de Jano en un precedente artículo (diciembre 1925), puesto que dicho simbolismo se encuentra precisamente relacionado muy estrechamente con la cuestión que estamos tratando ahora[126]. En efecto, en la Roma antigua, los Collegia fabrorum tributaban un culto especial a Jano, en cuyo honor celebraban las dos fiestas

---

[124] Albert Bernet, *Des Labyrinthes sur le sol des églises*, en el número ya citado del *Voile d'Isis*. Sin embargo este artículo contiene una pequeña inexactitud al respecto: no es en Estrasburgo, sino en Colonia, que está fechada la carta masónica de abril de 1459.

[125] Señalemos también que existió, allá por el siglo XIV, o acaso en fecha más temprana, una *Massenie del Santo Grial*, por cuyo intermedio las fraternidades de constructores se encontraban vinculadas a sus inspiradores hermetistas, y en la cual Henri Martin (*Histoire de France*, I, III, pág. 398) vió con razón uno de los orígenes verdaderos de la Masonería.

[126] Podemos subrayar en esta ocasión que en aquel entonces no tuvimos la intención de escribir un estudio completo sobre *Jano*; para ello hubiera sido necesario llevar a cabo una relación de los simbolismos análogos que pueden encontrarse entre los diversos pueblos, en especial aquel de *Ganêsha* en la India, lo cual nos habría acarreado desarrollos muy extensos. La imagen de *Jano* que había servido como punto de partida para nuestra anotación ha sido reproducida de nuevo en el artículo de Charbonneau–Lassay aparecido en el mismo número de *Regnabit* (diciembre de 1925, pág. 15).

solsticiales, correspondientes a la apertura de las dos mitades ascendente y descendente del ciclo zodiacal, es decir de aquellos puntos del año, que, en el simbolismo astronómico al cual ya nos hemos referido, representan las puertas de las dos vías celestial e infernal (Janua Coeli y Janua Inferni). Posteriormente, esta costumbre de las fiestas solsticiales continuó siendo practicada en las corporaciones de constructores; pero, con el Cristianismo, estas fiestas fueron identificadas con los dos San Juan, de invierno y de verano (de allí la expresión "Logia de San Juan" que se mantuvo hasta confluir en la misma Masonería moderna), lo cual constituye otro ejemplo de aquella adaptación de los símbolos precristianos que hemos señalado en repetidas ocasiones.

De lo que acabamos de decir, extraeremos dos consecuencias que nos parecen dignas de interés. En primer lugar, entre los Romanos, Jano era –como ya dijimos– el dios de la iniciación a los Misterios; al mismo tiempo era también el dios de las corporaciones de artesanos; y esto no puede provenir de una coincidencia más o menos fortuita. Debía, necesariamente, existir una relación entre esas dos funciones referidas a la misma entidad simbólica; en otras palabras, era menester que las corporaciones en cuestión estuvieran ya en aquel entonces, así como lo estuvieron más tarde, en posesión de una tradición de carácter realmente "iniciático". Pensamos además que ello no constituye un caso especial y aislado y que constataciones del mismo tipo podrían efectuarse en otros muchos pueblos; quizás, precisamente esto podría llegar a conducir, con referencia al verdadero origen de las artes y los oficios, a concepciones ni siquiera sospechadas por los modernos, para quienes semejantes tradiciones se han vuelto letra muerta.

La otra consecuencia es la siguiente: la conservación, entre los constructores de la Edad Media, de la tradición que se vinculaba antiguamente al simbolismo de Jano, explica entre otras cosas la importancia que tenía para ellos la representación del Zodíaco que vemos tan frecuentemente reproducido en el pórtico de las iglesias, generalmente dispuesto de manera tal de subrayar el carácter ascendente y descendente de sus dos mitades. Había incluso en ello, para nosotros, algo que resulta realmente fundamental en la concepción de los constructores de las catedrales, quienes se proponían plasmar en sus obras una especie de compendio sintético del Universo. Si no siempre aparece el Zodíaco, por el contrario hay varios otros símbolos que le son equivalentes, en un cierto sentido al menos, y que no dejan de evocar ideas análogas bajo el aspecto que estamos considerando (sin prejuicio de sus otros significados más particulares): las representaciones del Juicio Final forman parte de este caso al igual que ciertos árboles emblemáticos, como ya hemos explicado. Incluso, podríamos ir más lejos todavía y decir que esta concepción se halla de algún modo implícita en el mismo trazado de la planta de la catedral; pero si tan solo quisiéramos comenzar a justificar esta última aseveración, superaríamos ampliamente los límites de esta simple anotación[127].

---

[127] Queremos rectificar una inexactitud que se ha deslizado en una nota de nuestro artículo consagrado a los signos corporativos (noviembre de 1925, pág. 395), y que unos amigos provenzales nos han señalado cortésmente. La estrella que figura en el escudo de Provenza no tiene ocho rayos sino solamente siete; ella se relaciona, entonces, con una serie de símbolos (las figuras del septenario) diferente de aquélla a la que nos hemos referido. Por otro lado, en Provenza existe también la estrella de Baux, que posee dieciséis rayos (dos veces ocho); y esta última tiene incluso una importancia simbólica muy particular, subrayada por el origen legendario que se le atribuye, puesto que los antiguos señores de Baux se decían descendientes del Rey–Mago Baltasar.

Reseñas de libros aparecidas de 1945 a 1950

1.- Pierre Lhermier. *Le mystérieux Comte de Saint-Germain, Rose-Croix et diplomate.* Editions Colbert, Paris). –Este libro, publicado tras la muerte de su autor, es un estudio histórico bastante superficial y que, a decir verdad, no aclara mucho el "misterio" de que se trata. El Sr. Lhermier expone primero las múltiples hipótesis emitidas respecto al conde de Saint-Germain; él no se pronuncia por ninguna, pero parece sin embargo inclinarse por admitir que podía pertenecer a la familia de los Estuardo, o al menos a su entorno. Una de las razones que aporta reposa, por otra parte, sobre una confusión bastante sorprendente: "Saint-Germain era Rosa-Cruz, escribe textualmente, es decir, que pertenecía a la Francmasonería de rito escocés, de tendencia católica y estuardista... " ¿Hay que decir que la Masonería "jacobita" no era en absoluto el rito escocés y no comportaba ningún grado de Rosa-Cruz, y también, por otro lado, que este grado, a pesar de su título, nada tiene que ver con el Rosacrucismo del que Saint-Germain habría sido uno de los últimos representantes conocidos? La mayor parte del volumen está dedicada al relato entremezclado de anécdotas diversas de los viajes en el curso de los cuales el héroe habría cumplido, por cuenta de Luis XV, misiones secretas en relación con diversos asuntos políticos y financieros, en todo ello, hay también puntos dudosos, y no se trata, en todo caso, más que del lado más exterior de esta existencia enigmática. Señalemos que, según el autor, ciertos dichos extraordinarios, mantenidos por Saint Germain, especialmente respecto a la edad que se atribuía, deberían en realidad cargarse en la cuenta de un mistificador denominado Gauve, que se hacía pasar por él, parece, por instigación del duque de Choiseul, el cual quería desacreditar así a un hombre en quien veía un peligroso rival. Pasaremos de la identificación de Saint-Germain con algunos otros personajes misteriosos, así como sobre muchas otras cosas más o menos hipotéticas; pero debemos al menos remarcar que se le presta, a fe de algunos indicios más bien vagos, una especie de filosofía "panteísta" o "materialista" ¡que no tendría ciertamente nada de iniciático! En las últimas páginas, el autor vuelve sobre lo que llama "la secta de los Rosa-Cruz", de manera que parece un poco contradictoria con la aserción que antes citábamos; como habla además según fuentes tales como la Sra. Besant y F. Wittemans, incluso Spencer Lewis, Imperator de la A.M.O.R.C., sin contar a cierto "Fr. Syntheticus, R. C., escritor ocultista cuya obra hace ley"(!), no hay que sorprenderse de las nociones prodigiosamente confusas, y que, incluso desde el punto de vista histórico al cual quiere atenerse, lo que dice apenas tiene relación con la verdad. Ello prueba todavía una vez más que cierto escepticismo no es siempre lo que mejor garantiza librarse del peligro de aceptar sin control las peores fantasías; algunos conocimientos tradicionales, aunque fuesen de orden elemental, serían sin duda mucho más eficaces a este respecto.

2.- G. De Chateaurhin. *Bibliographie du Martinisme.* (Derain et Raclet, Lyon). –Esta bibliografía (cuyo autor nos parece que tiene un estrecho parentesco con el Sr. Gérard van Rijnberk, del cual examinamos en su tiempo la obra sobre Martines de Pasqually comprende bajo la denominación común de "Martinismo", según el hábito establecido sobre todo por ocultistas contemporáneos con su ignorancia de la historia masónica del siglo XVIII, varias cosas totalmente diferentes en realidad: la Orden de los Elegidos Cohen de Martines de Pasqually, el régimen Escocés Rectificado con J.-B. Willermoz, el misticismo de L.-Cl. de Saint-Martin, y en fin el Martinismo propiamente dicho, es decir, la organización reciente fundada por Papus. Pensamos que habría sido preferible dividirla en secciones correspondientes a tan diferentes temas, más bien que en "obras dedicadas especialmente al Martinismo" y "obras en las cuales se trata del Martinismo incidentalmente", la cual habría podido ser más bien una simple subdivisión de cada una de tales secciones; en cuanto a las "fuentes doctrinales" que aquí son mencionadas aparte, son únicamente los escritos de Martines de Pasqually y de L.-Cl. De Saint Martin, y, de hecho, no podía haber otros. Habría sido bueno también el marcar de alguna forma, sobre todo para las obras recientes, una distinción entre las que tienen un carácter, sea martinista, sea masónico, las que al contrario están escritas con un espíritu de hostilidad (sobre todo son obras antimasónicas), y las que se colocan en un punto de vista "neutro" y puramente histórico, el lector así habría podido orientarse mucho más fácilmente. La lista nos parece en suma bastante completa, bien que el Discurso de Iniciación de Stanislas de Guaita, que hubiese merecido un lugar, esté ausente; pero no vemos verdaderamente muy bien qué interés había en hacer figurar esta inverosímil mistificación que se llama El Diablo en el siglo XIX (sin mencionar además el folleto titulado El Diablo y el Ocultismo que Papus escribió en respuesta), tanto más cuanto que, por el contrario, se ha desdeñado citar el Lucifer desenmascarado de Jean Kostka (Jules Doinel). Donde el Martinismo es sin embargo tratado más directamente.

3.- Dr. R. Swinburne Clymer. *The Rosicrucian Fraternity in America. Vol. II* ("The Rosicrucian Fondation", Quakertown, Pennsylvania). –Hemos reseñado precedentemente (nº de abril de 1937) el primer volumen publicado bajo este título; en cuanto al segundo, que es verdaderamente enorme (¡más de mil páginas!) Las circunstancias no nos han permitido aún hablar de él hasta aquí. El principal adversario del Dr. Clymer, el Imperator de la A.M.O.R.C., ha muerto entre tanto, pero evidentemente ello no quita nada del interés que presenta esta obra desde un especial punto de vista, puesto que se trata de un caso típico de charlatanismo seudo iniciático, al cual vienen incluso a añadirse, como ya hemos explicado, influencias de un carácter todavía más sospechoso. Hay que reconocer, por lo demás, que, como otros ya han notado antes, el Dr. Clymer daña mucho su causa al emplear demasiado frecuentemente un lenguaje "argótico" e injurioso, del cual lo menos que puede decirse es que carece totalmente de dignidad; pero poco nos importa en el fondo, pues en absoluto estamos tentados de tomar partido en semejante querella. Como quiera que se pudiese pensar de lo bien fundado de sus pretensiones, su exposición es en todo caso muy "instructiva" en diversos aspectos: así, puede verse, entre otras cosas cómo un abogado puede entenderse con el de la parte adversaria para arreglar un asunto con la ignorancia de su cliente y en detrimento de los intereses de éste; y es desgraciadamente probable ¡que tales costumbres no sean particulares de América! Por otra parte, es verdaderamente difícil, repitámoslo aún a este propósito, comprender cómo organizaciones que se dicen iniciáticas pueden llevar así sus diferendos ante una jurisdicción profana; incluso si no lo son realmente, ello no cambia nada al respecto, pues, en buena lógica, deberían al menos comportarse como si lo fueran. Ocurre necesariamente una de estas dos cosas: o bien el juez es profano el mismo, y entonces es incompetente por definición, o bien es Masón, y, como cuestiones masónicas están tan mezcladas en todas estas historias, él debe, entre sus obligaciones de discreción iniciática y los deberes de su cargo público, encontrarse en una situación más bien falsa y singularmente apurada... Con relación a las cuestiones a las que aludimos, debemos destacar que el Dr. Clymer tiene sobre la regularidad masónica ideas de todo punto especiales: de dos organizaciones parecidamente irregulares, y además del mismo origen, él no tiene más que elogios para una, mientras que colma a la otra de injurias y denuncias; la razón de ello es muy simplemente que la primera se ha adherido a su propia "Federación" y la segunda a la "Federación" rival. Tales motivos sobre todo mezquinos no quitan, a decir verdad, para que la documentación concerniente a esta última, denominada F.U.D.O.S.I., es decir, Federatio Universalis Dirigens Ordines Societatesque Initiationis (¡qué latín!), sea, siempre desde el mismo punto de vista, una de las cosas más interesantes entre todas las que contiene el libro; ¡cuán edificantes son las actuaciones de esos medios supuestamente "fraternales"! Hemos reencontrado ahí viejos conocidos, entre los cuales algunos supervivientes del antiguo movimiento ocultista francés, que parece no querer decidirse a desaparecer del todo.. Naturalmente, es cuestión de nuevo de Theodor Reuss, alias "Frater Peregrinus", de Aleister Crowley y de su O.T.O, sin hablar de muchos otros personajes (reales e imaginarios) y de otras agrupaciones de un carácter no menos extraño; todo ello, que no podría resumirse, constituye una importante recopilación de documentos que debería consultar cualquiera que se proponga escribir algún día con detalle la fantástica historia de las seudo iniciaciones modernas.

4.- Albert Lantoine. *Les Sociétés secrèts actuelles en Europe et en Amerique.* (Presses Universitaires de France, Paris). Este pequeño volumen, que estaba presto para aparecer en Francia en 1940, pero cuya salida se ha retardado cinco años por los acontecimientos, forma parte de una colección que está evidentemente destinada al "gran público", lo que explica su carácter un poco superficial. Se encuentra sin embargo una muy loable distinción entre "sociedades secretas iniciáticas" y "sociedades secretas políticas", de donde su división en dos partes "que nada tienen en común entre ellas salvo la similitud de sus etiquetas". En cuanto a decir que las primeras se distinguen de las otras en que "la solidaridad no es en ellas de orden sentimental, sino de orden espiritual", ello es sin duda justo, pero insuficiente, tanto más cuanto que lo "espiritual" parece no ser concebido aquí más que como un simple asunto de "pensamiento", lo que está muy lejos del verdadero punto de vista iniciático; en todo caso, la cuestión es mucho más compleja de hecho, y nos permitimos remitir a lo que hemos dicho en nuestro Apreciaciones sobre la Iniciación (cap. XII). Por otro lado, nos es absolutamente imposible compartir ciertos puntos de vista sobre una pretendida oposición entre la religión y todo lo que tiene un carácter secreto en general e iniciático en particular; una distinción clara entre el exoterismo y el esoterismo basta para poner cada cosa en su sitio y hacer desaparecer toda oposición, pues la verdad es que se trata de dos dominios enteramente diferentes. –La primera parte comienza con un corto capítulo sobre las "pequeñas sociedades iniciáticas", cuya ausencia no habría hecho perder nada a la obra, pues los pocos datos que contiene están tomados de fuentes muy profanas, y, además, aparece ahí una frase más bien desgraciada, que parece admitir las pretensiones de las organizaciones seudo iniciáticas de todo género: ciertamente ¡no es por el hecho de que un grupo practique un simulacro o una parodia de iniciación por lo que tiene el derecho de decirse iniciático! Añadamos seguidamente que el capítulo sobre el Compagnonnage, bien que no incluyendo nada inexacto, es también lamentablemente insuficiente; ¿se lo considera como "cosa del pasado", luego "inactual" y por eso no se ha juzgado oportuno concederle más lugar en este libro? Lo que hay de más interesante y mejor hecho, es ciertamente el resumen de la historia de la Masonería en Europa y más particularmente en Francia, y esto se comprende sin dificultad, puesto que se trata en cierto modo de la "especialidad" del autor; pero lo que concierne a los orígenes está terriblemente simplificado; ¿y por qué siempre esta especie de temor a remontarse más allá de 1717? En cuanto a la Masonería americana, es evidente que el autor sólo tiene un conocimiento bastante incompleto; para los altos grados especialmente, parece ignorar todo lo que no es el Rito Escocés Antiguo y Aceptado, que sin embargo está muy lejos de ser el más extendido en los países anglo-sajones... Se encontrará también en este libro, para América, algunas indicaciones históricas sobre los Old Fellows y los Knights of Pythias, así como sobre ciertas asociaciones de negros cuyo carácter es bastante mal definido: aquí aún, reencontramos la molesta tendencia a creer que basta que la admisión de los miembros se acompaña de "ceremonias" para que sea permisible hablar de iniciación. –La segunda parte, dedicada a las "sociedades secretas políticas", pasa revista, para Europa, a las sociedades irlandesas, los Comitadjis de Macedonia, los Ustachis de Croacia; para América, los "Caballeros de Colón", la Orden de los Hiberniens, el Ku-klux-Klan (del que por lo demás se dice muy poca cosa), las sociedades judías y algunas otras organizaciones de menor importancia. –La conclusión tiene un tono "despegado" e incluso un poco escéptico, que es más bien decepcionante; pero, a fin de cuentas, quizás es casi inevitable que sea así entre aquellos que, en el estado actual de las organizaciones iniciáticas occidentales, no han logrado descubrir lo que es verdaderamente la iniciación.

5.- John Charpentier. *L'Ordre des Templiers.* ("La Colombe", Paris). El autor de este libro ha publicado recientemente algunas novelas en las cuales hace jugar a los Templarios, o a sus continuadores reales o supuestos, un papel que parece testimoniar ideas sobre todo singulares aeste respecto; también nos temíamos reencontrar aquí fantasías del mismo género, pero felizmente no hay nada de eso: se trata esta vez de un estudio histórico hecho seriamente, lo que ciertamente vale mucho más. Lo que hay que lamentar solamente, tanto más cuanto que se trata del lado más interesante de la cuestión, es que resulta casi imposible comprender cuál es el pensamiento exacto del autor en lo que concierne al esoterismo de los Templarios: en el origen, no abría habido entre ellos "ningún esoterismo" (pero la caballería misma, en general, ¿no tenía sin embargo cierto carácter iniciático? Se habría introducido el esoterismo más tarde ¿pero, de dónde habría venido? Del Oriente sin duda; sin embargo, de sus relaciones con los Ismaelitas, no habrían recogido apenas sino la idea de cierta jerarquía de grados (que, por lo demás, parece aquí confundirse con las funciones) y la de un "universalismo pacifista" (sic) que es quizás, la concepción del Imperio tal como Dante la expuso. Discutiendo la cuestión de la pretendida "herejía" de los Templarios, J. Charpentier utiliza ampliamente los artículos de Probst Biraben y Maitrot de la Motte-Capron: como ya hemos examinado estos con detalle (nº de octubre-noviembre de 1945), no volveremos sobre ello. Él no cree que hayan sido realmente heréticos, pero admite que hayan podido ser "gnósticos"; remarca además muy justamente, a este propósito, que "bajo esta etiqueta se encuentran reunidas muchas nociones heteróclitas, sin relación unas con otras, y a veces incluso inconciliables" y que además, "no se posee apenas sobre el gnosticismo otras informaciones que las proporcionadas por sus adversarios". Pero he aquí ahora que las cosas se complican extrañamente: por una parte, es al gnosticismo valentiniano al que "los Templarios se vinculan lejanamente"; por ora parte, "para hablar del gnosticismo de los Templarios, haría falta que hubiese existido una gnosis activa en la época en la cual vivieron", lo que no ocurría. Por añadidura, no debía tratarse de una doctrina, pues "no se ha recogido ningún testimonio probatorio", y los Templarios, "no se han hecho propagandistas (?) más que de ideas sociales y políticas fundadas sobre la solidaridad". Sin embargo, habría habido entre ellos una transmisión oral (pero de que alcance?) Finalmente, se encuentra que poseían un esoterismo de origen pitagórico, sin que se pueda adivinar de dónde y cómo lo han recibido; ¡es verdaderamente difícil el orientarse en todo eso! No comprendemos muy bien tampoco cómo se puede pensar que el "Joanismo" procede, no de San Juan Evangelista, sino de San Juan Bautista; pero, por lo referente al Pitagorismo, señalaremos que es quizás en las relaciones de los Templarios con las corporaciones de constructores (que no son mencionadas aquí más que incidentalmente) donde se podría encontrar la clave del enigma... en un último capítulo se trata de la Masonería "templaria", que es "liquidada" de manera verdaderamente muy sumaria (y notemos de pasada el curioso lapsus que le ha hecho escribir "Magnus Grecus" en lugar de "Naymus Grecus"), después de los neotemplarios de Fabré-Palaprat; y aquí hemos sentido viva sorpresa viéndonos nombrado entre los que "han acreditado la tesis según la cual ¡Larménius habría sido el legítimo sucesor de Molay! Ahora bien, en tanto que podamos recordar, jamás hemos escrito en ninguna parte una sola palabra sobre la cuestión; y, en todo caso, estaríamos tanto menos tentado a sostener esta tesis, cuanto que no estamos del todo seguros de que dicho Larmenius haya existido realmente pues tenemos por extremadamente sospechoso todo lo relacionado con él y comprendido el "alfabeto secreto", proveniente de una fuente neotemplaria; esperamos que se tendrá a bien, en su momento, tener en cuenta esta rectificación.

6.- Jean Mallinger, *Pythagore et les Mystères.* (Editions Niclaus, Paris). Cuando se sabe que el autor de este libro fue uno de los promotores de la F.U.D.O.S.I., de la cual hemos tenido que hablar recientemente (nº de mayo de 1946), algunas cosas, que de otro modo podrían parecer demasiado enigmáticas, se aclaran con una luz particular. Así, se explica sin dificultad la dedicatoria a la memoria del jefe de los "Pitagóricos de Bélgica"; éstos, en efecto, están constituidos en una "Orden de Hermes Trismegisto" (denominación que nada tiene de específicamente pitagórica), la cual fue una de las primeras en adherirse a la susodicha F. U. D. O. S. I. Así también, lo que se llama normalmente "estado primordial" es denominado "estado antiguo y primitivo"; ahora bien, ésa no es una simple extravagancia del lenguaje, como podría creerlo un lector no advertido, sino una manera discreta de hacer alusión al título de una organización masónica irregular de la cual M. Mallinger es uno de los dignatarios, y, si hubiese pertenecido a tal otra organización del mismo género, sin duda ¡hubiese dicho igualmente "estado primitivo y original! Una curiosa salida contra el "mandil de piel", que por lo demás no se apoya más que sobre una confusión entre dos cosas totalmente diferentes desde el punto de vista simbólico, parece no deberse en realidad más que a un deseo de singularizarse frente a la Masonería regular... En cuanto al fondo mismo de la obra, la parte propiamente histórica, es decir, la biografía de Pitágoras, hecha según las "fuentes" conocidas, no aporta en suma nada nuevo; quizá los hechos son presentados a veces de manera un poco "tendenciosa", por ejemplo cuando se atribuye a Pitágoras un deseo muy moderno de "propaganda", o cuando se describe la organización de su Orden de una manera que hace pensar que el punto de vista "social" era como el resultado de todo el resto. En la segunda parte, se trata primero de las diferentes especies de misterios que había, en Grecia y en otras partes, en tiempos de Pitágoras; ahí también, se siente que la exposición está influida en cierta medida por la idea que el autor se hace de la iniciación, idea que está fuertemente teñida de "humanitarismo" y en la cual los "poderes" desempeñan también un importante papel. De la manera que habla de un "retorno a Pitágoras", es muy de temer, a pesar de lo que dice en otra parte de la "cadena apostólica" (sic) y de la necesidad de un "rito inmutable y tradicional", que no sea aún de los que creen que una transmisión continua y sin interrupción no es indispensable para la validez de la iniciación; y, cuando habla de la "permanencia de la Orden" y de "sus pulsaciones aún sensibles hoy" está permitido preguntarse cómo lo entiende exactamente, sobre todo cuando se ha visto a tantos ocultista ¡imaginarse que una "cadena" iniciática puede perpetuarse simplemente "en astral"!

7.- Paul Chacornac, *Le Comte de Saint-Germain*, (Chacornac Frères, Paris) (traducción española, El Conde de Saint-Germain, Sirio, Málaga). –Este nuevo libro de nuestro director representa el resultado de largas y pacientes investigaciones proseguidas durante muchos años; sorprende ver qué prodigiosa cantidad de obras y de documentos de todo tipo ha sido preciso consultar para llegar a controlr cuidadosamente cada informació, no sería posible excederse en rendir homenaje a la escrupulosa probidad de tal trabajo. Si no todos los puntos son aclarados enteramente, lo que era sin duda imposible, hay al menos un buen número que sí lo son, y de una manera que parece bien definitiva. Para ello, ha hecho falta ante todo disipar las confusiones que se han cometido con otros diversos personajes, especialmente con el lugarteniente-general Claude-Louis de Saint-Germain; ésa es una de las más frecuentes, pero, a pesar de la similitud de nombre y de título por la cual se explica, no es la menos sorprendente, pues se trata de un hombre que ha jugado un papel perfectamente conocido y en el cual nada hay de oscuro ni de misterioso. Está también el príncipe Rakoczi, del cual algunos en nuestra época han sacado un gran partido, pero cuya pretendida historia no es más que un tejido de inverosimilitudes; lo más probable es que éste nombre hay servido simplemente, en ciertas circunstancias, para disimular el verdadero origen del conde de Saint-Germain. Hasy todavía cierto número de otros personajes reales o supuestos, y de los cuales una parte no deben semejante existencia más que a las fantasías imaginativas a las cuales han dado lugar los nombres tomados por el conde de Saint-Germain mismo en diversas épocas y en diferentes países. El terreno estando así desbrozado, se hace mucho más fácil seguir al héroe desde su primera aparición conocida en Londres en 1745 hasta su muerte "oficial" en casa del Príncipe de Hesse en 1784; y, cuando se ha hecho justicia a las historietas de Casanova y de otros "memorialistas" tan poco dignos de fe, a las mistificaciones del ilusionista Gauve y a algunas otras historias aún que se imputaron falsamente al conde de Saint-Germain, como la función que algunos le han atribuido en la revolución rusa de 1762, lo que además no tiene apenas que ver con el "aventurero" y "charlatán" que tantas gentes han pintado, se ve en realidad a un hombre dotado de talentos notables e diversos aspectos, poseyendo sobre muchas cosas conocimientos poco comunes, sea cual fuere la fuente de donde las ha sacado, y que, si tuvo amigos y admiradores por todas partes por donde pasó, tuvo también, como ocurre muy frecuentemente, en semejante caso, enemigos encarnizados en hacer fracasar sus empresas, ya se trate de su misión diplomática en Holanda o de la industria que quiso más tarde montar en Flandes con el nombre de M. De Surmont... Pero, al lado de esta vida propiamente "histórica", o a continuación de ella, hay también la "leyenda" que no ha cesado de desarrollarse hasta nuestros días, sobre todo en lo que concierne a la "supervivencia" del conde de Saint-Germain y las manifestaciones que se le han atribuido tras la fecha de lo que, por esta razón precisamente, hemos llamado antes su muerte "oficial". Hay sin duda ahí muchas extravagancias, de las cuales las menores no son las que los teosofistas, tomando por su cuenta la identificación con el príncipe Rakoczi, han expandido respecto a su "Maestro R."; pero hay también otras cosas que parece más difícil rechazar pura y simplemente, y de las cuales, incluso si han sido deformadas o malintepretadas, se puede preguntar si no encierran al menos cierta parte de verdad. Subsiste pues un enigma, e incluso, a decir verdad, hay todavía otro, el de orden puramente histórico, pues, hasta aquí, el misterio del nacimiento del conde de Saint.Germain no ha sido aclarado; sobre este último punto, el autor considera una solución que no presenta más que como hipótesis, pero que es en todo caso muy verosímil por todo un conjunto de relaciones bastante chocantes. Según esta hipótesis, el conde de Saint-Germain habría sido el hijo natural de María-Ana de Neuburgo, viuda del rey Carlos II de España, y del conde de Melgar, almirante de Castilla, al que su inmensa fortuna había dado el sobrenombre de "el banquero de Madrid", lo que ha podido dar lugar a la confusión que ha hecho pretender a algunos que era el hijo de un banquero judío. Si esta suposición es exacta, muchas cosas se explicarín sin dificultad, especialmete los recursos considerables de los que disponía manifiestamente el conde de Saint-Germain, las pedrerías y los cuadros de maestros de los que era possedor, y también, lo que es aún más importante, la confianza que le testimoniaron los soberanos que, de Luis XV al príncipe de Hesse, debieron tener conocimiento de este origen por el cual les estaba emparentado, pero que, constituyendo en cierto modo un "secreto de Estado", debía ser cuidadosamente disimulado a cualquier otro que ellos. En cuanto al otro enigma, el de la "leyenda", es explicado tanto como es posible e interpretado a la luz de las doctrinas tradicionales en el capítulo final; como éste ha aparecido primero aquí mismo (nº de diciembre de 1945), nos contentaremos con recordar su gran interés, sin insistir más en ello. Pensamos que, a menos que se quiera atenerse todavía a las fantasías de las que se ha abusado demasiado hasta ahora en ciertos medios, no será ya posible en adelante hablar del conde de Saint-Germain sin remitirse a esta obra, por la cual dirigimos a su autor nuestras vivas felicitaciones.

8.- **Emile Dermenghem**, *Joseph de Maistre mystique*. (La Colombe, Paris). Acaba de aparecer de este libro una nueva edición revisada, a la cual se han añadido numerosas notas precisando ciertos puntos e indicando los trabajos que, dedicados a cuestiones conexas, han aparecido desde su primera publicación. Para aquellos de nuestros lectores que no conocieran aún esta obra, diremos que expone de una manera tan completa como es posible la carrera masónica de Joseph de Maistre, sus relaciones con las organizaciones iniciáticas vinculadas a la Masonería de su tiempo y con diversos personajes pertenecientes a esas organizaciones, y la influencia considerable que sus doctrinas ejercieron sobre su pensamiento. Todo es muy interesante, y tanto más cuanto que las ideas religiosas y sociales de Joseph de Maistre han sido muy mal comprendidas lo más frecuentemente, incluso a veces enteramente desnaturalizadas e interpretadas en un sentido que no correspondía en absoluto a sus verdaderas intenciones; la principal crítica que tendríamos que formular es en suma la que se referiría al título mismo del libro, pues, a decir verdad, no vemos nada de "místico" en todo ello. E, incluso, cuando Joseph de Maistre se mantiene fuera de toda actividad de orden iniciático, no aparece que jamás se haya vuelto hacia el misticismo como otro lo hicieron a veces; no parece incluso que haya habido en él un cambio real de orientación, sino una simple actitud de reserva que estimaba, con razón o sin ella, serle impuesta por sus funciones diplomáticas; pero ¿se puede esperar que en el espíritu de algunos, la confusión de los dos dominios iniciático y místico pueda ser nunca enteramente disipado?

9.- **Louis-Claude de Saint-Martin**, *Tableau naturel des rapports qui existent entre Dieu, l'homme et l'Univers*. Introducción de **Philippe Lavastine**. (Editions du Griffon d'Or, Rochefort-sur-Mer). Esta reedición está ciertamente más cuidada que la edición "martinista" de 1900, pero han quedado todavía muchas faltas que parece hubiese sido fácil eliminar. El autor de la introducción ha resumido en algunas páginas los principales rasgos de la doctrina de Saint-Martin; pero ¿no busca un poco demasiado atenuar la diferencia entre los dos períodos de su existencia, es decir, entre su actividad iniciática del principio y su misticismo ulterior?

Reseñas de artículos de revistas
aparecidas de 1945 a 1950

ENERO DE 1945

1.- Nos toca volver una vez más sobre la cuestión de los Templarios, pues hemos tenido noticia, muy tardíamente por otra parte, de toda una serie de artículos que publicaron sobre el tema J.H. Probst-Biraben y A. Maitrot de la Motte-Capron en el "Mercure de France", los siguientes 5 artículos: "Los Templarios y su alfabeto secreto" (1 de agosto de 1939)

Nos parece bastante dudosa la autenticidad del "alfabeto secreto". Parece que nadie vio realmente los antiguos manuscritos que lo contendrían, y toda esta historia no reposa en suma más que en los asertos del abate Gregoire y de Maillard de Chambure. Por otro lado no entendemos cómo puede considerarse "más serio" el segundo que el primero, ya que si el abate Gregoire recibió información de parte de los "Neo-templarios", Maillard de Chambure fue miembro de ellos: la "fuente" es por tanto la misma, y sin duda muy poco digna de fe. Además, la cruz, complicada en su forma, que sirve de "llave" para el alfabeto en cuestión es justamente la de los "Neo-templarios", que no parece sin embargo haber sido usada nunca por los verdaderos. Hay aún un detalle muy sospechoso: es la "U" distinta de la "V", distinción totalmente desconocida en el Medioevo, y nos sorprende que los autores no lo hayan percibido, mientras sin embargo se inquietaron por la "W" que después de todo podría haber sido justificada más fácilmente.

Bajo tales considerandos, cabe preguntarse qué utilidad tiene dedicarse a hipotéticas "especulaciones" sobre el simbolismo de ese alfabeto, que a todas luces no tiene más valor que la colección de "reliquias" de Fabré-Palaprat. Además, lo más probable es que, siendo una invención moderna, las irregularidades en el orden de formación de las letras nada tengan de esotérico, sino que su única razón de ser es la de complicar su desciframiento. En todo caso, por lo que hace al sentido de rotación, donde quiere verse "una influencia oriental muy marcada", lo cierto es que desafortunadamente si se trata del Oriente islámico, la rotación debería ser justamente la contraria.

Considerado de otra manera, es un hecho singular que los autores parecen esforzarse por reducir todo el misterio de la Orden del Templo a una cuestión de operaciones financieras, lo que sería muy poco esotérico": ¿acaso no llegan a afirmar en el siguiente artículo que "el verdadero ídolo de los Templarios fue el poder financiero internacional?

Hay que destacar también un par de inexactitudes históricas: Jacques de Molay no murió en 1312 sino en 1314, y jamás hubo una decisión papal que suprimiera la Orden del Temple, sino que fue suspendida "provisionalmente" por el Concilio de Viena.

"Los Idolos de los Caballeros del Temple"

Respecto de los pretendidos "ídolos", los testimonios obtenidos durante el proceso, en condiciones tales que no permiten considerarlos válidos, se contradicen todos entre sí. Es posible que ciertas historias de "cabezas" se refieran en el fondo simplemente a relicarios, en todo caso se sobreentiende que, a pesar de lo que haya podido pensar la ignorancia occidental, ningún tipo de "ídolo" puede provenir de un ambiente islámico. En todo ello estamos de acuerdo con los autores.

En cuanto al famoso "Bafomet", nombre que dio lugar a tantas hipótesis tan poco satisfactorias en general, podemos incidentalmente proporcionar la explicación del susodicho "Bahumid" de von Hammer: es muy cierto que dicha palabra no existe en árabe, aunque en realidad debe leerse "Bahîmad", que si bien no puede traducirse por "becerro" (interpretación que probablemente nació por influencia de la enigmática "cabeza de becerro" de los Drusos, mas bien que por la del "Buey Apis" o del "Becerro de Oro"), al menos sirve como término genérico de cualquier especie de ganado. No obstante, si en efecto es poco probable que "Bafomet" provenga del árabe "Bahîmah", que lo inquisidores del proceso ni siquiera debían conocer, por el contrario podría muy bien ser que proviniera de su equivalente hebreo, es decir del "Behemot" bíblico, y tal vez no debería buscarse en otro lugar la solución de tal enigma...

En lo que se refiere a las cuatro estatuas que, según el mismo von Hammer, se hallaron en el gabinete de Viena (pero ¿qué fue de ellas después de 1818), no vemos qué permitiría considerarlas "Bafomets" , y francamente ¿qué pensar de ellas cuando, de acuerdo a la fisonomía, a una se la califica de "romana", a otra como "faraónica", y a las dos restantes como "persas", a pesar de que todas llevan inscripciones árabes, por lo demás de un árabe muy incorrecto y si el desciframiento de la escritura es correcto? Hay que reconocer que en todo ello hay algo que raya en la superchería, quizá más aún que en el caso de los cofrecitos que examinaremos seguidamente.

No nos demoraremos en estudiar detalladamente el sentido de las frases árabes, cuya lectura misma parece muy dudosa. Nos limitaremos a indicar un error de hecho: es correcto que "kenîsah" (y no "kensen") designa exclusivamente a una iglesia cristiana (más aún, tanto cristianos como musulmanes usan esta palabra al referirse a tal iglesia, pues no hay otra para designarla), pero no podemos comprender que se diga que "˜Maulana˜ jamás se ha utilizado", puesto que en varios países islámicos (hay otros además del Maghreb) dicho término se emplea por el contrario corrientemente para dirigirse a los soberanos, y también a otros personajes respetables.

"Los cofrecitos misteriosos de los Templarios"

Se trata de los dos famosos cofrecitos que figuraron en la colección del duque de Blacas (¿por cuál extraña mala suerte será que también se perdieron?) Como en el caso de los pretendidos "Bafomets", no hay ninguna prueba de que hayan tenido jamás alguna relación con los Templarios. Según los autores se trataría simplemente de "potes de triaca" usados por médicos griegos y árabes. Tal explicación no tiene en sí nada de inverosímil.

No estudiaremos aquí la interpretación de las figuras en que se apoya la hipótesis, interpretación que en su conjunto vale tanto como cualquier otra, a pesar de que no es correcta en todos sus detalles (por ejemplo, no se ve muy bien por qué razón un mismo signo indicaría en un lugar un número de ingredientes, y en otro un número de meses o años).

Lo más curioso son las cuestiones planteadas sobre la tapa de los cofrecitos: su simbolismo es completamente alquímico (¿por qué algunos quisieron ver en la figura principal, que es en realidad un "Rebis", otra vez un "Bafomet"?), y, también en este caso, hay inscripciones que, si fueron transcriptas con exactitud, están redactadas en un árabe inimaginable, de lo que habría que extrañarse mucho si se admite la hipótesis de los autores, ya que según éstos dicha tapa, agregada posteriormente, habría sido fabricada por alquimistas occidentales hacia fines del Medioevo o comienzos de Renacimiento. Los motivos por los que se les asigna una fecha tan tardía no se indican por lo demás demasiado claramente, del mismo modo que aquellos que motivan la siguiente afirmación: "no se ve en qué podría un templario interesarse en la alquimia"; independientemente de la cuestión de los cofrecitos, no vemos por qué motivo no hubieran podido interesarse!

"Los Templarios y los Guardianes del Temple"

En este artículo se trata sobre todo de las relaciones de los Templarios con los Ismaelitas, denominados habitualmente con el nombre de "Assassins". Los autores se preocupan inútilmente por explicar que debería escribirse "Assacine", lo que no representa una mejor transcripción (el uso de la "e" muda, especialmente, no es más que una extravagante concesión a la pronunciación francesa), y que no quita que no sea justamente el origen de la palabra "asesino", y que no se trata en absoluto de una simple "aproximación de asonancia". La derivación claro está no indica lo que fueron realmente los Ismaelitas, sino solamente la opinión vulgar de los occidentales acerca de ellos.

Al fin del artículo hay varias consideraciones contradictorias: ¿por qué decir que los Templarios "no estaban iniciados" porque que sea poco probable que hubieran recibido la iniciación de parte de los Ismaelitas, como si no hubieran podido tener su propia iniciación, sobre todo si se admite que fueron "joanitas"?

Se dice también que poseían "un conocimiento profundo del simbolismo, del esoterismo del Cercano Oriente y mediterráneo", lo que no se compadece con la carencia de iniciación, ni con las preocupaciones completamente profanas que además se les atribuye.

En cuanto a buscar las pruebas de tal conocimiento en el alfabeto "neotemplario" posiblemente no es una argumentación demasiado sólida, a despecho del cuidado que tienen los autores de no "pasar por sobre los límites permitidos por la crítica histórica".

"El Rey de Francia y los Templarios" (1º de enero de 1940).

Finalmente el último artículo parece que intenta justificar a todo el mundo: al Rey de Francia, al Papa, a los Templarios y a los jueces, donde cada cual habría tenido la razón de su propio punto de vista. No insistiremos. Nos conformaremos con señalar que mientras los Templarios son presentados como dueños no sólo de un secreto financiero, sino también de un secreto "sinárquico", lo que a fin de cuentas resulta un poco menos burdamente material (sin embargo ¿es realmente "trasladarse al ambiente del siglo XIV" referirse aquí a un "asunto laico"?) De cualquier forma, nos parece que de estos extensos estudios lo que sobre todo se transparenta es la dificultad verdaderamente ardua de lograr saber exactamente a qué atenerse de todas estas cosas.

2.- En "Cahiers du Sud" (marzo de 1940), Jean Richer publica un estudio sobre "Jules Romains y la tradición oculta". A decir verdad, no sabemos muy bien qué puede ser una "tradición oculta", sin embargo pensamos que, sin duda, habrá querido decir "esotérica", aunque el término tampoco sería demasiado exacto en el caso pues se trata especialmente de la India. Jules Romains sin duda habrá leído algunos libros concernientes a las doctrinas hindúes, pero no vemos que haya extraído gran cosa de ello, ya que sus intentos son más bien vagos, y en todo caso no se refieren más que a asuntos de orden muy superficial. Reducir por ejemplo los diferentes estados a que se refiere el Vedanta a simples "regímenes de conciencia", vale decir a algo puramente psicológico, significa entender muy poco o nada de lo que en realidad se trata. Por lo que hace al Yoga, a pesar de que el autor declara que sus objetivos son "espirituales", parece no obstante que Jules Romains nada más percibió que ciertos aspectos "psicofisiológicos" más o menos extraordinarios, lo cual por otra parte nada tiene de sorprendente, ya que los occidentales, aún sin ser "literatos", generalmente no se interesan más que por este aspecto "fenoménico" y completamente contingente. Lo que resulta más asombroso es que, a propósito de este tipo de "desdoblamiento" que los ocultistas denominan estrambóticamente "salida al astral" (lo que nada tiene que ver con el estado de "samâdhi"), se pueda llegar a escribir que "se trata sin duda de lo que los antiguos conocían con el nombre de Misterios o de Iniciación". ¡He aquí observaciones sumamente imaginarias y que no podrían estar más lejos de la verdad! También encontramos en una nota la curiosa afirmación de que "la Francmasonería debería mucho a Egipto": si bien es cierto que algunos sistemas se basaron sobre dicha fantástica teoría (y lo hicieron de tal manera que demostraron claramente el carácter artificial de dicha relación, tanto como también la ignorancia de los autores de la "egiptología"), es imposible hallar en la Masonería propiamente dicha algo que lleve la marca de un origen egipcio. Y si bien pueden realizarse comparaciones sobre ciertos puntos, por ejemplo entre la leyenda de Hiram y el mito de Osiris, se trata de cosas cuya equivalencia se encuentra en diversas tradiciones, y que de ningún modo pueden explicarse por "préstamos" ni por descendencia más o menos directa, sino en realidad por la unidad esencial de todas las tradiciones.

3.- En el "Grand Lodge Bulletin" de Iowa (n° de abril de 1940) hay una nota dedicada al tema de los globos celeste y terrestre que a veces se encuentran en la parte superior de las dos columnas. Es evidente que se trata al parecer de una innovación completamente moderna, no por la pretendida ignorancia que algunos se complacen en atribuir a los antiguos, sino muy simplemente porque tales globos no figuran en ningún simbolismo tradicional.

Es también una hipótesis muy poco probable que deriven del globo alado egipcio, ya que la posición de los globos y su duplicación sería completamente anormal, y no guardaría relación alguna con el significado del globo alado.

Queremos también señalar un error lingüístico bastante grave: el prefijo "ya", tanto en hebreo como en árabe, es simplemente el indicativo de la tercera persona del futuro de los verbos, y no tiene relación alguna con el nombre divino "Yah".

4.- En "Symbolisme" (enero-febrero-marzo de 1940), G. Persigout estudia "El antro, síntesis obscura de los tres mundos". A pesar de que nos cite repetidamente, y que también se apoye en analogías alquímicas, no estamos muy seguros de que haya comprendido totalmente el simbolismo de la caverna iniciática, tantas son las consideraciones extrañas al tema que entremezcla en su exposición. El simbolismo tradicional del diamante no tiene ciertamente nada que ver con las teorías de la química moderna del carbono, ni el de la luz con ciertas hipótesis biológicas sobre "el origen de la vida". Hay ciertos análisis de palabras hebreas que son bastante fantásticos, y en todo caso si se quiere ser lo exacto debería tenerse mucho cuidado de no confundir "he" con "het". Nos sorprendió ver una nota atribuida a Eliphas Levi tomada de la Llave de la Magia Negra: al verificar la cita vimos que en realidad se trataba de La Clave de los Grandes Misterios.

En un artículo sobre "El arte adivinatoria" , Diogène Gondeau parecería confundir la intuición con la imaginación. Aún más ni siquiera alude al hecho de que ciertas "artes adivinatorias" no son otra cosa que residuos más o menos deformados de antiguas ciencias tradicionales, lo cual sin embargo es en el fondo el único aspecto realmente interesante de la cuestión. *La rama del olivo*, François Ménard, en un breve artículo sobre "la rama del olivo" expone su simbolismo de manera muy incompleta: habla con justicia del papel que juega el olivo en varios ritos, como soporte de la "fuerza espiritual". Lo restante en cambio no es sino un elogio demasiado exclusivo del "clima mediterráneo".

DICIEMBRE DE 1945

5.- "The Speculative Mason" *Cuadro de Dibujos*

En el número de julio de 1940, en un artículo sobre el primer Tracing Board (Cuadro de Logia) considerado como imagen del Cosmos, hay un muy buen análisis del Bhagavad Gîtâ, posiblemente algo influido por algunas preocupaciones de "actualidad", y un estudio sobre "Lady Godiva", leyenda medieval anglosajona que parecería extraer sus raíces de algunas tradiciones precristianas.

Varios.

El número de octubre contiene una historia de la construcción de la abadía de Saint-Alban relativa a ciertas leyendas de la Masonería operativa, y un estudio sobre Mary Ann Atwood, autora de la obra anónima titulada A suggestive Inquiry into the Hermetic Mystery que se continúan en el número de enero de 1941.

6.-"Speculative Mason" *Sobre la Atlántida*

En el número de abril de 1941, vale la pena señalar un resumen de las antiguas tradiciones concernientes a la Atlántida, algunas consideraciones geológicas que parecerían confirmarlas, y un estudio sobre las relaciones de la Kábala y la Masonería que prosigue en los números de julio y octubre. Este último trae una cantidad de curiosas indicaciones, sin embargo ciertos puntos son bastante discutibles, y no todos los ensayos mencionados son igualmente convincentes, ni todas las fuentes citadas igualmente válidas. Consideramos que no debe pensarse que exista una verdadera influencia más o menos directa de la Kábala sino en aquellos casos donde se encuentren detalles muy precisos, y no sólo semejanzas que se dan normalmente entre todas las tradiciones iniciáticas. Conviene destacar además que la ciencia de los números está bien lejos de ser asunto exclusivo de la Kábala hebrea.

Historia del Grado de Compañero.

En el número de julio, hay un estudio histórico sobre el desarrollo del grado de Compañero en los primeros tiempos de la Masonería especulativa, que se continúa en octubre, otro artículo trata del simbolismo del centro considerado más particularmente en sus relaciones con la Estrella Polar, la Plomada y la Esvástica, tal como lo establecían los rituales operativos, y finalmente una nota sobre los "tokens"[128] de las antiguas corporaciones.

---

[128] "Seña, muestra, recuerdo, prueba de amistad"; técnicamente, signo de reconocimiento. (Nota del T.).

Varios.

En el número de octubre, hay que destacar una buena crítica sobre los historiadores masónicos que quieren atenerse exclusivamente al método llamado "científico" (y sobre todo profano, agregaríamos nosotros) que no admite "evidencia" alguna de otro orden que no sean los documentos escritos. En este mismo número y los siguientes (enero, abril, julio y octubre de 1942) hay un estudio muy detallado sobre el simbolismo ritual de la iniciación del grado de Aprendiz.

El número de enero de 1942 trae la traducción de nuestro artículo sobre "Mitos, misterios y símbolos"[129], así como también el artículo de Marius Lepage sobre "La espada flamígera" aparecido antes en la revista "Symbolisme" y que oportunamente reseñamos.

En el número de abril encontramos un artículo sobre ese personaje enigmático designado con el nombre de Naymus Grecus en ciertas copias de las Old Charges (antiguos manuscritos operativos) que habría introducido la Masonería en Francia, en la época de Carlos Martel, y sobre la hipótesis que intenta identificarlo con Anthemius de Tralles, el arquitecto de Santa Sofía de Constantinopla. Destacamos también en el mismo número y en el de julio, un muy breve pero interesante estudio sobre "Pitágoras y los antiguos Misterios". En su transcurso se recuerda naturalmente el Peter Gower de las Old Charges así como la conexa confusión entre "Fenicios" y "Venecianos".

En el número de julio, hay una nota sobre algunos vestigios de los antiguos Misterios conservados hasta nuestros días, de forma bastante insospechada, (lo cual es un ejemplo de lo que dijimos acerca

---

[129] Retomado por el autor en el capítulo XVII de *Aperçus sur l'Initiation*. (N.del Traductor)

de los orígenes reales del "folklore"), y un artículo sobre los títulos caballerescos usados en la "Rosa-Cruz de Heredom", y más particularmente sobre el significado de aquel título de "Via Determinata" adoptado por el autor.

Golpes y Lewis

En el número de octubre, además de la continuación de este último artículo, hay un estudio sobre el significado de los "golpes" rituales de los diferentes grados (constitutivos de lo que se llama la "batería" en la Masonería francesa) y una nota sobre el "grapón" ("clamp" o "cramp" también llamado "lewis"), instrumento usado para alzar piedras del suelo hasta el lugar que deben ocupar en la construcción, y que pertenece más especialmente al simbolismo de la Mark Masonry.

ABRIL-MAYO DE 1947

7.- *"Le Symbolisme"* A pesar del fallecimiento en 1943 de su fundador, Oswald Wirth, la revista "Le Symbolisme" ha vuelto a publicarse desde diciembre de 1945 bajo la dirección de J. Corneloup.

Defensa del Gran Arquitecto del Universo de J. Corneloup

En el número de diciembre de 1945, una "Defensa del Gran Arquitecto del Universo" de J. Corneloup, insiste muy justamente sobre la importancia esencial del simbolismo, al cual los actuales masones no testimonia, demasiado frecuentemente, otra cosa que "un respeto más verbal que real", debido a que no comprenden verdaderamente el sentido y el alcance del mismo.

Destacamos más particularmente la afirmación de que "lo propio de un símbolo es el hecho de que puede ser comprendido de diversas maneras, de acuerdo al punto de vista desde donde se lo considera", de modo tal que "un símbolo que no admitiera más de una interpretación no sería un verdadero símbolo", y también la formal declaración de que, contrariamente a lo que algunos pretenden, "la Masonería no es ni puede ser agnóstica".

A pesar de todo, el estudio en lo que concierne al simbolismo del Gran Arquitecto del Universo, no nos parece llegar al fondo de la cuestión, además de entremezclar ciertas consideraciones propias de la ciencia moderna que nada tienen que ver con el punto de vista iniciático. Por otra parte nos preguntamos cómo puede llegar a decirse que "Hiram es exterior a la Masonería operativa, que lo tomó de una dudosa leyenda hebrea": esta es una afirmación muy discutible y que en todo caso tendría necesidad de explicación.

Las fuentes de las actuales ideas tradicionales

En el número de enero de 1946, François Ménard examina "Las fuentes de las actuales ideas tradicionales". Parecería exagerar la influencia del platonismo, aunque fuera por intermedio de Fabre d'Olivet, sobre el ocultismo del pasado siglo, pero tiene toda la razón cuando marca el estado heterogéneo de la llamada "tradición occidental" que algunos quisieran oponer a las tradiciones orientales. "Del Oriente siempre nos vino la Luz" dice el autor, "y su pura claridad espiritual nos sigue llegando directamente a pesar de todo, gracias a algunos intérpretes autorizados y calificados".

De la finalidad y los medios de la Francmasonería

En el número de febrero, Marius Lepage, hablando "De la finalidad y los medios de la Francmasonería", puntualiza que la Francmasonería difiere completamente de los diversos tipos de asociaciones profanas por el hecho mismo de ser una iniciación. Las consideraciones que expone sobre el simbolismo de la Luz, sobre el evangelio de San Juan, la virtud de los ritos, la "Liberación" como fin supremo de la iniciación, son excelentes en su mayoría. Mas ¿por qué será que vemos reaparecer una vez más la confusión con la "mística"? El sentido actual de esta palabra está demasiado alejado de su acepción etimológica como para permitir volver a ella. Lo que se llama "mística" o "misticismo" hace ya mucho tiempo que ha dejado de ser la "ciencia del misterio" y menos aún la "ciencia de los iniciados", y decir que "hay una técnica de la mística, idéntica para todas las religiones y todas las iniciaciones" significa no sólo confundir los dominios esotérico y exotérico, sino también olvidar que una de las características del misticismo es precisamente no tener "técnica" alguna.

La cuestión del Gran Arquitecto del Universo

En el número de marzo, François Ménard y Marius Lepage vuelven sobre la cuestión del Gran Arquitecto del Universo. Si bien es legítimo decir que el mismo "no es la Divinidad, sino un aspecto accesible de la Divinidad" que acentúa "el aspecto ordenador y constructivo del Inconcebible Principio", nos parece que no constituye una razón para asimilarlo a la concepción gnóstica del "Demiurgo", lo que le atribuiría mas bien una carácter "maléfico" muy poco conciliable con el lugar que ocupa en el simbolismo masónico, e incluso también con la conclusión misma a que llegan los autores, según la cual, al meditar sobre la fórmula del Gran Arquitecto del Universo, "el masón que 'comprende bien su Arte' sabrá y 'sentirá' que la orden excede el simple "deísmo" profano para acceder a una comprensión más profunda del Supremo Principio".

La naturaleza de los ritos

J.H.Probst-Biraben destaca con razón que son insuficientes las concepciones de los actuales sociólogos sobre "La naturaleza de los ritos", a los cuales no atribuyen generalmente nada más que un carácter sentimental, a la vez artístico y utilitario. Para nosotros se podría haber ido más lejos todavía, ya que en aquellas obras profanas referentes a este tema lo único valioso es la "documentación" que aportan, y todo el resto demuestra especialmente la incomprensión de sus autores.

Hipótesis de trabajo de J. Corneloup

En el número de abril, un artículo de J. Corneloup denominado "Hipótesis de trabajo", acentúa todavía más la confusión antes señalada entre el punto de vista iniciático y el de la ciencia profana. Esta última podrá efectuar todas las hipótesis que quiera, y además eso es todo lo que puede hacer: ¿qué más podría hacer una hipótesis en el dominio del simbolismo (y nos referimos al verdadero simbolismo que nada tiene que ver con los pseudo símbolos inventados por los sabios modernos)? Y además ¿no equivaldría a desconocer completamente el carácter propio del conocimiento iniciático admitir que en él pudiera hallarse algo hipotético?

Navidad de Marius Lepage

Con el título de "Navidad", Marius Lepage estudia diversos aspectos del simbolismo del solsticio de invierno. Tenemos que señalar que jamás dijimos, como parece creer el autor, que el nombre de "Janus" derivara del sánscrito "yâna", sino solamente que uno y otro tienen la misma raíz, lo cual es indiscutible; en cambio la etimología hebrea que toma en consideración es totalmente inverosímil.

Un método, una finalidad, una protección

En el número de mayo, en otro artículo de J. Corneloup titulado "Un método, una finalidad, una protección", leemos: "la finalidad que se propone el método simbólico de la búsqueda de la Verdad", pensamos que se trata de un lapsus y que haya querido decir "el conocimiento de la Verdad" ya que evidentemente la búsqueda no puede de ningún modo constituir una finalidad. De todos modos, aunque no sea más que un lapsus, no deja de ser significativo porque transparenta las tendencias inherentes al espíritu moderno. Por otro lado, no es exacto decir que "la Masonería es la forma moderna de la iniciación", en primer lugar porque nada que tenga carácter iniciático, y más generalmente tradicional, puede llegar a calificarse de "moderno" sin entrar en contradicción, y después porque históricamente significa desconocer los antecedentes antiguos y medievales de la Masonería: ¿acaso creerá el autor que la Masonería no se remonta más allá de 1717? El artículo concluye con algunas consideraciones acerca de la "ley del silencio" bastante juiciosas, pero que están lejos de representar todo lo que podría haberse dicho del tema, ya que ni siquiera rozan la verdadera naturaleza del secreto iniciático.

La génesis del concepto de tolerancia

En el número de junio, Albert Lantoine expone "La génesis del concepto de tolerancia", y parecería querer destacar que el "lanzamiento" de dicha idea no fue en suma más que un acto político de Guillermo de Hannover, pero que también este acto influyó bastante directamente en la constitución de la Masonería en su nueva forma "especulativa". Lo cual confirma aún más lo que siempre pensamos del papel que desempañaron en dicha constitución las influencias profanas, que penetraron de esta modo en un dominio que debería normalmente estarles vedado. ¿Pero cómo puede ser que aquellos, cuyos estudios históricos conducen a semejantes constataciones, no puedan llegar a comprender que este mismo hecho representa la marca de una grave degeneración desde el punto de vista iniciático?

JULIO-AGOSTO DE 1947

8.- *"Le Symbolisme"* MErreur ! Signet non défini.asonería educativa y Masonería iniciática

En el número de julio de 1946, J. Corneloup en un artículo titulado "Masonería educativa y Masonería iniciática", subraya con justa razón que "las Logias se las ingeniaron para darles 'luces' a sus miembros, en lugar de ayudarlos a buscar la 'Luz'"; en otras palabras, "los masones consagraron la mayor parte de su tiempo y sus mejores esfuerzos a la tarea educativa de la Masonería, descuidando y aún ignorando el trabajo iniciático". Pero cuando agrega que por otra parte "la iniciación no se opone a la educación" y que esta última incluso "es uno de los caminos que preparan para la iniciación", hubiera sido necesario puntualizar un poco sobre de qué tipo de educación se habla, puesto que existe cierta educación profana que es todo lo contrario de una preparación con vistas a la iniciación. Por otra parte es exacto que no puede darse una definición propiamente dicha de la iniciación, a lo que de nuestra parte agregaremos que esto es así puesto que toda definición es forzosamente limitativa. De todos modos las nociones que se exponen "para ayuda a concebir la idea" son verdaderamente demasiado sumarias, y dejan la impresión de que la "facultad de comprensión" de que se trata no llega demasiado lejos.

Agreguemos que no comprendemos muy bien cómo pueda hablarse de "la conjunción en una misma organización, durante el siglo XVII, de los masones operativos y de los masones aceptados", como si éstos no hubieran sido siempre los miembros no "profesionales" de la Masonería operativa, y también que una alusión a los "egrégores" nos parecería reflejar algo de esa confusión que señalábamos en un reciente artículo.

Ritos y rituales

En el número de agosto, Marius Lepage se empeña en marcar una diferencia entre "Ritos y rituales": se trata naturalmente de los rituales escritos de los que destaca muy justamente su carácter de simple "ayuda memoria". Lamenta que "la Masonería no posea el organismo que permitiría mantener los ritos dentro de su pureza primitiva y auténtica"; por otra parte piensa que "manteniendo integralmente intactos los principios fundamentales de la iniciación formal, los ritos deberían materializarse en rituales adaptados a la mentalidad de los hombres a los cuales se dirigen", y ello es también correcto, pero debería puntualizarse al respecto que tal adaptación no podrá ser legítima más que dentro de ciertos límites, puesto que no debería jamás implicar concesión alguna al espíritu antitradicional característico del mundo moderno.

Desafortunadamente, el artículo contiene además cierta confusión entre "iniciaciones" y "religiones", e incluso también una afirmación sobre el origen "mágico" de los ritos que es más que discutible. Se trata de temas sobre los que nos hemos explicado muy frecuentemente como para que sea necesario hacerlo de nuevo.

De la iniciación

En el número de septiembre, Jules Boucher trata "De la iniciación" en un artículo que destila un inoportuno pesimismo. No puede reprochársele, ciertamente, el denunciar los perjuicios que acarrea el racionalismo, y que deplore la trivialidad de ciertas "especulaciones" que no tienen nada de iniciático. Pero parecería desconocer totalmente el valor propio de la iniciación virtual, y concluye así: "¿Es posible oponerse a la decadencia de la Masonería? Para ello sería necesario reencontrar la "Palabra Perdida" y nos parece que dicha "Palabra (ese Verbo iniciático) se perdió para siempre". Sigue al artículo una respuesta de Marius Lepage que vuelve a poner correctamente las cosas en su sitio, y del que citaremos algunos extractos:

"Vivimos años que son de acelerado oscurecimiento de los principios espirituales que hasta este momento han sostenido la substancia del mundo: este mundo pronto se desmoronará... La incomprensión de los hombres frente a la expresión humana de lo sagrado es el signo más notorio de la proximidad del fin de los tiempos. ¿Porqué afligirse? Lo que tiene que ser será, y todas las cosas concurren a su fin. La apariencia de la decadencia de todas las organizaciones iniciáticas no es más que el efecto de la corrupción de los hombres, cada vez más alejados de su Principio. ¿Qué puede interesarnos si estamos seguros que este fin de un mundo se integra en la armonía universal, y si hemos comprendido bien la enseñanza de la Cámara del Medio? ... "

"En el seno de la organizaciones iniciáticas, a pesar de las desviaciones y alteraciones, se hallarán los últimos testigos del Espíritu, aquellos por cuyo intermedio la Letra será conservada y trasmitida a los adeptos que recibirán el encargo de hacerlo conocer a los hombres de otro ciclo. Lo cual tampoco debe desesperarnos: ¿acaso sabemos cuándo y cómo las palabras que pronunciamos despertarán en alguno de nuestros Hermanos los centros sutiles y lo convertirán en un guardián de la tradición?"

La Justicia

En el número de noviembre, François Ménard formula consideraciones sobre "La Justicia" y sobre el simbolismo de la balanza, en conexión con la ley de las "acciones y reacciones concordantes" que rige la manifestación universal.

NErreur ! Signet non défini.otas sobre la Masonería india

Algunas "Notas sobre la Masonería india" de Silas H. Shepherd, contienen interesantes acotaciones sobre la tan poco conocida tradición de los Indios de América del Norte. Por otra parte el título es inexacto, puesto que evidentemente se trata aquí de una forma de iniciación totalmente diferente de la forma masónica, y a la que no puede aplicarse el nombre sin provocar una extensión abusiva.

El esoterismo heráldico y los símbolos

Un estudio de J.H. Probst-Biraben sobre "El esoterismo heráldico y los símbolos", en los números de julio hasta octubre, reúne una muy considerable documentación sobre el tema. Insiste especialmente en el origen oriental de los escudos de armas y sus relaciones con el hermetismo, relaciones que por otra parte son comunes con "las figuras del Tarot, las marcas corporativas", y sin dudas con muchas cosas más que en el Medioevo tuvieron un carácter similar: "sin el conocimiento del simbolismo hermético, el arte heráldica resulta en su mayor parte incomprensible".

Lo que nos parece en verdad sorprendente, es que el autor no quiera admitir que "algunos símbolos esotéricos fueron introducidos en los escudos por los mismo nobles" porque ellos "no eran en general ni instruidos ni mucho menos iniciados", y que incluso nunca habrían llegado ni siquiera a suponer cual era su sentido real. ¿Será que el autor jamás habrá oído de la existencia de una iniciación caballeresca, y se imaginará que la instrucción exterior debería constituir una condición indispensable de la iniciación? Que algunos clérigos e incluso artesanos hayan colaborado a veces en la composición de los escudos de armas, es seguramente muy probable; pero ¿no será simplemente porque entre ellos y los nobles existían relaciones de orden iniciático, de las que pueden encontrarse muchos indicios, y sobre todo y precisamente en el dominio del hermetismo?

Otra idea discutible es aquella según la cual hay símbolos que pueden llamarse "mediterráneos", pero no llegamos a comprender a qué forma tradicional podría corresponder tal designación.

La Virgen hermética

Los números de julio a noviembre contienen también un extenso estudio de François Ménard sobre "La Virgen hermética", en el transcurso del cual se abordan cuestiones diversas pero que, en su totalidad, se relacionan al orden cosmológico tal como se lo considera más particularmente en las formas tradicionales occidentales. Es así como se estudia en primer lugar el simbolismo del "vaso hermético" que corresponde a cierto aspecto de la Virgen.

Luego el autor trata de puntualizar el sentido de la "Sabiduría hermética" de Khunrath, y extrae la conclusión de que "la Virgen es el principio esencial del hermetismo", pero que "este aspecto sin embargo es ortodoxo, vale decir que está en relación con el dominio metafísico que es, como se sabe, el del Principio supremo", correspondiendo dicha relación por lo demás a la que debe existir normalmente entre el "arte real" y el "arte sacerdotal".

A continuación, a propósito de la Virgen como "Luz de gloria" nos encontramos ante una especie de fantasía científica sobre la "luz coronal", que nos parece bastante lamentable, en primer término porque las cosas de este tipo no dejan de ser muy hipotéticas, y también porque, como todo aquello que se inspira en la ciencia profana, no tienen realmente nada en común con los datos tradicionales, herméticos o no, sino que por el contrario recuerdan demasiado la clase de especulación típica de los ocultistas.

Diremos más o menos lo mismo acerca "del ciclo del azoe y la trama del mundo sensible", a pesar de que el autor haya tomado por lo menos la precaución de resaltar, a propósito de las fuerzas cuyas diversas modalidades constituyen dicha 'trama", que "el hermetismo tiene la considerable ventaja respecto de la ciencia moderna de conocer tal fuerza, por así decir, desde adentro, vale decir que la identifica con la luz que está en el hombre y que reconoce que, a partir de un cierto grado y mediante la dirección correcta de su voluntad, puede actuar sobre la luz y obtener así determinados resultados definidos, por medio de una técnica segura". Por nuestra parte diríamos más claramente sobre el hermetismo y la ciencia moderna que no se trata de conocimientos del mismo orden.

Posteriormente, la cuestión pasa a la "Virgen zodiacal", así como al mito de Ceres, con el cual se relaciona en cuanto "signo de tierra". Sigue luego un esbozo de las diferentes etapas de la realización hermética según la descripción simbólica que Dante proporcionó en la Divina Comedia. El autor, al querer "dilucidar el misterio jeroglífico de Hokmah", cometió desafortunadamente un grave error: confundió la he final con una heth, lo que naturalmente falsea por completo su cálculo y su interpretación.

En cuanto a la conclusión según la cual "la Virgen hermética, en tanto se halle en contacto con las cosas sensibles y materiales, es la forma de la Diosa (vale decir en suma de la Shakti) mejor adaptada a nuestro Occidente y a nuestra época de materialismo a ultranza", diremos que nos parece un poco contradictoria con el hecho que, en este Occidente moderno, ¡las ciencias tradicionales están por completo perdidas!

MARZO DE 1948

9.- *"The Speculative Mason"* de octubre 1947. Las cualificaciones físicas

El número de octubre reproduce un extracto del informe de la última Conferencia de Grandes Maestros americanos, concerniente a la "calificaciones físicas" que algunos quisieran actualmente abolir para poder admitir en la Masonería a los inválidos de guerra. Es obvio que los partidarios de esta propuesta denominada "liberal" lo único que pueden esgrimir son argumentos de orden puramente sentimental, y de nuevo encontramos en ellos aquella idea completamente falsa según la cual las calificaciones corporales habrían perdido su razón de ser a partir de que la Masonería se tornó "especulativa".

Ya tratamos el tema bastante extensamente en una de nuestras obras (Aperçus sur l'Initiation, N. del T.). Los que sostienen la tesis contraria enfocan naturalmente las cosas de manera más correcta, pero no obstante sorprende que parecen preocuparse ante todo por el temor de que los inválidos puedan tornarse en algún momento ¡"una carga para la Fraternidad"! Tales consideraciones no tienen por cierto nada de iniciático, y al respecto nada mejor que las pocas palabras que el redactor de la revista agregó a manera de conclusión: "No se trata de una cuestión de sentimientos ni de situación financiera; se trata de una ley natural que exige que exista un perfecto "alineamiento" en todos los planos si se quiere que la iniciación se haga efectiva".

Signo zodiacal de Inglaterra

Un artículo bastante curioso enfoca la cuestión de bajo la influencia de cuál signo zodiacal se encontraría Inglaterra. El autor pone en duda la habitual afirmación de los astrólogos según la cual sería Aries, todo lo cual es un pretexto para poner en consideración los diferentes signos y describir los caracteres humanos que les corresponden. Finalmente se inclina por Sagitario sin afirmarlo sin embargo de manera definitiva.

Cuadro de Dibujos

En otro artículo se pasa a tratar el tema del Tracing Board del grado de Maestro. Un punto particularmente importante es aquel que concierne a la buharda (o "buhardilla", ventana que ilumina el desván, N. del T.) que en este cuadro está ubicada en la parte superior del Templo. Y cuyo simbolismo, como muy bien lo vio el autor, es idéntico al del "ojo" del domo del que hemos hablado en varias oportunidades.

"Es interesante también, dice el autor, encontrar algunas veces el símbolo "G" suspendido en la abertura de un domo iluminado desde lo alto, sugiriendo la Luz divina que se esparce sobre todas la cosas". Y agregaremos que hay allí un evidente vestigio del simbolismo "polar" en uso en la Masonería operativa, y que ya señalamos en otra parte (La Gran Tríada, N. del T.).

Además es bastante inexacta la relación que se establece con el "tercer ojo", ya que en realidad éste no se sitúa en la coronilla de la cabeza , y es completamente distinto del Brahmâ-randhra.

Puntualicemos por último que sólo en el grado del "Royal Arch" podría llegar a comprenderse efectivamente la verdadera relación existente entre estos dos "centros" diferentes.

JUNIO DE 1948

10.- " *Le Symbolisme*" (diciembre de 1946 a agosto de 1947)

El Triángulo y el Hexagrama

La revista publicó desde sus números de diciembre de 1946 hasta mayo de 1947 (salvo en el de marzo íntegramente consagrado a la memoria de Oswald Wirth), un estudio sobre "El triángulo y el hexagrama" firmado por "Maen-Nevez, Maître d'Oeuvre", en el cual hay consideraciones de desigual importancia, entre las cuales las más interesantes para nosotros son aquellas que conciernen a los símbolos propiamente operativos y "compañónicos".

El autor reproduce una marca de picapedrero hallada en Vitré en la que figura el "cuatro de cifra" del cual hemos hablado en otra parte, y del cual el autor no parece haber intentado profundizar el significado, a pesar de que haya tomado dicha marca como punto de partida para los desarrollos del tema, los cuales no se relacionan más que de una manera bastante poco directa. Al menos logró meritoriamente "emplazar" la marca en cuestión sobre una de las "grillas" gráficas usadas a este efecto por las antiguas corporaciones de constructores.

Hay que señalar también y en forma especial las consideraciones expuestas en el transcurso de este trabajo referentes a la construcción de madera y de piedras, más particularmente en la arquitectura nórdica; deben relacionarse con lo que dijimos sobre este tema al referirnos a otras tradiciones ("Albañiles y Carpinteros", diciembre de 1946, N. del T.)

Símbolos Trinitarios

A propósito de símbolos "trinitarios", en el artículo se considera el curioso cuadro "compañónico" reproducido hace tiempo en un número especial de "Voile d'Isis" (noviembre de 1925). El parecido de esta figura con aquella del dios tricéfalo galo no es discutible, pero es posible que el autor, que evidentemente se interesa en particular por el Celtismo, quiera forzar demasiadas consecuencias. En todo caso, hay otra cosa bastante extraña y que no creemos se haya mencionado alguna vez: es que el dibujo en cuestión es exactamente semejante a ciertos cuadros provenientes del monte Athos (salvo que en éstos, las inscripciones son en griego en vez de en latín), y que parecería que los monjes griegos los utilizaron como apoyo para la contemplación. Este hecho podría arrojar una luz insospechada sobre ciertas afinidades del "Compañerazgo".

Quisiera señalar ahora una pequeña inexactitud: no es Shiva sino Brahmâ quien se representa con cuatro rostros en la iconografía hindú: por el contrario existen figuras de Shiva con tres rostros (en relación con el "triple tiempo") que hubiera sido oportuno mencionar en esta ocasión.

Las siguientes consideraciones sobre el hexagrama se inspiran en gran parte en los trabajos de Matila Ghyka y merecen una simple observación: es muy exacto que el triángulo con la cúspide arriba y el triángulo invertido corresponden respectivamente al fuego y al agua, de los que por otra parte son los símbolos alquímicos; sin embargo no deja de ser una interpretación entre muchas otras posibles, y el autor la considera de una manera demasiado exclusiva.

No conocemos la obra de R.J.Gorsleben a que se refiere, pero de acuerdo con la cita, nos parecería que no debería usarse sin precaución, ya que es de temer que su interpretación de los símbolos contenga buena parte de "modernización" bastante fantasiosa.

La Masonería negra en los Estados Unidos

En el número de junio, Marius Lepage estudia "La Masonería negra en los Estados Unidos", cuestión generalmente poco conocida por el hecho de que tal Masonería no tiene relación alguna con las Grandes Logias "blancas", y es considerada por ellas como "clandestina" (o más exactamente "no reconocida", ya que en realidad su origen es perfectamente regular), lo que por otra parte no impidió que haya alcanzado un desarrollo bastante más considerable de lo que podría suponerse. Lo más sorprendente es que en el mismo Estados Unidos hay una gran cantidad de masones "blancos" que ni siquiera sospechan de su existencia.

Iniciación y Reglamentos

En el número de julio-agosto, bajo el título "Iniciación y Reglamentos", Marius Lepage insiste muy justamente que una cualidad iniciática no puede perderse de ninguna manera. Esto es algo contra lo cual los reglamentos administrativos no pueden hacer nada, y las exclusiones que pregonan son sólo medidas de orden totalmente exterior que no hacen perder la cualidad de masón, tanto como en la Iglesia católica, la "interdicción" de un sacerdote no le arrebata el carácter sacerdotal.

La distinción del orden iniciático del administrativo debería observarse cuidadosamente siempre, y es de esperar a este respecto que los reglamentos se redacten de manera que no contengan nada en contradicción con los principios iniciáticos, lo que en suma equivaldría eliminar todo los que fue simplemente tomado de las instituciones profanas, y que no podría convenir con la verdadera naturaleza de la Masonería.

SEPTIEMBRE DE 1948

La muerte del Compañero

11.- En **"The Speculative Mason"** de abril de 1948 vale la pena destacar un estudio sobre "La muerte del Compañero". Se trata naturalmente de la iniciación al grado de Maestro y de la identificación del recipiendario con Hiram, en virtud de la cual "deberá elevarse hasta un nivel donde obrará en virtud de motivos superiores a él mismo, siendo partícipe de una carácter universal", lo que se aproxima correctamente a la noción del desapego a los frutos de la acción del Bhagavad Gitâ.

Conócete a ti mismo

Varios autores estudian el significado de la máxima "Conócete a ti mismo". De manera general estas exposiciones insisten sobre todo en la necesidad de orientar la conciencia a lo interior, haciéndola que pase gradualmente a otros estados cada vez más profundos, hasta finalmente llegar, después de haberse librado así de todas las limitaciones contingentes, a alcanzar el mismo centro del ser, donde reside el verdadero "sí mismo".

OCTUBRE-NOVIEMBRE DE 1948

12.- *"Le Symbolisme"*

Apropósito de las 'Resoluciones de Nueva York'

En el número de septiembre-octubre de 1947, P.O'Neil en un artículo titulado "A propósito de las 'Resoluciones de Nueva York'", examina algunos aspectos de la divergencia entre la Masonería anglosajona y la Masonería francesa, que parece deberse sobre todo porque habiendo partido ambas de las concepciones de las Constituciones de Anderson, se fueron apartando de alguna manera en sentido inverso durante su desarrollo; así, mientras la Masonería francesa acentuó cada vez más su tendencia a la "modernización", la Masonería inglesa por lo contrario, gracias a la acción de los "Antiguos", se aproximó a la verdadera tradición, la que había sido atacada inoportunamente por Anderson.

Iniciación y mito adámico

En el número de noviembre, bajo el título "Iniciación y mito adámico", Gaston Moyse reflexiona a propósito de la substitución realizada en un templo masónico de las dos columnas por dos estatuas que representan un hombre y una mujer. Es muy cierto que las columnas simbolizan los dos principios complementarios, que puede ser designados como masculino y femenino, sin embargo pensamos que tal figuración antropomórfica, además de no tener nada de tradicional, restringe demasiado el significado del símbolo, pues llama la atención exclusivamente a lo que no es nada más que una simple aplicación particular.

Ensayo de una interpretación jeroglífica según el P. Kircher

En los número de septiembre a diciembre hay un estudio titulado "Ensayo de una interpretación jeroglífica según el P. Kircher", de Louis Coulon. Es una explicación de una figura de una plancha isíaca del Museo de Turín, que representa un escarabajo con cabeza humana acompañado de varios símbolos accesorios.

Los comentarios del P. Kircher, para quien dicha figura 'resume los más grandes misterios, y encierra las más altas potencias', seguramente no carecen de interés, pero debemos decir que es sumamente dudoso que pueda considerárselos en su conjunto como expresión de ideas auténticamente egipcias. Por otra parte, es cierto que el monumento en cuestión no sería demasiado antiguo, ya que sobre el mismo habrían, en lugar de una inscripción jeroglífica, cuatro caracteres que no pueden ser otra cosa que letras griegas más o menos deformadas, y por eso mismo muy difíciles de interpretar (en todo caso no creemos que puedan formar la palabra "philo"); por lo cual es muy evidente que no pueden datarse más allá del período alejandrino.

Pero lo más curioso, y que no parece que hubiera sido percibido, es que dicha figura es manifiestamente el prototipo de otra que se encuentra, al parecer, en una obra árabe de Ibn Washiyah. Esto es un verdadero enigma, y seguramente sería interesante que alguien buscara más profundamente en este sentido; de todos modos habría que asegurarse en primer lugar de que von Hammer, cuya documentación es siempre muy sospechosa, no hubiera cometido alguna de las suyas, como nos tememos.

Historia de las Constituciones del Gran Oriente de Francia

En los números de marzo, abril y mayo, J. Corneloup traza la historia de las "Constituciones del Gran Oriente de Francia", y de las modificaciones sucesivas realizadas en el siglo XIX, especialmente aquella de 1877 que tuvo tan inoportunas consecuencias.

Lo verdaderamente singular es que las actas de la Asamblea General de que se trata no mencionan nada de la supresión de la fórmula del "Gran Arquitecto del Universo", y que tampoco se halla rastro alguno de que hubiera habido una votación respecto de una "reforma de los rituales" que debería implicar dicha supresión, votación que no obstante se realizó con toda seguridad: ¿cuáles podrían ser los motivos de tan sorprendente laguna?

Al respecto señalaremos otro punto curioso no mencionado en el artículo: la decisión de suprimir todos los "emblemas que tuvieran un carácter religioso o monárquico". Una decisión así, que debió ser tomada por el Gran Colegio de Ritos, parecería asimismo tener relación con la misma "reforma". Sin embargo, tenemos conocimiento de un documento que demuestra que desde 1876, sobre el sello de dicho Gran Colegio de Ritos, la divisa escocesa "Deum meumque jus" ("Dios y mi derecho", N. del T.) habría sido trocada por "Suum cuique jus" (A cada uno su derecho", N. del T.), y que el águila de dos cabezas ya se había metamorfoseado en lo que se llamó un día "una especie de quimera apocalíptica". ¿Cómo y por qué tales cambios (que por otra parte no se compadecen con la reivindicación de regularidad del Gran Oriente en lo que concierne a los altos grados del Rito Escocés) se realizaron por lo menos un año antes de aquella votación, cuando lo lógico sería suponer que debieran haber sido consecuencia de la misma?

No nos haremos cargo de la respuesta de dicho interrogante al no disponer de todos los elementos necesarios, pero creemos que sería interesante tratar de aclarar este otro misterio.

ENERO-FEBRERO DE 1949

13.- "The Speculative Mason" Cuadro de Dibujos

El número de julio de 1948 trae una serie de estudios sobre los diversos símbolos del Tracing Board de primer grado. En primer lugar, hay una exposición histórica a la que se agregan interesantes indicaciones respecto del ritual operativo. De tal exposición, resulta claramente que la forma adoptada actualmente en Inglaterra para el Tracing Board es en suma bastante reciente, ya que no data más que de 1849. Anteriormente parece que hubo una gran variedad de dibujos usados por diferentes Logias, aunque naturalmente los principales símbolos se habrían mantenido de manera constante. El autor deplora con justa razón que las interpretaciones puramente "moralizantes", que adquirieron una especie de autoridad por el hecho de haber sido incorporadas en los rituales impresos, se transformaron precisamente y por tal motivo en impedimento para toda búsqueda de una explicación de orden más esotérico.

La semilla de la sabiduría está en nosotros

Mencionaremos también el comienzo de un artículo titulado "On asking questions"; no se trata de cuestiones que deban exponerse exteriormente, sino de un esfuerzo de concentración que debe llevarnos a encontrar las respuestas en nosotros mismos, puesto que "la semilla de la sabiduría está en nosotros, y su crecimiento se efectúa desde el interior hacia el exterior", y, como enseña el Bhagavad Gîtâ, todo está comprendido en el verdadero conocimiento espiritual, que no es definitiva nada más que el conocimiento del "Sí-mismo".

14.- *Masonic Light*. Hemos recibido el primer año (de septiembre de 1947 a junio de 1948) de la revista "Masonic Light" de Montréal; se encuentra ahí sobre todo investigaciones históricas, cuya mayor parte se relaciona con la cuestión bastante oscura y controvertida de los orígenes de la Masonería en Canadá, pero que, a pesar de tal carácter más bien "local", no carecen de interés. Por contra, hemos observado la ausencia casi completa de artículos concernientes más o menos directamente al simbolismo, y nos preguntamos cuál puede ser la causa de esta laguna un poco sorprendente. Por otra parte, los redactores de esta revista comprueban con tristeza la ignorancia general de todo lo que concierne a la Masonería de los otros países, y se proponen la tarea de remediar este fastidioso estado de cosas, que, por lo demás, no es ciertamente particular del Canadá; tendrán sin duda mucho que hacer al respecto, a juzgar por las notas diversas y más o menos contradictorias, especialmente respecto a la Masonería francesa, que dan la impresión de que se tienen dificultades para hacerse ideas un poco exactas sobre el asunto. A este propósito, señalemos, desde un punto de vista más general, el gran interés que tendría estudiar la cuestión un poco más de cerca, que encontramos mencionada incidentalmente y que, por lo demás, parece muy difícil de aclarar completamente, de la existencia de la Masonería en Francia antes de la fecha comúnmente admitida de 1725, y de lo que podría ser un "rito escocés" que, a decir de algunos, se habría establecido desde 1688; ello daría quizás la explicación de ciertas particularidades de los rituales franceses, que no pueden sin duda provenir de los que eran practicados por la Gran logia de Inglaterra. Destaquemos también un detalle bastante divertido, y es la sorpresa que se manifiesta al saber la existencia del Martinismo, que sin embargo nunca ha sido algo muy oculto, por el descubrimiento fortuito de un ritual de la rama americana del Dr. Blitz; y, a este respecto, puesto que se plantea una cuestión respecto al significado del nombre de Eliphas Lévy, podemos responder muy fácilmente: no es una traducción, sino simplemente una "hebraización", por equivalencia fonética aproximativa, de sus nombres Alphonse-Louis; en canto a Zahed y no Zaheb), es la traducción de Constant y no Contant, que era su apellido; luego no hay ahí nada de muy enigmático.

OCTUBRE-NOVIEMBRE DE 1949

Compañerazgo

15.- En *"The Speculative Mason"*, número de enero de 1949, destacamos algunas notas sobre el Compañerazgo, a decir verdad un poco sumarias, y un artículo sobre astrología, que expone consideraciones generalmente correctas sobre la parte de verdad que contiene esta ciencia tal como se presenta actualmente, y sobre las fantasías que se le han entremezclado. El autor del artículo otorga poca importancia al aspecto de "predicciones", con lo cual estamos totalmente de acuerdo.

Orígenes de la Masonería

16.- La revista *"Masonic Light"* de Montreal, número de septiembre de 1948 hasta junio de 1949, publicó una curiosa serie de artículos que exponen una nueva teoría sobre los orígenes de la Masonería, que su autor quiere vincular ya no a Salomón sino a Moisés, lo cual nos parece paradójico. Por medio de consideraciones basadas fundamentalmente en los números, pero que no siempre son demasiado claras (es posible que se habrían necesitado algunas figuras aclaratorias), trata de establecer que el simbolismo del Tabernáculo fue mucho más completo que el del Templo de Salomón, el cual de algún modo no habría sido más que una imitación imperfecta de aquél, habiéndose perdido ciertos secretos en el ínterin. A decir verdad, es completamente natural que el Templo de Salomón presentara ciertas relaciones con el Tabernáculo, puesto que estaba destinado a cumplir la misma función, pero también ciertas diferencias que correspondía al paso de los israelitas del estado nómada al estado sedentario. Realmente no vemos cómo, unas u otras, puedan constituir una motivo para despreciarlo así.

Por otra parte el Tabernáculo no fue un edificio construido evidentemente con piedras, lo que ya nos parecería suficiente como para que no pueda hablarse de Masonería: el oficio de carpinteros es ciertamente muy distinto del de los albañiles, y el antiguo diferendo entre ambos, que se perpetuó hasta nuestros días, demuestra bien que no es posible ningún intento de asimilación entre ellos (ver nuestro artículo en el número de diciembre de 1946). El hecho de que los nombres de los principales obreros que trabajaron en la construcción del Tabernáculo hayan sido introducidos en ciertos grados es un asunto totalmente distinto, que nada tiene que ver con la Masonería propiamente dicha.

Ahora bien, si se quiere ir más allá de Salomón, se puede con mayor razón remontar todavía más lejos hasta el mismo Abraham: en efecto, un indicio muy claro de ello se encuentra en el hecho de que el Nombre divino, (SHADAI), invocado más particularmente por Abraham fue siempre conservado por la Masonería operativa, y dicha conexión entre Abraham y la Masonería operativa es por lo demás fácilmente comprensible para quien tenga algunos conocimientos de la tradición islámica, ya que la misma está en relación directa con la edificación de la "Kaabah".

DICIEMBRE DE 1949

17.- *"Le Symbolisme"* LErreur ! Signet non défini.a liberación espiritual en la Francmasonería

En el número de octubre de 1948, Marius Lepage en su artículo "La liberación espiritual en la Francmasonería" se dedica a puntualizar las características generales de la época actual, y denuncia muy justamente la confusión que predomina en todos los dominios, y especialmente en el intelectual, donde se ha llegado a un punto donde las palabras parecen haber perdido completamente el sentido.

Desafortunadamente, crea él mismo otra confusión al decir que en Occidente no existirían en la actualidad más que dos organizaciones que podrían decirse "iniciáticas", es decir la Iglesia Católica y la Masonería: con respecto a la última lo que dice es exacto, pero no sucede lo mismo en el caso de la Iglesia, puesto que una religión, o más generalmente un exoterismo tradicional, no tiene absolutamente nada de iniciático. Esta confusión no deja de provocar consecuencias muy inoportunas, ya que al poner en el mismo nivel y de alguna manera en competencia a ambas organizaciones, cuando en realidad sus dominios son totalmente diferentes, se correría el riesgo mayor de ofrecer un argumento a aquellos que quieren ver entre ambas un oposición radical.

Por otra parte, puede verse aquí un claro ejemplo de lo que acabamos de decir, pues el autor descarta los dogmas de la caída y de la redención, y llega a querer incluso descubrir en ello una de las principales diferencias entre Iglesia y Masonería. Esto mismo fue destacado muy claramente en el número de enero de 1949 por un lector que firma con las iniciales J.G., y que proporcionó una excelente exposición sobre la interpretación de esos dogmas, teniendo sumo cuidado de resaltar la distinción entre el punto de vista exotérico y el iniciático. Citaremos algunas frases de su conclusión:

"Si bien el exoterismo puede combatir con otro exoterismo sobre la realidad de las definiciones dogmáticas que preconiza, parece imposible por lo contrario, que el discípulo de un esoterismo pueda negar el dogma religioso. 'Si comprende bien el arte' lo interpretará pero nunca lo negará; caso contrario descendería sobre el mismo terreno de las limitaciones exoteristas. Seria una confusión lamentable querer juzgar a un exoterismo desde la óptica esotérica y en el nombre del esoterismo..."

La letra G

En el número de noviembre queremos destacar un artículo interesante de Marius Lepage sobre "La letra G". En primer lugar cita lo que dijimos en La Gran Tríada; luego cita varios documentos que fueron publicados recientemente, tanto sobre la Masonería operativa como sobre los primeros tiempos de la Masonería especulativa, de donde parecería concluir que en el grado de Compañero la letra G fue considerada como la inicial de la palabra "Geometría", en tanto que fue tan sólo con el grado de Maestro cuando se la consideró en su significado de "God".

Como ya dijimos muchas veces, no creemos en absoluto en el origen reciente que comúnmente se atribuye al grado de Maestro. En realidad no hay incompatibilidad alguna entre esos dos significados que sólo se superponen uno al otro, tal como frecuentemente sucede en el simbolismo. Por otra parte, tal vez tengamos todavía la ocasión de retornar a esta cuestión.

El simbolismo del punto

En el número de diciembre, un artículo sobre "El simbolismo del punto" firmado por "Timotheus" reúne algunas nociones extraídas principalmente del esoterismo islámico y de la Kábala, y reseña algunos textos de autores occidentales, especialmente de Saint-Martin y Novalis. A los cuales luego los confronta con el reflejo invertido que se encuentra actualmente en el surrealismo, al cual presenta, y no sin cierta razón, como inspirado en la contrainiciación.

Contribución al estudio de los landmarks

El número de febrero de 1949 trae un importante "Contribución al estudio de los landmarks" de G. Mercier. Intenta especialmente resolver la cuestión tan controvertida del número de los landmarks, y el autor piensa con razón que el asunto no tendría solución sino fuera con referencia a la Masonería operativa.

El autor se apoya en los procedimientos utilizados por la Masonería operativa para determinar la orientación y los límites o lindes (sentido original de la palabra landmarks) de un edificio, y concluye, por medio de consideraciones que desafortunadamente nos es imposible resumir, que el número es 22, al mismo tiempo que prepondera su valor simbólico y las múltiples correspondencias que implica. El autor además encuentra una confirmación de los dicho en la figura del "cuadro de dibujos".

Cuerda anudada y borla dentada

De igual autor en el número de marzo, se publica un artículo sobre "Cuerda anudada y borla dentada", tema que se aproxima al de "Cadena de unión" y de los "encuadres", que tratamos nosotros mismos en esta sede (ver números de septiembre y octubre-noviembre de 1947 (V. Símbolos de la Ciencia Sagrada). Ofrece también consideraciones interesantes sobre el simbolismo numérico. A decir verdad, todo ello poco o nada tiene que ver con la "borla dentada", lo cual es en sí inevitable ya que no se sabe exactamente lo que podría haber designado primitivamente, la cual a nuestro entender parecería que más se relaciona con algo comparable al "dosel celeste" de la tradición extremo oriental que con el "tesselated border" de la Masonería inglesa.

El oportunismo del iniciado

En el mismo número, el artículo "La Letra G" trata de "El oportunismo del iniciado" que "no es por cierto sumisión a la moda de la época, ni a la baja imitación de las ideas corrientes" sino que por el contrario consiste en esforzarse por desempeñar, conforme a la noción taoísta, el papel de "rector invisible" con respecto al mundo de las relatividades y de las contingencias.

La tolerancia, virtud iniciática

En el número de abril, el mismo autor considera "La tolerancia, virtud iniciática", la cual nada tiene que ver con esa especie de indiferencia a la verdad y el error que comúnmente se designa con el mismo nombre. Desde el punto de vista iniciático quiere decir que hay que admitir como igualmente válidas todas las diferentes expresiones de la única Verdad, es decir en suma, que debe reconocerse la unidad fundamental de todas las tradiciones.

No obstante y considerando el tan frecuente sentido totalmente profano de la palabra "tolerancia", la cual en sí misma evoca más bien la idea de soportar con una especie de condescendencia aquellas opiniones que no se comparten, ¿no sería mejor intentar hallar otra que no corriera el riesgo de prestarse a semejante confusión?

Albert Lantoine

Este número comienza con una nota necrológica sobre Albert Lantoine, bien conocido historiador de la Masonería. Desafortunadamente no creemos que haya jamás comprendido su sentido profundo y su alcance iniciático. Incluso él mismo declaró de buen grado que no se reconocía competencia alguna en el ámbito simbólico; de todos modos, en el tipo de estudios al que se vincularon sus trabajos, hizo gala de una independencia y de una imparcialidad dignas de los mejores elogios, y éstas son cualidades raras como para que no se le proporcione el debido homenaje.

Psicoanálisis colectivo y simbolismo masónico

En el número de mayo, "Psicoanálisis colectivo y simbolismo masónico" de "Timotheus", se fundamenta en las teorías de Jung a fin de interpretar la idea de tradición y el origen del simbolismo. Como ya demostramos en nuestro reciente artículo sobre "Tradición e inconsciente" (ver número de julio-agosto de 1949) (Recopilado en Símbolos de la Ciencia Sagrada, cap. V) sobre cuán peligrosos errores implican las concepciones de este tipo, es inútil que volvamos a insistir sobre lo mismo, y puntualicemos solamente esto: cuando se llega a poner en relación el surrealismo con la acción de la contrainiciación ¿cómo es posible que no pueda comprenderse que, con mayor razón, lo mismo vale para el caso del psicoanálisis?

La sabiduría 'taoísta' de los ensayos de Montaigne

En este número y en el de junio, François de Menard estudia lo que él llama "La sabiduría 'taoísta' de los ensayos de Montaigne". Quede claro que no es sino una manera de decir, ya que Montaigne ciertamente no pudo tener conocimiento del Taoísmo, e incluso que jamás recibió, sin duda alguna, ninguna iniciación, de manera tal que su "sabiduría", en suma permanece en una orden bastante exterior. No obstante, ciertos "contactos" no dejan de ser curiosos, y además también ya hubo otros que destacaron la extraña similitud entre la forma como se desarrolla el pensamiento de Montaigne y la del pensamiento chino, pues ambos proceden de algún modo "en espiral". Además, es notable que Montaigne haya reencontrado, al menos teóricamente y por sus propios medios, ciertas ideas tradicionales que seguramente no pudieron proporcionarle aquellos moralistas que había estudiado, y que fueron el punto de partida de sus reflexiones.

El hermetismo de Rabelais y el Compañerazgo

En el número de junio, J.H. Probst-Biraben, en "El hermetismo de Rabelais y el Compañerazgo" alude a la cuestión tan enigmática de las relaciones de Rabelais con las herramientas y las organizaciones iniciáticas de su tiempo. Destaca el autor los numerosos pasajes de su obra que parecen contener alusiones a los ritos de la fraternidades operativas, y piensa que el mismo Rabelais debió haber estado afiliado a alguna de ellas, sin dudas en calidad de capellán, lo cual no tiene nada de inverosímil.

Francmasonería y Tradición iniciática

En el número de julio, con el título "Francmasonería y Tradición iniciática", J. Corneloup expone algunas ideas que estima corresponder con el actual desarrollo de ciertas tendencias de restauración del espíritu tradicional en la Masonería. La intención ciertamente es excelente, pero tiene aquí y allá algunos errores: por ejemplo, no debería olvidarse que la Masonería es una forma iniciática propiamente occidental, y que en consecuencia no puede recibir 'injertos" de elementos orientales. A pesar de que pueda considerarse legítimamente recibir una cierta ayuda del Oriente a fin de revivir las tendencias espirituales adormecidas, no es en todo caso la forma en que pueda concebírsela. De todos modos éste es un tema del cual habría mucho por decir y no podemos abordarlo en este momento.

Contribución al estudio de las herramientas

François Menard ofrece una interesante "Contribución al estudio de las herramientas" que, inspiradas en el 'espíritu operativo", podría servir de algún modo de base para una restauración de los rituales del grado de Compañero, en los que se introdujeron múltiples divergencias en cuanto a la cantidad de herramientas que intervienen y del orden como se las enumera. El autor considera cuatro parejas de herramientas: escuadra y compás, mazo y cincel, plomada y nivel, regla y palanca, y en último término una herramienta solitaria, la cuchara, que "corresponde a la misma mano del obrero divino, constructor del mundo".

Acerca del origen de la palabra "Francmasón"

Marius Lepage trata "Acerca del origen de la palabra "Francmasón". En antiguos documentos ingleses se encuentra la expresión "freestone masons" = "albañiles de piedra franca", usada como equivalente de freemasons, de tal manera que ésta última no parecería haber sido más que una abreviatura de la primera. La interpretación más generalmente conocida de "masones libres" no habría sido agregada sino hasta los tiempos del siglo XVII. Pero ¿no será posible acaso que tal doble sentido, bastante natural en suma y por lo demás justificado de hecho, hubiera existido ya desde mucho antes, aunque los documentos escritos no contengan expresamente nada que así lo indique?

Sabiduría e Iniciación

Finalmente en "Sabiduría e Iniciación", "La Letra G", critica muy justamente a aquellos que, en medio de la inestabilidad del mundo moderno, tienen la pretensión de "construir una nueva sabiduría" sobre bases tan inestables como todo lo demás. No puede haber otra sabiduría que la que descansa sobre lo que no padece cambio alguno, vale decir sobre el Espíritu y el puro intelecto, y sólo la vía iniciática permite alcanzarla.

18.- *"The Speculative Mason"* (julio de 1949). El "Speculative Mason" dedica una gran parte de su número de julio de 1949 a un importante estudio que, tomando como punto de partida un artículo de Marius Lepage en el "Symbolisme" (véase nuestra recensión en el número de diciembre de 1949), aporta informaciones inéditas y muy interesantes sobre la cuestión de la "letra G", así como sobre sus relaciones con la esvástica en la Masonería operativa; no insistiremos al respecto de momento, pues nos proponemos volver sobre ello en un número especial. –En el mismo número, un artículo sobre las "dimensiones del Templo" consideradas desde el punto de vista astrológico, contiene consideraciones bastante curiosas, pero quizás un poco influidas por ciertas concepciones "neo espiritualistas". – Señalaremos aún una exposición sobre el "prejuicio del color" en la Masonería americana, dando precisiones históricas poco conocidas y cuya naturaleza causará cierta sorpresa en todos los que no están al corriente de la cuestión.

ABRIL-MAYO DE 1950

19.- Sobre artículos de "Masonic Light" de Montreal.

Varios

En el número de septiembre de 1949 encontramos un artículo sobre los emblemas descubiertos en el antiguo "Collegium" de los Masones operativos de Pompeya, y en otro que presenta, pero sin resolverla, la cuestión de saber quién fue el sucesor inmediato de Salomón como Gran Maestre de la Masonería.

The Honorable Fraternity of Ancient Masonry

Queremos destacar también la reproducción de extractos de un folleto publicado por una organización inglesa denominada "The Honourable Fraternity of Ancient Masonry" proveniente de uno de los cismas que se produjeron en la "Co-Masonry", y que a continuación vino a ser exclusivamente femenina. Lo más curioso es que los que redactaron el folleto estaban tan mal informados sobre los orígenes de su propia organización como para creer que María Deraismes hubiera recibido la iniciación en la Gran Logia Simbólica Escocesa, con la cual ni ella ni el "Droit Humain" que fundara, y cuya rama sajona es la "Co-Masonry", no tuvieron jamás relación alguna, y que por otra parte no se transformó en "mixta" sino mucho tiempo después. La verdad es que María Deraismes fue iniciada en una Logia dependiente del Gran Oriente de Francia, que incluso fue puesta en sueño por semejante irregularidad.

También es singular que los dirigentes de dicha organización hubieran podido ilusionarse hasta el punto de enviar a la Gran Logia de Inglaterra en 1920 una solicitud de reconocimiento, en la cual pretendían asimilar la admisión de mujeres a que las mismas habían logrado en ese entonces el acceso a determinadas carreras profanas que anteriormente les estaban vedadas. Les fue contestado con una cortés pero muy firme desaprobación, y evidentemente no podía haber sido de otro modo.

Simbolismo de la Estrella Flamígera

En el número de octubre, mencionaremos un artículo acerca del simbolismo de la Estrella Flamígera, cuyo principal interés son las numerosas divergencias de interpretación y aun de figura que muestra. Por ejemplo, desde el momento que la Enciclopedia de

Mackey se dice que la Estrella Flamígera no debe confundirse con la estrella de cinco puntas, se está implicando que debiera representarse con seis puntas. En efecto, algunas veces es así, y sin duda es lo que permitió presentarla como un símbolo de la Providencia, así como la de asimilarla a la estrella de Belén, ya que el sello de Salomón también se lo designa como la "Estrella de los Magos". Todo lo cual no deja de ser un error, porque la estrella de seis puntas es un símbolo esencialmente macrocósmico, mientras que la de cinco es microcósmico.

Ahora bien, el significado de la Estrella Flamígera es un símbolo microcósmico, y hay algunos casos donde no podría asumir otro, como cuando está representada entre la escuadra y el compás (Ver La Gran Tríada, cap.XX).

Por otra parte cuando se enfoca la cuestión desde un punto de vista propiamente cósmico, la muy extraña identificación de la Estrella Flamígera con el Sol constituye otra deformación, que además fue voluntaria, ya que el hecho está conectado manifiestamente con la transformación de un simbolismo primitivamente polar, en uno solar.

En realidad, la Estrella Flamígera no puede identificarse sino con la estrella polar, y la letra G inscrita en su centro es por lo demás prueba suficiente de ello, como ya tuvimos ocasión de indicarlo (ver también La Gran Tríada, cap XXV), y como lo confirman todavía las consideraciones expuestas en el estudio de "The Speculative Mason" mencionado anteriormente.

ABRIL-MAYO DE 1950

20.- *"The Speculative Mason"*.Old Charges y el nombre de Hiram

En el número de octubre de 1949, luego de consideraciones generales sobre el contenido de los manuscritos de las Old Charges, de las que se conocerían aproximadamente un centenar, y de haber acentuado las indicaciones que tienen respecto a la existencia de un secreto, indicaciones que no podrían evidentemente ser muy explícitas en una documentación escrita y "semipública", estudia más especialmente la cuestión del nombre asignado al arquitecto del Templo de Salomón. Cosa curiosa, este nombre jamás es el de Hiram; en la mayor parte de los manuscritos es, ya sea "Amón", ya sea alguna otra forma que parecería no se más que una corrupción del mismo.

Parecería entonces que el nombre de Hiram no fue más que un sustituto tardío, probablemente porque lo menciona la Biblia, la cual en realidad no le atribuye la cualidad de arquitecto, en tanto que en ninguna parte de la Biblia es cuestión de Amón. Lo que también es extraño es que Amón en hebreo tiene precisamente el sentido de artesano y de arquitecto: podríamos preguntarnos si un nombre común fue tomado por nombre propio, o si por el contrario tal denominación fue atribuida a los arquitectos porque correspondía primitivamente al nombre del arquitecto que edificó el Templo.

De todos modos esta raíz, de donde claramente deriva también la palabra amén, expresa tanto en hebreo como en árabe, las ideas de firmeza, constancia, fe, fidelidad, sinceridad, verdad, que se adaptan muy bien al carácter atribuido en la leyenda masónica al tercer Gran Maestre.

En cuanto al nombre del dios egipcio Amón, a pesar de su forma idéntica, tiene un significado diferente, de "oculto" o de "misterioso". Podría ser que en el fondo existiera entre todas estas ideas más relación de lo que pudiera parecer a primera vista. En todo caso, es por lo menos curioso comprobar que las tres partes de la palabra de

Royal Arch, a la cual aludimos en uno de nuestros estudios ("Palabra perdida y palabras sustituidas" en el número de octubre-noviembre de 1948) y que se consideran representan los nombres divinos de las tradiciones hebrea, caldea y egipcia, en la Masonería operativa se relacionaban respectivamente en este orden, a Salomón, a Hiram Rey de Tiro, y el tercer Gran Maestre, lo que podría llevar a pensar que la conexión "egipcia" sugerida por el antiguo nombre posiblemente no sea puramente accidental.

A este propósito agregaremos otra observación que tampoco carece de interés: se ha supuesto que Amón, presentado como un nombre divino, era en realidad el nombre de una ciudad, y que el sentido provino de la confusión entre una divinidad y el lugar en donde se la adoraba. No obstante y bajo un forma apenas diferente, y aún bastante similar teniendo en cuenta la indeterminación de las vocales, el nombre encaja realmente en la composición de uno de los nombres de Osiris, que incluso se dice ser el "nombre regio", y adopta propiamente el sentido de "ser", lo que es todavía más singular, al igual de la palabra griega de la cual es casi un homónimo, y que según algunos podría haber contribuido asimismo a la confusión.

No queremos extraer de todo esto ninguna conclusión, aunque más no sea porque en las cuestiones de este tipo puede que no se deba confiar excesivamente en soluciones que parecen demasiado simples al no examinarse las cosas con mayor atención.

Entre los otros artículos, señalaremos uno titulado The Tables of King Salomon and King Arthur; las "mesas" de que se trata tienen las dos un mismo simbolismo astronómico, y la prioridad es aquí reivindicada por la de Arturo, porque es identificada al Zodíaco arcaico de Somerset, cuyo origen sería muy anterior a la época de Salomón; pero, a decir verdad, esta cuestión de prioridad nos parece que pierde mucha de su importancia si se trata, como pensamos, de representaciones derivadas de un mismo prototipo, sin ninguna filiación directa de una a otra. –Mencionemos aún reflexiones diversas sobre el simbolismo de la Mark Masonry, y un artículo titulado The A. B. C. of Astrology, que da un esbozo de las características de los planetas y de los signos zodiacales, introduciendo ahí además ciertos puntos de vista modernos que demandarían más de una reserva.

La rama de Acacia y la Regla de 24 pulgadas

21.- En el Masonic Light de noviembre de 1949 hay dos artículos consagrados a cuestiones de simbolismo.

Uno aborda el tema de la rama de acacia, símbolo de inmortalidad, y también, según el significado griego del nombre, de inocencia ("Akakia", "Acacia" y literalmente, "no maldad", N. del T.). En cuanto referido a la iniciación no pensamos que pueda considerárselo con total propiedad como un tercer sentido, ya que la iniciación está directamente vinculada con las ideas de resurrección e inmortalidad.

El otro artículo se refiere a la regla de 24 pulgadas. Puntualicemos que, si bien en ciertos países se adoptó más o menos recientemente el sistema métrico decimal, no por ello se debe modificar en los rituales la indicación de esta medida, que en sí misma tiene un valor tradicional. Por otra parte el autor señala que la regla figura en todas partes como una de las herramientas del primer grado. Esto es exacto, pero además olvidó completamente destacar su función en el ritual del tercer grado, cuando es justamente éste el que hace aparecer más claramente su relación simbólica con la jornada dividida en 24 horas.

Señalemos además que la división en tres grupos de ocho horas, a pesar de mencionarse en ciertas instrucciones a los recién iniciados, no representa en suma más que una 'utilización del tiempo' bastante banal, constituye uno de los ejemplos de aquella tendencia "moralizante" que desafortunadamente prevaleció en la interpretación habitual de los símbolos.

La división en dos series de doce, correspondiente a las horas del día y a las de la noche (como en la cantidad de letras que componen las dos partes de la fórmula shahâdah islámica) ciertamente daría lugar a consideraciones mucho más interesantes.

Por lo que respecta a la equivalencia más o menos aproximada de la pulgada inglesa con la antigua pulgada egipcia, aparece sin lugar a dudas como muy hipotética: las variaciones sufridas por las medidas que se designan con los mismos nombres, según los países y las épocas, no parecen haber sido estudiadas tal como lo hubieran merecido, y debe reconocerse que semejante estudio no carecería de dificultades, cuando se sabe exactamente lo que fueron, por ejemplo, las diferentes especies de codos, pies y pulgadas que se utilizaron, incluso a veces simultáneamente, entre ciertos pueblos de la antigüedad.

Logias transformadas en Trade Unions

Entre los artículos históricos, destacaremos uno en el que se exponen los hechos que condujeron, entre 1830 y 1840, a ciertas Logias operativas inglesas a renunciar a todo carácter masónico y a transformarse en simples "Trade Unions". Nos preguntamos si no será ésto lo que explicaría que en los rituales operativos, hacia tal época, se produjeran ciertas lagunas reparadas por otra parte posteriormente, pero sobre todo a lo que parece con la ayuda de los rituales de la Masonería especulativa.

Por curiosa coincidencia, en el transcurso del siglo XIX, en Francia, sucedió algo parecido con los rituales del Compañerazgo, que se remedió también de la misma forma, lo que por otra parte puede arrojar algunas dudas respecto de la antigüedad de lo que dichos rituales, tal como existen actualmente, presentan en común con los de la Masonería, y que al menos parcialmente puede no ser más que una consecuencia de dicha reconstitución.

JULIO-AGOSTO DE 1950

La orientación de los edificios sagrados

22.- *"The Speculative Mason"* (número del primer trimestre de 1950) contiene un buen artículo sobre la orientación de edificios, más específicamente, de los templos e iglesias, casos en los que las consideraciones "utilitarias", con las que los modernos pretender explicar todo, carecen evidentemente de todo valor. No obstante hubiera sido mejor indicar con mayor claridad que en las civilizaciones tradicionales no había diferencia alguna entre la orientación de templos e iglesias y la de las casas y ciudades. El "utilitarismo" pudo introducirse con el punto de vista profano que invadió todo poco a poco hasta el punto que, en los tiempos modernos, la orientación misma de los edificios sagrados, considerada "inútil", terminó por quedar completamente olvidada.

Acerca de los "regentes" de los cuatro puntos cardinales, nos parece que hubiera sido muy fácil hallar otros a quien citar, cuya autoridad fuera superior a la de H. P. Blavatsky. De todos modos estamos totalmente de acuerdo con el autor cuando se pregunta:

"¿Cuál es el valor de un fenómeno físico cualquiera si no nos condujera a su contrapartida de orden superior?" En efecto aquí está la diferencia esencial entre ciencia tradicional y ciencia profana de los modernos, y es precisamente por ello que ésta no tiene el menor valor real como "conocimiento".

Varios

Señalemos también un artículo sobre el simbolismo del centro considerado como "el punto a partir del cual no se puede errar"; otros dos sobre el significado del ritual, desafortunadamente ambos demasiado sumarios, y algunas impresiones sobre el Mark Degree.

Order of the Eastern Star

23.- En la revista "*Masonic Light*" (número de diciembre de 1949) destacamos un artículo sobre la "Order of the Eastern Star", organización femenina reservada a las esposas, madres, hermanas e hijas de masones, que sin embargo no pretende tener ningún carácter masónico; y otro artículo sobre Shakespeare y la Masonería, que es un análisis del ya viejo libro de Alfred Dodd, Shakespeare Creator of Freemasonry que ya reseñamos aquí en su momento.

Regularidad masónica

En el mismo número hay un estudio consagrado a varios puntos relativos a la cuestión de la regularidad masónica. Los masones de los diferentes países están evidentemente muy lejos de estar de acuerdo sobre lo que debería o no ser considerado esencial respecto de la regularidad, y por lo demás se sabe que jamás se estableció de manera definitiva una lista verdaderamente autorizada de los landmarks.

Historia de la arquitectura

El número de marzo contiene un resumen de la historia de la arquitectura, en el cual que se destacan algunas consideraciones interesantes. Pero el artículo resulta demasiado "simplista", y además muy poco conforme con el espíritu tradicional toda vez que quiere explicar, por medio de una serie de factores puramente externos, las diferencias de la arquitectura a través del tiempo y de los países. Por otra parte, el autor no parece tener idea alguna del papel esencial desempeñado por la imitación de un "modelo cósmico" en toda arquitectura tradicional, y sin embargo es allí en primer lugar de donde ella extrae su valor iniciático, sin el cual la misma iniciación masónica no podría evidentemente haber existido jamás.

Voltaire

Una pequeña observación accesoria: ¿por qué razón, en un epígrafe reproducido en el encabezamiento de cada número, se presenta a Voltaire (que por lo demás no debería especialmente ser citado invocando su cualidad masónica, puesto que fue iniciado "honoris causa" nada más que algunos meses antes de su muerte) como miembro de la "Logia de las Siete Hermanas"? ¿No parece mas bien que las Musas siempre fueron nueve!

Reseñas de libros

1.- Pierre Lhermier. *Le mystérieux Comte de Saint-Germain, Rose-Croix et diplomate.* Editions Colbert, Paris). –Este libro, publicado tras la muerte de su autor, es un estudio histórico bastante superficial y que, a decir verdad, no aclara mucho el "misterio" de que se trata. El Sr. Lhermier expone primero las múltiples hipótesis emitidas respecto al conde de Saint-Germain; él no se pronuncia por ninguna, pero parece sin embargo inclinarse por admitir que podía pertenecer a la familia de los Estuardo, o al menos a su entorno. Una de las razones que aporta reposa, por otra parte, sobre una confusión bastante sorprendente: "Saint-Germain era Rosa-Cruz, escribe textualmente, es decir, que pertenecía a la Francmasonería de rito escocés, de tendencia católica y estuardista... " ¿Hay que decir que la Masonería "jacobita" no era en absoluto el rito escocés y no comportaba ningún grado de Rosa-Cruz, y también, por otro lado, que este grado, a pesar de su título, nada tiene que ver con el Rosacrucismo del que Saint-Germain habría sido uno de los últimos representantes conocidos? La mayor parte del volumen está dedicada al relato entremezclado de anécdotas diversas de los viajes en el curso de los cuales el héroe habría cumplido, por cuenta de Luis XV, misiones secretas en relación con diversos asuntos políticos y financieros, en todo ello, hay también puntos dudosos, y no se trata, en todo caso, más que del lado más exterior de esta existencia enigmática. Señalemos que, según el autor, ciertos dichos extraordinarios, mantenidos por Saint Germain, especialmente respecto a la edad que se atribuía, deberían en realidad cargarse en la cuenta de un mistificador denominado Gauve, que se hacía pasar por él, parece, por instigación del duque de Choiseul, el cual quería desacreditar así a un hombre en quien veía un peligroso rival. Pasaremos de la identificación de Saint-Germain con algunos otros personajes misteriosos, así como sobre muchas otras cosas más o menos hipotéticas; pero debemos al menos remarcar que se le presta, a fe de algunos indicios más bien vagos, una especie de filosofía "panteísta" o "materialista" ¡que no tendría ciertamente nada de iniciático! En las últimas páginas, el autor vuelve sobre lo que llama "la secta de los Rosa-Cruz", de manera que parece un poco contradictoria con la aserción que antes citábamos; como habla además según fuentes tales como la Sra. Besant y F. Wittemans, incluso Spencer Lewis, Imperator de la A.M.O.R.C., sin contar a cierto "Fr. Syntheticus, R. C., escritor ocultista cuya obra hace ley"(!), no hay que sorprenderse de las nociones prodigiosamente confusas, y que, incluso desde el punto de vista histórico al cual quiere atenerse, lo que dice apenas tiene relación con la verdad. Ello prueba todavía una vez más que cierto escepticismo no es siempre lo que mejor garantiza librarse del peligro de aceptar sin control las peores fantasías; algunos conocimientos tradicionales, aunque fuesen de orden elemental, serían sin duda mucho más eficaces a este respecto.

2.- G. De Chateaurhin. *Bibliographie du Martinisme.* (Derain et Raclet, Lyon). –Esta bibliografía (cuyo autor nos parece que tiene un estrecho parentesco con el Sr. Gérard van Rijnberk, del cual examinamos en su tiempo la obra sobre Martines de Pasqually comprende bajo la denominación común de "Martinismo", según el hábito establecido sobre todo por ocultistas contemporáneos con su ignorancia de la historia masónica del siglo XVIII, varias cosas totalmente diferentes en realidad: la Orden de los Elegidos Cohen de Martines de Pasqually, el régimen Escocés Rectificado con J.-B. Willermoz, el misticismo de L.-Cl. de Saint-Martin, y en fin el Martinismo propiamente dicho, es decir, la organización reciente fundada por Papus. Pensamos que habría sido preferible dividirla en secciones correspondientes a tan diferentes temas, más bien que en "obras dedicadas especialmente al Martinismo" y "obras en las cuales se trata del Martinismo incidentalmente", la cual habría podido ser más bien una simple subdivisión de cada una de tales secciones; en cuanto a las "fuentes doctrinales" que aquí son mencionadas aparte, son únicamente los escritos de Martines de Pasqually y de L.-Cl. De Saint Martin, y, de hecho, no podía haber otros. Habría sido bueno también el marcar de alguna forma, sobre todo para las obras recientes, una distinción entre las que tienen un carácter, sea martinista, sea masónico, las que al contrario están escritas con un espíritu de hostilidad (sobre todo son obras antimasónicas), y las que se colocan en un punto de vista "neutro" y puramente histórico, el lector así habría podido orientarse mucho más fácilmente. La lista nos parece en suma bastante completa, bien que el Discurso de Iniciación de Stanislas de Guaita, que hubiese merecido un lugar, esté ausente; pero no vemos verdaderamente muy bien qué interés había en hacer figurar esta inverosímil mistificación que se llama El Diablo en el siglo XIX (sin mencionar además el folleto titulado El Diablo y el Ocultismo que Papus escribió en respuesta), tanto más cuanto que, por el contrario, se ha desdeñado citar el Lucifer desenmascarado de Jean Kostka (Jules Doinel). Donde el Martinismo es sin embargo tratado más directamente.

3.- Dr. R. Swinburne Clymer. *The Rosicrucian Fraternity in America. Vol. II* ("The Rosicrucian Fondation", Quakertown, Pennsylvania). –Hemos reseñado precedentemente (nº de abril de 1937) el primer volumen publicado bajo este título; en cuanto al segundo, que es verdaderamente enorme (¡más de mil páginas!) Las circunstancias no nos han permitido aún hablar de él hasta aquí. El principal adversario del Dr. Clymer, el Imperator de la A.M.O.R.C., ha muerto entre tanto, pero evidentemente ello no quita nada del interés que presenta esta obra desde un especial punto de vista, puesto que se trata de un caso típico de charlatanismo seudo iniciático, al cual vienen incluso a añadirse, como ya hemos explicado, influencias de un carácter todavía más sospechoso. Hay que reconocer, por lo demás, que, como otros ya han notado antes, el Dr. Clymer daña mucho su causa al emplear demasiado frecuentemente un lenguaje "argótico" e injurioso, del cual lo menos que puede decirse es que carece totalmente de dignidad; pero poco nos importa en el fondo, pues en absoluto estamos tentados de tomar partido en semejante querella. Como quiera que se pudiese pensar de lo bien fundado de sus pretensiones, su exposición es en todo caso muy "instructiva" en diversos aspectos: así, puede verse, entre otras cosas cómo un abogado puede entenderse con el de la parte adversaria para arreglar un asunto con la ignorancia de su cliente y en detrimento de los intereses de éste; y es desgraciadamente probable ¡que tales costumbres no sean particulares de América! Por otra parte, es verdaderamente difícil, repitámoslo aún a este propósito, comprender cómo organizaciones que se dicen iniciáticas pueden llevar así sus diferendos ante una jurisdicción profana; incluso si no lo son realmente, ello no cambia nada al respecto, pues, en buena lógica, deberían al menos comportarse como si lo fueran. Ocurre necesariamente una de estas dos cosas: o bien el juez es profano el mismo, y entonces es incompetente por definición, o bien es Masón, y, como cuestiones masónicas están tan mezcladas en todas estas historias, él debe, entre sus obligaciones de discreción iniciática y los deberes de su cargo público, encontrarse en una situación más bien falsa y singularmente apurada... Con relación a las cuestiones a las que aludimos, debemos destacar que el Dr. Clymer tiene sobre la regularidad masónica ideas de todo punto especiales: de dos organizaciones parecidamente irregulares, y además del mismo origen, él no tiene más que elogios para una, mientras que colma a la otra de injurias y denuncias; la razón de ello es muy simplemente que la primera se ha adherido a su propia "Federación" y la segunda a la "Federación" rival. Tales motivos sobre todo mezquinos no quitan, a decir verdad, para que la documentación concerniente a esta última, denominada F.U.D.O.S.I., es decir, Federatio Universalis Dirigens Ordines Societatesque Initiationis (¡qué latín!), sea, siempre desde el mismo punto de vista, una de las cosas más interesantes entre todas las que contiene el libro; ¡cuán edificantes son las actuaciones de esos medios supuestamente "fraternales"! Hemos reencontrado ahí viejos conocidos, entre los cuales algunos supervivientes del antiguo movimiento ocultista francés, que parece no querer decidirse a desaparecer del todo.. Naturalmente, es cuestión de nuevo de Theodor Reuss, alias "Frater Peregrinus", de Aleister Crowley y de su O.T.O, sin hablar de muchos otros personajes (reales e imaginarios) y de otras agrupaciones de un carácter no menos extraño; todo ello, que no podría resumirse, constituye una importante recopilación de documentos que debería consultar cualquiera que se proponga escribir algún día con detalle la fantástica historia de las seudo iniciaciones modernas.

4.- Albert Lantoine. *Les Sociétés secrèts actuelles en Europe et en Amerique.* (Presses Universitaires de France, Paris). Este pequeño volumen, que estaba presto para aparecer en Francia en 1940, pero cuya salida se ha retardado cinco años por los acontecimientos, forma parte de una colección que está evidentemente destinada al "gran público", lo que explica su carácter un poco superficial. Se encuentra sin embargo una muy loable distinción entre "sociedades secretas iniciáticas" y "sociedades secretas políticas", de donde su división en dos partes "que nada tienen en común entre ellas salvo la similitud de sus etiquetas". En cuanto a decir que las primeras se distinguen de las otras en que "la solidaridad no es en ellas de orden sentimental, sino de orden espiritual", ello es sin duda justo, pero insuficiente, tanto más cuanto que lo "espiritual" parece no ser concebido aquí más que como un simple asunto de "pensamiento", lo que está muy lejos del verdadero punto de vista iniciático; en todo caso, la cuestión es mucho más compleja de hecho, y nos permitimos remitir a lo que hemos dicho en nuestro Apreciaciones sobre la Iniciación (cap. XII). Por otro lado, nos es absolutamente imposible compartir ciertos puntos de vista sobre una pretendida oposición entre la religión y todo lo que tiene un carácter secreto en general e iniciático en particular; una distinción clara entre el exoterismo y el esoterismo basta para poner cada cosa en su sitio y hacer desaparecer toda oposición, pues la verdad es que se trata de dos dominios enteramente diferentes. –La primera parte comienza con un corto capítulo sobre las "pequeñas sociedades iniciáticas", cuya ausencia no habría hecho perder nada a la obra, pues los pocos datos que contiene están tomados de fuentes muy profanas, y, además, aparece ahí una frase más bien desgraciada, que parece admitir las pretensiones de las organizaciones seudo iniciáticas de todo género: ciertamente ¡no es por el hecho de que un grupo practique un simulacro o una parodia de iniciación por lo que tiene el derecho de decirse iniciático! Añadamos seguidamente que el capítulo sobre el Compagnonnage, bien que no incluyendo nada inexacto, es también lamentablemente insuficiente; ¿se lo considera como "cosa del pasado", luego "inactual" y por eso no se ha juzgado oportuno concederle más lugar en este libro? Lo que hay de más interesante y mejor hecho, es ciertamente el resumen de la historia de la Masonería en Europa y más particularmente en Francia, y esto se comprende sin dificultad, puesto que se trata en cierto modo de la "especialidad" del autor; pero lo que concierne a los orígenes está terriblemente simplificado; ¿y por qué siempre esta especie de temor a remontarse más allá de 1717? En cuanto a la Masonería americana, es evidente que el autor sólo tiene un conocimiento bastante incompleto; para los altos grados especialmente, parece ignorar todo lo que no es el Rito Escocés Antiguo y Aceptado, que sin embargo está muy lejos de ser el más extendido en los países anglo-sajones... Se encontrará también en este libro, para América, algunas indicaciones históricas sobre los Old Fellows y los Knights of Pythias, así como sobre ciertas asociaciones de negros cuyo carácter es bastante mal definido: aquí aún, reencontramos la molesta tendencia a creer que basta que la admisión de los miembros se acompaña de "ceremonias" para que sea permisible hablar de iniciación. –La segunda parte, dedicada a las "sociedades secretas políticas", pasa revista, para Europa, a las sociedades irlandesas, los Comitadjis de Macedonia, los Ustachis de Croacia; para América, los "Caballeros de Colón", la Orden de los Hiberniens, el Ku-klux-Klan (del que por lo demás se dice muy poca cosa), las sociedades judías y algunas otras organizaciones de menor importancia. –La conclusión tiene un tono "despegado" e incluso un poco escéptico, que es más bien decepcionante; pero, a fin de cuentas, quizás es casi inevitable que sea así entre aquellos que, en el estado actual de las organizaciones iniciáticas occidentales, no han logrado descubrir lo que es verdaderamente la iniciación.

5.- John Charpentier. *L´Ordre des Templiers.* ("La Colombe", Paris). El autor de este libro ha publicado recientemente algunas novelas en las cuales hace jugar a los Templarios, o a sus continuadores reales o supuestos, un papel que parece testimoniar ideas sobre todo singulares aeste respecto; también nos temíamos reencontrar aquí fantasías del mismo género, pero felizmente no hay nada de eso: se trata esta vez de un estudio histórico hecho seriamente, lo que ciertamente vale mucho más. Lo que hay que lamentar solamente, tanto más cuanto que se trata del lado más interesante de la cuestión, es que resulta casi imposible comprender cuál es el pensamiento exacto del autor en lo que concierne al esoterismo de los Templarios: en el origen, no abría habido entre ellos "ningún esoterismo" (pero la caballería misma, en general, ¿no tenía sin embargo cierto carácter iniciático? Se habría introducido el esoterismo más tarde ¿pero, de dónde habría venido? Del Oriente sin duda; sin embargo, de sus relaciones con los Ismaelitas, no habrían recogido apenas sino la idea de cierta jerarquía de grados (que, por lo demás, parece aquí confundirse con las funciones) y la de un "universalismo pacifista" (sic) que es quizás, la concepción del Imperio tal como Dante la expuso. Discutiendo la cuestión de la pretendida "herejía" de los Templarios, J. Charpentier utiliza ampliamente los artículos de Probst Biraben y Maitrot de la Motte-Capron: como ya hemos examinado estos con detalle (nº de octubre-noviembre de 1945), no volveremos sobre ello. Él no cree que hayan sido realmente heréticos, pero admite que hayan podido ser "gnósticos"; remarca además muy justamente, a este propósito, que "bajo esta etiqueta se encuentran reunidas muchas nociones heteróclitas, sin relación unas con otras, y a veces incluso inconciliables" y que además, "no se posee apenas sobre el gnosticismo otras informaciones que las proporcionadas por sus adversarios". Pero he aquí ahora que las cosas se complican extrañamente: por una parte, es al gnosticismo valentiniano al que "los Templarios se vinculan lejanamente"; por ora parte, "para hablar del gnosticismo de los Templarios, haría falta que hubiese existido una gnosis activa en la época en la cual vivieron", lo que no ocurría. Por añadidura, no debía tratarse de una doctrina, pues "no se ha recogido ningún testimonio probatorio", y los Templarios, "no se han hecho propagandistas (?) más que de ideas sociales y políticas fundadas sobre la solidaridad". Sin embargo, habría habido entre ellos una transmisión oral (pero de que alcance?) Finalmente, se encuentra que poseían un esoterismo de origen pitagórico, sin que se pueda adivinar de dónde y cómo lo han recibido; ¡es verdaderamente difícil el orientarse en todo eso! No comprendemos muy bien tampoco cómo se puede pensar que el "Joanismo" procede, no de San Juan Evangelista, sino de San Juan Bautista; pero, por lo referente al Pitagorismo, señalaremos que es quizás en las relaciones de los Templarios con las corporaciones de constructores (que no son mencionadas aquí más que incidentalmente) donde se podría encontrar la clave del enigma... en un último capítulo se trata de la Masonería "templaria", que es "liquidada" de manera verdaderamente muy sumaria (y notemos de pasada el curioso lapsus que le ha hecho escribir "Magnus Grecus" en lugar de "Naymus Grecus"), después de los neotemplarios de Fabré-Palaprat; y aquí hemos sentido viva sorpresa viéndonos nombrado entre los que "han acreditado la tesis según la cual ¡Larménius habría sido el legítimo sucesor de Molay! Ahora bien, en tanto que podamos recordar, jamás hemos escrito en ninguna parte una sola palabra sobre la cuestión; y, en todo caso, estaríamos tanto menos tentado a sostener esta tesis, cuanto que no estamos del todo seguros de que dicho Larmenius haya existido realmente pues tenemos por extremadamente sospechoso todo lo relacionado con él y comprendido el "alfabeto secreto", proveniente de una fuente neotemplaria; esperamos que se tendrá a bien, en su momento, tener en cuenta esta rectificación.

René Guénon

ANEXOS

René Guénon

Capítulo I

LA ESTRICTA OBSERVANCIA
Y LOS SUPERIORES INCÓGNITOS

Publicado originalmente, sin firma, en La France Antimaçonnique, números
del 20 de noviembre y 4 de diciembre de 1913 y retomado en Études
Traditionnelles, junio de 1952.

N uestras investigaciones sobre el Régimen Escocés Rectificado nos han conducido a emprender, como indispensable complemento, un estudio sobre la Estricta Observancia, tan profundamente como lo permite un asunto tan obscuro, y que propició tantas controversias. Mientras se publica dicho estudio, consideramos interesante ofrecer los documentos que aparecieron en otra parte sobre el tema, relacionándolos con los que ya conocíamos.

En primer lugar destaquemos en la "Bastille" del 6 y del 13 de septiembre de 1913, un notable artículo titulado "Algunos impostores F. ·. M.·. : Strack y Coucoumous" de Benjamin Fabre, autor de la reciente obra sobre Franciscus, Eques a Capite Galeato. Se habla ahí especialmente de los Clérigos de Lata Observancia, sobre lo cual dijimos algunas palabras a propósito del Rito fundado en Malta en 1771 por el mercader jutlandés Kolmer. He aquí en qué términos Eques a Capite Galeato habló "como uno de los comisarios de los Archivos de los 'Philatethes'"[130] acerca de los Clérigos de Lata Observancia[131]:

"Estos 'Clérigos' constituyen todavía un problema para quien sea observador imparcial. Se ha dicho que fueron los 'Jesuitas'(!) quienes, queriendo perpetuarse secretamente, formaron la 'clase eclesiástica del orden interior del Régimen de la Estricta Observancia'[132].

Se ha dicho que se trató de una nueva "Confederación" que, impulsada por motivos de orgullo y de codicia, quería dominar en dicho Régimen por medio de algunas formalidades y algunas ideas científicas recogidas de los manuscritos y de los raros libros de los Rosa-Cruz del siglo XVII[133].

---

[130] Él mismo fue secretario general de la "Asamblea General de Paris" en 1785, y en tal oportunidad fue encargado, en primer lugar a él solamente y luego junto con el H∴ barón de Gleichen, de iniciar contactos con Cagliostro para sondear sus intenciones. Sin embargo es importante observar que partió precipitadamente no bien se le encargó de escribir cierta carta a la "Logia Madre del Rito Egipcio", y se lo tuvo que reemplazar por el H∴ de Beyerlé ("*Eques a Fascia*" en la "Estricta Observancia"). Los documentos relativos a este asunto de Cagliostro en la "Asamblea General Masónica de Paris" fueron publicados por el H∴ Thory en sus *Acta Latomorum*, tomo II, pág.102-127.

[131] O "de la Alta Observancia"(?) según Thory (ídem, tomo I, pág.103).

[132] El H∴ Ragon y varios otros autores masónicos, inclusive el H∴ Limousin, se encargaron de propagar esta leyenda, así como aquella otra que atribuye a los Jesuitas la creación de la "Estricta Observancia". El H∴ de Ribeaucourt se refiere también a los "Superiores Incógnitos", de "jesuítica memoria". En efecto se ha pretendido que las iniciales S. I. (o S. J.) (N. d. T. "Superieures Inconnus" en francés) deberían interpretarse por "*Societas Iesu*", y hasta se llegó a crear una especie de juego de palabras, probablemente a sabiendas, sobre "*Clerici*", término que hubiera debido interpretarse más bien en el sentido de "sabios", poseedores de ciertos conocimientos particulares, en lugar de aquel de "eclesiásticos". Algunos llegaron hasta ver igualmente a los Jesuitas en el origen del "Gran Oriente de Francia". En verdad parece tratarse de una verdadera obsesión.

[133] Se trata de los "Rosacrucianos" que publicaron hacia 1610 la *Fama Fraternitatis*, seguido por otros varios manifiestos, que Descartes buscó vanamente por toda Alemania. Muchas sociedades modernas con pretensiones iniciáticas, no se fundamentan más que sobre el

Se ha dicho que era el 'Clero de la Orden de los Antiguos Templarios' que se habrían perpetuado, y que, con exclusión de los simples 'caballeros', poseían 'la doctrina y la práctica de las Ciencias Ocultas, de las que cada uno extendía el catálogo según el alcance de sus ideas, y según sus propios gustos'[134].

En realidad estos "Clérigos" favorecían cualquier opinión que uno quisiera formularse sobre ellos, dada la ambigüedad de sus respuestas, de su constitución y de la astucia de su conducta". Y Benjamín Fabre agrega: "La finalidad que perseguían habría sido la de 'superponerse' al Régimen de la Estricta Observancia[135] para asumir la dirección de sus Logias establecidas en toda Europa, e

---

estudio de las doctrinas y de las teorías contenidos en tales escritos. Sus adeptos (?) creen de esta manera vincularse "místicamente' con quienes fueron sus autores. Las tendencias de éstos fueron muy claramente "protestantes" y "antipapistas", hasta tal punto que Krauzer interpretó las tres letras F.R.C. ("*Frater Rosaecrucis*") por "*Frater Religionis Calvinistae*", "puesto que decoran sus obras con textos apreciados por los Reformistas" (citado por Sédir, *Histoire des Rose-Croix*, pág.65). Tal explicación puede ser, si no más exacta literalmente, al menos más adecuada que aquella otra que identifica a los "Superiores Incógnitos" con los Jesuitas, o que la opinión del H∴ Ragon que atribuye a los mismos Jesuitas la invención del grado masónico que lleva precisamente el nombre de "Rosacruz".

[134] Queremos destacar este pasaje por ser particularmente importante por lo que concierne a la "adaptación" de la enseñanza iniciática a las capacidades, intelectuales u otras, de cada uno de aquellos que eran admitidos. Ciertos ocultistas contemporáneos, perseguidos siempre por la misma obsesión, sostiene que los verdaderos sucesores de los "Templarios" en esa época fueron los "Jesuitas", que habrían retomado por su cuenta el plan de venganza contra la Realeza, y cuyos agentes más activos en tal empresa habrían sido Fénelon(!) y Ramsay (ver Papus, *Martinésisme, Willermosisme, Martinisme et Franc-Maçonerie*", pág. 10-11). Bajo la influencia de semejantes ideas se llegó, contra toda verosimilitud, a convertir a los Jesuitas en los inspiradores y jefes secretos de las "Iluminados de Baviera". Es cierto por otra parte que ni siquiera se vacila en presentar al barón von Hundt como "el creador de la Alta Masonería alemana" o "Iluminismo alemán" (ídem, pág. 67). ¡Singular manera de escribir la historia!

[135] Como este último a su vez se "superponía" como todos los demás "sistemas de altos grados" a la organización exterior de la "Masonería Simbólica".

incluso en el Nuevo Mundo. Exigían de sus adeptos que poseyeran todos los grados otorgados por la Estricta Observancia'".

Fue en 1767 cuando dicha escisión, "que parecía haber suscitado un 'Poder Oculto'", y que se manifestó primeramente en Viena, ocurrió en el Régimen de la Estricta Observancia. A partir de entonces "parece que por una u otra razón el barón von Hundt, Eques ab Ense[136], perdió su preeminencia y, lo que hasta ese momento había constituido su fuerza, vale decir la comunicación con los Superiores Incógnitos". Cuando se reunió la Asamblea General Masónica de Brunswick, en 1775, "el barón von Hundt, representante del Gran Maestre Eques a Penna Rubra[137], ...ya no era más que 'la sombra de una sombra'". Es posible que la desgracia haya golpeado más allá del jefe de la "Estricta Observancia", y haya alcanzado a este mismo Gran Maestre, intermediario entre von Hundt y los verdaderos Superiores Incógnitos[138].

Uno de los jefes del cisma fue el H∴ Starck, predicador de la corte de Prusia, doctor en teología (protestante) ...y en ciencias masónicas, en las cuales tuvo como maestros a Gugumus y al tabernero

---

[136] N.del T.: "Caballero por la espada".

[137] N.del T.: "Caballero de la pluma roja".

[138] El misterioso Gran Maestre del que se trata y que no debe ser confundido con el "Superior General" oficial de las Logias de la Estricta Observancia es el duque Federico de Brunswick-Oels, *Eques a Leone Aureo* (N. del T: "Caballero del León de Oro") ascendido a tal dignidad en 1772 en la Asamblea General de Kohlo, cerca de Pforten, en la Baja-Lausitz (*Acta Latomorum*, t. I, pág. 103 y t II, pág. 296). Tampoco se trata del "Gran Maestre de los Templarios" reconocido oficialmente por la *Estricta Observancia* después de la "Reforma de Wilhelmsbad": este último personaje fue de 1743 a 1788 el pretendiente Carlos Eduardo Estuardo, "Eques a Sole Aureo"(N. del T. "Caballero del Sol Dorado"), quien tuvo como sucesor al duque Fernando de Brunswick, *"Eques a Victoria"*, de 1788 a 1792, después a partir de esa fecha el príncipe Charles de Hesse, *"Eques a Leone Resurgente"* (Ídem, t I, pág. 283, y t II págs. 295, 333 y 384).

Schroepfer. El primero (cuyo nombre también se escribe Gugomos, Gouygomos, Kukumus, Cucumus, etc. Ya que la ortografía es muy incierta), figura en la lista de los miembros de la Estricta Observancia con el nombre de Eques a Cygno Triomphante[139], y con el título de 'lugarteniente al servicio de Prusia". Según una carta del H.·. príncipe de Carolath al H.: marqués de Savalette de Langes[140], "Coucoumus (sic) o Kukumus, proveniente de una familia procedente de Suabia, pasa por casi todos los servicios de Alemania, tanto militares como civiles, fue admirado por su talento, pero al mismo tiempo también despreciado por su inconstancia y su mala conducta ..., fue chambelán del duque de Wirtemberg".

"Gugomos", cuenta el H.·.Clavel[141], "había aparecido en la Alta Alemania y se había dicho enviado desde Chipre[142] por los Superiores Incógnitos de la Santa Sede (?). Él se asignaba los títulos de gran sacerdote, de caballero, de príncipe. Prometía enseñar el arte de fabricar oro, de evocar a los muertos, y de indicar el sitio de ocultos tesoros de los Templarios. Pero bien pronto se le desenmascaró; cuando quiso huir lo arrestaron y obligaron a retractarse por escrito de todo lo que había afirmado, y confesar que no había sido más que un simple imposto[143]".

---

[139] Thory (*Obra citada*, tomo II, págs. 136 y 328) escribió "Cyano" en lugar de "Cygno", sin dudas se trató de un error. (N.del T.: "Caballero del Cisne Triumfante")

[140] Citado en el artículo de Benjamin Fabre.

[141] *Histoire pittoresque de la Franc-Maçonnerie*, pág. 187.

[142] Sería tal vez un error tomar al pie de la letra esta designación de "Chipre", ya que la Alta Masonería del siglo XVIII tenía toda una geografía convencional sobre la que volveremos oportunamente.

[143] El H.·. Clavel tomó casi textualmente este pasaje de las *Acta Latomorum* de Thory (tomo I, págs. 117-118, año 1775).

Lo que veremos más adelante, no nos permite compartir plenamente la conclusión la siguiente: Gugomos en efecto pudo muy bien haber sido un impostor, pero también debió haber sido otra cosa, al menos durante parte de su carrera. Por lo menos así nos parece que se desprende de la continuación de la carta, ya citada, del H.·. príncipe de Carolath: "Hacía ya largo tiempo que profesaba las Ciencias Ocultas, pero fue en Italia donde se formó sobre este asunto. Por lo que se asegura, volvió a su patria poseedor de los más extraordinarios conocimientos que no dejó de practicar. Por medio de ciertos caracteres, que sin embargo no eran los verdaderos, y de fumigaciones, convocaba a los espíritus, a los espectros. Se asegura incluso que tenía una especie de rayo bajo su control".

Ahora bien, de acuerdo a testimonios que no tenemos ninguna razón para poner en duda, todavía existen en África del Norte ciertos rabinos[144] que precisamente tienen "una especie de rayo bajo su control", y que por medio de "caracteres" o de figuras cabalísticas producen, en la sala donde llevan a cabo tal 'operación", una especie de tormenta en miniatura, con formación de nubes, relámpagos, truenos, etc.[145] Poco más o menos ésto era lo que hacía Gugomos, y dicha semejanza, significativa desde el punto de vista de ciertas influencias judías, nos hace recordar por otro lado a ese "misterioso adepto oculto bajo el nombre de Valmont, que frecuentemente

---

[144] Los judíos de África del Norte son "Sefardíes", vale decir descendientes de Judíos españoles y portugueses, y pretenden poseer la "tradición" (Kábbala) mucho más pura que la de los "Ashkenazim" o judíos alemanes.

[145] Recordemos al respecto la existencia de los "productores de lluvia" en gran cantidad de pueblos, y particularmente entre los negros de África, donde son contados entre los miembros más influyentes de las diversas sociedades secretas.

viajaba desde África a Italia y Francia, y que inició el H.·. barón de Waechter"[146].

Hubiera sido interesante contar con información un poco más puntualizada acerca de los "caracteres' de que se servía Gugomos en sus "operaciones". Además, tanto entre los "Philalethes" como entre otros HH.·. de "Regímenes" diversos y rivales, que se esforzaban con mucho fervor y tan poco éxito en hacer surgir "la luz de las Tinieblas" y "el Orden del Caos" ¿quién podría haberse jactado, sobre todo en tal época[147], de poseer los "verdaderos caracteres", vale decir en suma, de remontarse a la emanación de una "Potencia legítima" ante los ojos de los verdaderos Superiores Incógnitos? A veces eran destruidos o desaparecían archivos muy oportunamente, demasiado oportunamente incluso como para no despertar sospechas. La Gran Logia de Inglaterra ¿no fue acaso desde sus comienzos (1717-1721) y por inspiración del Rev. H.·. Anderson (ex capellán de una logia operativa) la primera en dar ejemplo de semejante proceder?[148] Pero continuemos la cita: "la noticia de tantas cosas maravillosas llamó la atención de todo el mundo, es decir del mundo masónico, ya que se le debe reconocer que jamás se dirigió a los profanos".

Se trataba por parte de Gugomos de una conducta conforme a las reglas de la más elemental prudencia. De todos modos aún en ambientes masónicos debería haberse mostrado más circunspecto, en

---

[146] "El barón de Waechter, embajador danés en Ratisbona, ardiente custodio del 'Sistema de la Estricta Observancia', en donde era conocido con el nombre de 'Eques a Ceraso'" (Thory, ob. cit., t.II, pág. 392). Benjamin Fabre había consagrado otros artículos al personaje.

[147] La carta del príncipe Carolath data de 1781, el año previo a la reunión de la Asamblea General en Wilhelmsbad.

[148] Podríamos agregar que este ejemplo todavía se sigue, cuando cabe la ocasión, aún en nuestra época, por varias obediencias Masónicas.

su propio interés y en el de su "misión"; y la ostentación que hizo de sus "conocimientos" y poderes posiblemente fue una de las causas de la desgracia que le esperaba, como veremos dentro de poco. "Muy pronto confiado en sí mismo, tuvo el coraje de convocar un Congreso General, donde debía propalar sus raros conocimientos. Pero prodigiosamente sus fuerzas le abandonan. Ya no estuvo en condiciones de producir las cosas de que se había jactado. En consecuencia, fue expulsado de la Orden por su mala conducta. Hoy en día su estado es el de un continuo errar, a pesar de que se asegura recobró parte de sus conocimientos. Se ignora su actual paradero".

Entonces Gugomos, manifiestamente abandonado por aquellos Superiores Incógnitos de los que no había sido más que un instrumento, perdió todos sus poderes justo en el momento cuando más los hubiera necesitado. Es muy posible que recurriera entonces a ciertas supercherías con el intento de sostener la credibilidad de aquellos títulos que ya no podía justificar por poderes verdaderos, de los cuales no había sido más que el depositario momentáneo; dichos títulos no eran de los que pudieran comprobarse con algún documento escrito, el cual por otra parte no hubieran sido capaces de descifrar aún aquellos HH.·. de los Altos Grados[149]. En tales circunstancias, Gugomos, presionado por cuestiones indiscretas, no pudo sustraerse de ellas sino declarándose "impostor", y fue "expulsado de la Orden", es decir, de los Altos Grados "conocidos",

---

[149] El mismo barón von Hundt no podía explicar su propia carta patente cifrada. Más tarde, los miembros del "Gran Oriente de Francia" tuvieron que renunciar a leer las dos columnas de signos convencionales que figuraban sobre el "título constitutivo" del "Rito Primitivo" (ver el Cap. V de la primera parte de la obra de Benjamín Fabre).Subrayamos lo que a este respecto dijo *Eques a Capite Galeato*: "... que tales columnas se encuentran ante una de nuestras Logias, visto que no llevan consigo por otra parte ningún certificado, ni indicio de su cualidad"(pág. 63).

organización "interior" en relación a la Masonería Simbólica, pero sin embargo "exterior" aún en relación a otras, a aquellas a las que el mismo Gugomos podría haber estado vinculado, bien que más como simple auxiliar que como verdadero iniciado.

Tal desventura no debe sorprendernos, tanto menos cuanto la historia de la Alta Masonería de entonces proporciona otros varios ejemplos: más o menos lo mismo le sucedió al barón von Hundt, a Starck, a Schroepfer, etc., sin hablar de Cagliostro. Además, sabemos que aún en nuestra época algo parecido sucedió a algunos enviados o agentes de ciertos "Superiores Incógnitos", verdaderamente "superiores" y verdaderamente "desconocidos": a aquellos que se han comprometido, y aún sin cometer otra falta fracasaran en su misión, inmediatamente se les retiran todos los poderes[150]. La desgracia, por lo demás, bien puede ser solamente temporal, y tal fue posiblemente el caso de Gugomos; pero el corresponsal del H.: Savalette de Langes se equivoca o se expresa mal al escribir que, acto seguido, "recobró parte de sus conocimientos", ya que, si bien los "poderes" pueden siempre arrebatarse o devolverse conforme a la voluntad de los "Superiores Incógnitos", evidentemente no podría suceder lo mismo con respecto a los "conocimientos" adquiridos de una vez para siempre en la iniciación, por más imperfecta que hubiera sido.

El príncipe de Carolath, tan severo con Gugomos, vacila sin embargo en acusarlo de impostor. Bien que evita pronunciarse,

---

[150] Ciertamente todo lo dicho parecerá fabuloso a ciertos antimasones, historiadores escrupulosamente fieles al "método positivista", para quienes la existencia de los "Superiores Incógnitos" no es sino una "pretensión masónica concluyentemente falsa". Pero tenemos nuestras razones para no subscribir tal juicio demasiado... definitivo, y tenemos plena conciencia de no proponer aquí nada que no sea rigurosamente exacto. Los que no quieran remitirse sino a documentos escritos, son dueños de defender todas sus "convicciones"... negativas!

pareciera mas bien dudar de la calidad de tales "conocimientos" que de su misma realidad, pues dice: "En ese Congreso Masónico (de 1775), Waechter termina por confundir a Kukumus[151]. Parecería que Kukumus no poseía la 'verdadera luz', y que persistiendo en la conexión que posiblemente tuviera con algunos 'espíritus impuros', contribuyera así a aumentar su propia perversidad y la de los demás, y a crearse nuevos encadenamientos en lugar de liberarse de ellos". En efecto, parece que Gugomos seducía sobre todo por la posesión de ciertos poderes de orden muy inferior y se habría dedicado casi con exclusividad a practicarlos. Es posible que esto fuera una de las causas de su desgracia, ya que podría muy bien no concordar con las determinaciones de sus "Superiores Incógnitos"[152].

En otra carta dirigida también al H.·. Savalette de Langes, en referencia a Gugomos o Kukumus, el H.: barón de Gleichen llega a declarar que "es un impostor", pero se apresura a agregar: "Pero nada sé de su 'doctrina'", lo que tal vez le resultara menos interesante, pero no obstante constituía un "conocimiento' más real, como sin duda terminó por comprender a sus propias expensas. ¿De quién pudo recibir dicha "doctrina"? La pregunta, mucho más importante que el tema del valor moral, eminentemente sospechoso, de Gugomos, se

---

[151] En esta fecha, después de hablar de Gugomos (quien recordemos había recibido por lo menos una parte de su iniciación en Italia) Thory agrega: "El barón de Waechter (*"Eques a Ceraso"*) era diputado en Italia por la antigua 'Gran Logia Escocesa de la Franconia'. El motivo oculto de este viaje fue el de reunir a los masones italianos con los de Franconia; el motivo aparente fue buscar el secreto de la Orden, que se decía conocido en tales parajes. Instituyó algunos Capítulos"(obra citada, t.I, pág. 118).

[152] Citaremos sólo una frase de una segunda carta del príncipe de Carolath, que revela inclusive la inspiración judía de Gugomos: "En el Congreso de Wiesbaden, Kukumus pretendió realizar un sacrificio que sería consumido por el fuego del cielo en el ardor de su plegaria". En un orden similar de ideas podrían hallarse curiosas enseñanzas estudiando a los "Elegidos Cohen", tanto como en el rito "egipcio" de Cagliostro.

reduce exactamente a lo siguiente: ¿quiénes fueron sus "Superiores Incógnitos"? Y por cierto que no podemos aceptar la solución que propone el barón de Gleichen, atormentado por la obsesión de la que ya conocemos ejemplos: "La mayoría creería que fue un enviado de los Jesuitas(!) quienes verdaderamente intentaron varios veces unirse a la Masonería". Intento de igual tenor pudieron realizarse, en el caso, por otros que no fueran Jesuitas; los Judíos por ejemplo estaban excluidos de una parte de la Masonería, y por lo demás aún lo están en Suecia y en varias Grandes Logias de Alemania. Justamente fue en este país donde vieron la luz la mayoría de los "Regímenes" cuyo prototipo fue la "Estricta Observancia", lo cual no quiere decir por cierto que todos hayan tenido el mismo origen "de hecho", lo que nos parecería poco verosímil. Pero se comprende fácilmente como, al apoderarse de los Altos Grados por intermedio de emisarios carentes de todo mandato oficial, se pudiera llegar a dirigir 'invisiblemente' toda la Masonería, lo cual basta a los efectos de explicar la multiplicidad de los intentos realizados para lograrlo[153].

Abramos ahora un paréntesis: se ha reprochado a veces a algunos el querer ver en todas partes la influencia de los Judíos. Puede ser que no se la deba ver en forma exclusiva, pero hay otros que, cayendo en

---

[153] Para finalizar con Gugomos anotemos todavía que, según *"Eques a Capite Galeato"* Gugomos exigía "pruebas" de todos sus discípulos: tales "pruebas" consistían principalmente 'en grandes ayunos y en proporcionar solución a problemas muy sutiles'. Hay que recordar la aplicación de estos dos procedimientos iniciáticos, pues permite establecer analogías instructivas sobre las cuales tendremos ocasión de volver. Parecería que como dice el barón von Hundt "Kukumos mostró una patente extraordinaria", lo cual como vimos anteriormente, nada prueba en favor o contra de la realidad de su "misión", de igual modo que la negativa esgrimida por los HH.·. de los Altos Grados de reconocer a los "Superiores Incógnitos" y de comprometerse a someterse a ellos (sin conocerlos), no implica forzosamente la negación de su existencia, a pesar de lo que pudieran decir los historiadores "positivistas".

el extremo contrario, no quieren verla en ninguna parte. Esto es lo que ocurrió particularmente respecto del misterioso Falc (así lo escribe el H.: Savalette de Langes) que algunos "creían que era el jefe de todos los Judíos"[154]. Se quiso identificarlo ya no con Falk-Scheck, gran rabino de Inglaterra, sino con el H.; Ernest Falcke (Epimenides, Eques a Rostro), burgomaestre de Hannover, lo cual no explicaría en lo más mínimo los rumores que, acerca suyo corrieron en su época. Por otra parte quienquiera haya sido el enigmático personaje, su papel, como el de muchos otros, está esperando aclaración, lo que parecería un tema todavía más difícil que el caso Gugomos.

Por lo que se refiere a Falk-Scheck, encontramos en una "Noticia histórica sobre el Martinesismo y Martinismo", sobre la cual volveremos más adelante, un hecho que merece citación: "Mme. De la Croix, exorcista de poseídos, y a su vez ella misma demasiado frecuentemente poseída, se jactaba sobre todo de haber destruido un talismán de lapislázuli que el duque de Chartres (Philippe-Egalité, más tarde duque de Orleans, y Gran Maestre de la Masonería francesa) había recibido de Inglaterra de parte del célebre Falk-Scheck, gran rabino de los Judíos, un talismán que debería haber conducido al príncipe hasta el trono, y que, según ella decía, fue destruido sobre su pecho en virtud de sus rogativas". Tuviera o no justificación tal pretensión, no es menos cierto que la historia resulta singularmente esclarecedora de algunas influencias ocultas que contribuyeron a preparar la Revolución Francesa.

---

[154] Ver pág. 84 de la obra de Benjamín Fabre.

Benjamin Fabre dedica la continuación de su artículo[155] al H.∴ Schroepfer, "que tuvo una agitada carrera" que terminó en suicidio[156] y "que, en un aspecto muy curioso, nos la ofrece la correspondencia de Savalette de Langes".

El H.∴ Bauer describe así una de sus evocaciones, de la cual había sido testigo él mismo: "En una asamblea de HH.:, tanto en Leipzig como en Frankfurt, compuesta de gente de letras, ciencias, etc. Después de haber cenado en una Logia ordinaria, hizo que nos despojáramos de todos los metales, y él se preparó una mesita aparte sobre la cual había una pintura que contenía todo tipo de figuras y caracteres, desconocidos para mí. Hizo que recitáramos una oración bastante extensa y "muy eficaz", y nos encerró en un círculo. A eso de la una de la mañana, escuchamos un ruido de cadenas, y poco después los tres grandes golpes de manera asombrosa, en la misma sala, donde estábamos tendidos en el piso. Después comenzó a recitar una especie de oración con su segundo 'en un lenguaje que yo no comprendía'. Luego por la puerta, que antes había estado cerrada con cerrojo, entró un fantasma negro que él llamaba 'el espíritu malvado' y con el cual habló en el mismo lenguaje'. El espíritu le contestó a su vez, y se retiró a su orden. A eso de las dos, apareció otro con las mismas ceremonias. Esta vez blanco, llamado 'el buen espíritu' y que despidió del mismo modo. Después de todo ello, cada uno se marchó ensimismado, la cabeza llena de quimeras..."

---

[155] "*La Bastille*", numero del 13 de septiembre de 1913.

[156] Thory dice lo siguiente: "1768, 29 de octubre, Schroepfer se establece como cafetero y abre su café en Leipzig. En una Logia de la ciudad instituye su sistema, fundado en evocaciones y magia. A continuación fue perseguido y denunciado como impostor y estafador. Seis años más tarde (el 8 de octubre de 1774) se salta la tapa de los sesos en el 'Rosenthal', cerca de Leipzig, a la edad de 35 años". (Ob. Citada, t.omo I, pág.94)

"Eques a Capite Galeato" declara que otro testigo le "dio a entender que todos estos hechos, de tanto renombre, no eran sino resultado de prestigios físicos, con la ayuda de la prevención o credulidad de los espectadores". Sin embargo, el Dr. Koerner confiesa "no haber logrado todavía conciliar los relatos contradictorios que se hicieron acerca de este hombre", y el H.: Massenet asegura que "fue este mismo hombre que manifestó ante el príncipe Charles de Courlande[157], al mariscal de Saxe[158], en presencia de seis testigos que, en su totalidad, declararon las mismas circunstancias, y aseguraron la realidad del hecho, a pesar de que antes no habían tenido ninguna propensión a creer nada semejante".

Por nuestra parte ¿qué debemos creer de todo esto? Seguramente nos resulta todavía más difícil que a sus contemporáneos formarnos una idea clara y definida sobre la naturaleza de las "obras pneumatológicas" de Schroepfer, cuyos mismo alumnos, como el barón de Benst, chambelán del Elector del Saxe, aún se encontraban, de creer a Savalette de Langes, "en el mismo punto" que los "Philatethes" en la búsqueda de la "verdadera luz". Luego de "vistos tantos doctores, Teósofos, Herméticos, Cabalistas, Pneumatólogos", se trata en realidad de un muy mediocre resultado![159].

---

[157] "Carlos, duque de Courlande, miembro de la 'Estricta Observancia' con el nombre característico de *"Eques a Coronis"*" (ídem, t.II, pág.304)

[158] El hecho debió ocurrir entre 1768 y 1774. El mariscal de Saxe, muerto en 1750, también fue masón y obtuvo (al igual que el príncipe de Conti) numerosos votos para la Gran Maestría (de la Masonería Francesa) en la asamblea de elección del conde de Clermont en 1743 (ídem, tomo II, pág.378).

[159] Puede lograrse un juicio por medio de las cuestiones ("*Proponenda*") sometidas a la Asamblea General de Paris, convocada en 1785 por los "Philatethes" (ver Thory, o.c., t.omo II, págs. 98-99). En nuestros días, ciertos ocultistas trataron de la mismas cuestiones de manera demasiado fantasiosa, que comprueba además que ellos también se encuentran "en el mismo punto".

Todo lo que puede decirse con certeza es que, si en algún momento Schroepfer poseyó algunos poderes reales, tales poderes fueron de un orden más inferior que los de Gugomos. En suma, personajes como éstos no fueron evidentemente iniciados sino muy imperfectos, y de una u otra manera desaparecieron sin dejas huellas, luego de jugar un papel efímero como agentes subalternos, y posiblemente indirectos, de los verdaderos "Superiores Incógnitos"[160].

Como dijo muy justamente Benjamin Fabre, "Cabalistas judaizantes y magos 'al mismo tiempo' impostores y bribones, tales fueron los maestros de Starck". Y agrega "De tan buen escuela este inteligente discípulo supo sacar provecho, como ya lo veremos".

El siguiente artículo[161], consecuentemente, está consagrado al H.: Starck ("Archidemides, Eques a Aquila Fulva") al cual encontramos en la Asamblea General de Bruswick (22 de mayo de 1775) enfrentándose con el barón von Hundt ("Eques ab Ense"), fundador de la "Estricta Observancia", y contra quien "contribuyó para alejarlo de la presidencia de la Orden", bien que sin lograr que sus propias pretensiones prevalecieran. Como volveremos sobre este punto más adelante, no insistiremos por ahora en el tema. Indiquemos que en 1779[162] Starck promovió otro intento que tampoco resultó, y que

---

[160] Parece que lo mismo pudiera aplicarse a Kolmer, ya mencionado, e inclusive a Schroeder, maestro de los Rosacruces de Wetzlar, a veces confundido por error con Scroepfer, y que Thory describe simplemente con estas palabras: "Schroeder, apodado el Cagliostro de Alemania, introdujo en la Logia de Sarrebourg, en 1779, un nuevo sistema de magia, teosofía y alquimia"(O.c. tomo I, pág. 141, y t. II, pág. 379).

[161] "*La Bastille*", número del 20 de septiembre de 1913.

[162] Precisamente el año cuando apareció Schroeder o al menos su sistema. Tal vez no sea sino una coincidencia, aunque también es posible que hubiera una vinculación entre todos estos personajes, e incluso, sin ser conscientes de ello.

Thory refiere en estos términos: "El doctor Stark (sic) convoca en Mittau a los 'Hermanos' y a los 'Clérigos de la Estricta Observancia'. Pese a que trató de conciliar sus debates, fracasó con este proyecto[163].

"Eques a Capite Galeato" relata así el final, real o supuesto, de los "Clérigos de la Lata Observancia":

"En una de las 'Asambleas Generales Provinciales' en Alemania del 'Régimen de la Estricta Observancia', se presionó a los miembros con cuestiones que no supieron o no quisieron contestar. Por lo que se dice, dos de ellos (Starck y el barón de Raven), que dijeron ser los últimos (de estos 'Clérigos' o 'Clerici') se presentaron al dimisión el uno al otro, y renunciaron totalmente a propagar su Orden secreta.

Algunos consideran que tal dimisión fue simulada, y que, no habiendo encontrado en la 'Estricta Observancia' propagadores de su agrado, fingieron renunciar con objeto de que no se siguieran sus huellas y se los pudiera olvidar. De todos modos, el H.: Starck, sabio masón y sabio ministro del Santo Evangelio, quien por lo que se me asegura fue uno de los 'Clerici', publicó gran cantidad de obras, en las cuales no es imposible dejar de apreciar, hasta cierto punto, los conocimientos y el objetivo de su Orden secreta. Las obras de las que tuve conocimiento son; La apología de los F-M.: La finalidad de la Orden de los F-M.[164], Sobre los Antiguos y los Nuevos Misterios. Hay traducciones de las dos primeras"[165].

---

[163] O.c., tomo I, pág. 141.

[164] *Uber den Zweck des Freymauser Ordens*, 1781 (Thory, o.c., t.I, pág. 368)

[165] Thory cita además las siguientes obras: Saint-Nicaise, ou Lettres remarquables sur la Franc-Maçonnerie", Leipzig, 1785-1786 (Ídem., pág. 373); Sur le catholicisme caché des Jesuites, et leurs machinations pour faire des prosélytes" ("Uber Kripto-Katholicismus etc."), Frankfurt, 1787-1789 (ídem. Pág. 376).

Hay que agregar que en 1780 "atacó públicamente el 'sistema de los Templarios', como contrario a los gobiernos y sedicioso, en un folleto titulado: 'La piedra que obstaculiza y la piedra del escándalo'"[166].

Es posible que los "Clerici" se hayan perpetuado secretamente; en todo caso Starck no desapareció de la escena masónica, pues vemos que lo convocaron a la "Asamblea General Masónica de Paris" en 1785[167]. A pesar de su desventura conservaba una gran autoridad. ¿Debemos acaso sorprendernos cuando vemos que, al fallecer el barón von Hundt, se mandó acuñar una medalla en honor de este otro "sabio Masón"[168] que por su lado fue por lo menos sospechoso de impostura y mistificación?

En cuanto a los conocimientos particulares que los 'Clerici" pretendían poseer exclusivamente, citaremos lo que dijo al respecto el H∴ Meyer[169], en carta a Savalette de Langes de 1780: "Vos sabéis que hubo 'Clerici' en el Capítulo de cierta Orden que no nombro[170], y se pretende que fueron los únicos depositarios de la ciencia o del secreto. Esto no conforma a los Masones modernos que siente carcomerse de curiosidad: luego de haber sido armados "Caballeros" piden, además de la espada, el incensario. La facilidad con que se

---

[166] *Der Stein des Antosses..* etc. (Thory o.c., t.I, págs 146 y 367).

[167] Ver el listado proporcionado por Thory (o.c., t.II, pág. 95)

[168] "Thory (o.c., t.I, pág. 123) agrega que dicha medalla "tiene un retrato muy parecido del célebre masón".

[169] Este H.: Meyer fue convocado a la Asamblea General de París en 1785, y Thory lo designa de este modo: "de Meyer, mayor ruso, de Estrasburgo" (o.c., tomo II, pág. 95). El mismo autor lo identifica, quizá erróneamente, con el escritor que tradujo del inglés al alemán una obra titulada *La Francmasonería no es más que un camino al infierno* (ídem, t. I, pág. 153, y t.II, pág. 354)

[170] Se trata evidentemente de los "Templarios".

comunica este grado no previene por cierto en su favor; además los que lo poseen no sabe sino algunas palabras enigmáticas extras". Por lo tanto los HH.: ya admitidos a Altos Grados que ingresaban en este "sistema", más "interior" o que así se autotitulaba, no encontraban mayormente sin duda el "secreto de la Masonería", y no se transformaban todavía en "verdaderos iniciados".

Lo verificado nos recuerda estas palabras del H.·. Ragon: "Ningún grado conocido enseña ni desvela la 'verdad'. Solamente 'aligerará' el velo... Los grados que se practican hasta hoy produjeron Masones y no 'iniciados'[171]. Por lo tanto sólo más allá de los diversos "sistemas", y de ningún modo en uno u otro de ellos, puede descubrirse a los "Superiores Incógnitos". No obstante, en lo que concierne a las pruebas de su existencia y de su acción más o menos inmediata, no son difíciles de hallar sino para quien no quiere verlas. Esto es lo que más especialmente queríamos resaltar, y al menos por el momento nos abstendremos de formular otras conclusiones.

---

[171] "Ritual del Grado de Maestro", pág. 34. Ragón cita a continuación las muy conocidas palabras del H.·. J.J. Casanova sobre "El secreto de la Masonería", que no hacen sino confirmar tal declaración.

Capítulo II

ACERCA DE LOS SUPERIORES INCÓGNITOS Y DEL ASTRAL

Publicado en La France antimaçonnique, París, 18 de diciembre de 1913, firmado Le Sphynx y retomado en Études Traditionnelles, París, septiembre de 1952.

C uando escribíamos nuestro precedente artículo sobre La Estricta Observancia y los Superiores Incógnitos, señalando en él la singular obsesión que, para ciertos escritores masónicos y ocultistas, hace ver por todas partes la acción de los Jesuitas en la Alta Masonería del siglo XVIII y en el Iluminismo, no pensábamos ciertamente tener que comprobar semejante obsesión entre los antimasones mismos. Ahora bien, he aquí que se nos ha señalado un artículo aparecido en la Revue Internationale des Sociétés Secretes, en la sección "Antimasónica" del Índice documental[172], bajo la firma de A. Martigue, artículo en el cual leemos esta frase verdaderamente sorprendente: "No hay que olvidar, cuando se estudia a los Iluminados, que Weishaupt ha sido alumno, después profesor, con los Jesuitas, y que se ha inspirado mucho en ellos, deformando, entiéndase bien, para hacerlos servir al mal,

---

[172] N° de octubre de 1913, páginas 3 725 a 3 737.

métodos que los R. Padres de Ingolstadt aplicaban al bien con tanto éxito... ¡salvo cuando se han servido de ellos para formar a Weishaupt y sus primeros discípulos!"

He ahí insinuaciones que, a pesar de todas las precauciones de las que se han rodeado, revisten un carácter particularmente grave bajo la pluma de un antimasón; el Sr. Martigue ¿estaría en disposición de justificarlas? ¿Podría explicarnos en qué los R. Padres del siglo XVIII pueden ser responsables, incluso indirectamente, de las doctrinas revolucionarias del H∴ Weishaupt y de sus adeptos? Para nosotros, hasta que tal demostración se haga, nos parece que es un poco como si se hiciera responsable a los Padres del siglo XIX de las teorías anarquistas desarrolladas en nuestros días ¡por su ex alumno y ex novicio, el H∴ Sébastien Faure! Se podría sin duda ir muy lejos en ese sentido, pero ello no sería ni serio ni digno de un escritor que afirma poseer "métodos rigurosos y exactos".

He aquí, en efecto, lo que escribe Martigue, un poco antes de la frase ya citada, respecto a un estudio titulado Las Trampas de la Secta: el Genio de las Conspiraciones, publicado en los Cahiers Romains de la Agencia Internacional Roma: "El autor no parece conocer más que las obras del P. Deschamps, de Barruel, de Claudio Janet y de Crétineau-Joly. Esto es mucho, pero no es suficiente, y si esos excelentes trabajos, que deberán, ciertamente, ser siempre consultados con fruto por los estudiantes en antimasonería, han sido escritos por maestros respetables, cuyos esfuerzos todo el mundo debe alabar y reconocer, es imposible, sin embargo, no dar fe de que datan de una época en la cual la ciencia y la crítica históricas no habían avanzado hasta el punto donde nos encontramos hoy. Nuestros métodos, que tienden a perfeccionarse cada día, son más rigurosos y exactos. Por ello, es peligroso, desde el punto de vista de la exactitud científica, desdeñar los trabajos más modernos; aún es más inoportuno el desdeñarlos a priori."

Es preciso estar muy seguro de sí mismo y de todo lo que se dice, para permitirse reprochar una falta de "exactitud científica" a cuatro autores que están entre los maestros más incontestados del antimasonismo. Sin duda, el Sr. Martigue tiene confianza en el "progreso de la ciencia y de la crítica"; pero, como esos mismos "progresos" sirven para justificar cosas tales como la exégesis modernista y la pretendida "ciencia de las religiones", nos es difícil considerarlos como un argumento convincente. No esperábamos ver al Sr. Martigue haciendo una declaración tan ... "evolucionista", y nos preguntamos si los métodos que preconiza, y que él opone " a los métodos y a los hábitos defectuosos de algunos" (¿a quién hace alusión?), no se aproximan singularmente al "método positivista" del que ya hemos hablado... en fin, si él conoce "los papeles de Weishaupt mismo", como lo da a entender, esperamos que no tardará en comunicarnos los descubrimientos que ahí ha debido hacer, especialmente en lo que concierne a las relaciones de Weishaupt con "los RR. Padres de Ingolstadt"; nada podría probar mejor el valor de sus métodos.

Pero, sin embargo, ¿no valdría más detenerse con preferencia sobre el papel que los Judíos han podido desempeñar en el origen del Iluminismo bávaro, así como tras ciertos "sistemas" de la Alta Masonería? Citemos, en efecto, esta frase del estudio de los Cahiers Romains: "Las combinaciones de este genio (Weishaupt) fueron sin duda ayudadas por judíos, herederos de los odios implacables de la vieja sinagoga, pues el famoso Bernard Lazare no ha retrocedido ante esta confesión: "Hubo judios alrededor de Weishaupt" (El antisemitismo, su historia y sus causas, páginas 339-340).

Señalamos esto porque hemos ya tenido ocasión de hablar de esta influencia de los Judíos, pero habría muchas otras cosas interesantes que señalar en este trabajo, contra el cual el redactor de la Revue Internationale des Sociétés Secrètes da prueba de una prevención que raya en la parcialidad. Tras haberle reprochado "la ausencia de variedad en la documentación", aunque reconociendo su "valor real", añade: "Hay otra laguna muy lamentable, cuando se quiere estudiar el Iluminismo, y es la ignorancia de la mística y del ocultismo". Volveremos un poco después sobre este punto; por el momento, solamente subrayaremos que la mística, que procede de la teología, es una cosa, y que el ocultismo es otra totalmente diferente: los ocultistas son, en general, profundamente ignorantes de la mística, y ésta nada tiene que ver con su seudo misticismo.

Desgraciadamente, algo nos hace temer que los reproches de M. Martigue sean causados por un movimiento de malhumor: y es que el artículo de los Cahiers Romains contiene una crítica, muy justa en nuestra opinión, de la reseña dada por Gustave Bord en la misma Revue Internationale des Sociétés Secretes[173], sobre el libro de M. Benjamin Fabre, Un iniciado de las Sociedades Secretas superiores: Franciscus, Eques a Capite Galeato. Hablando de algunos aventureros masónicos que procuraban imponerse a los "memos" de las Logias, haciéndose notar como mandatarios de los misteriosos S. I. (Superiores Incógnitos), centro cerrado de toda la Secta, M. Bord comprueba que esos aventureros se jactaban; de donde él deduce que esos S. I. no existían. La deducción es muy arriesgada. Si los aventureros en cuestión se han presentado falsamente como missi dominici de los S. I., no solamente nada indica que estos últimos no existían, sino que sobre todo, ello muestra la convicción general de la

---

[173] Nº del 5 de septiembre de 1913, páginas 3 071 y siguientes.

existencia de tales S. I., pues habría sido bien extraño que esos impostores hubiesen inventado completamente al mandante, además de el mandato. Su cálculo de resultados debía, evidentemente, basarse sobre esta convicción, y ello no es prueba contra la existencia de los Superiores Incogniti, evidentemente".

En efecto, ello es la evidencia misma para quienquiera que no esté cegado por la preocupación de sostener a cualquier precio la tesis opuesta; pero ¿no sería M. Bord mismo el que, poniéndose en contradicción con los maestros del antimasonismo, niega la evidencia, y desconoce absolutamente (según sus propias expresiones) "el emplazamiento, la táctica y la fuerza del adversario"?... Hay antimasones muy extraños". Y añadiremos aquí que es precisamente a esta reseña de Gustave Bord, tan poco imparcial como las apreciaciones de M. Martigue, en la que pensábamos cuando hacíamos alusión al "método positivista" de ciertos historiadores. He aquí ahora que M. Martigue, a su vez, reprocha a Benjamin Fabre y Copin-Albanceli "el deseo de aportar un argumento a una tesis preconcebida sobre la existencia de los directores desconocidos de la Secta"; ¿no es más bien a M. Bord al que se podría reprochar una "tesis preconcebida" sobre la no-existencia de los Superiores Incógnitos?

Veamos pues lo que responde al respecto M. Martigue: "En cuanto a la tesis opuesta a M. Bord a propósito de los Superiores Incógnitos, es necesario distinguir: si el director de los Cahiers Romains entiende por tales a hombres en carne y hueso, nosotros creemos que está en el error y que M. Bord tiene razón". Y, tras haber enumerado algunos de los jefes de la Alta Masonería del siglo XVIII, continua: "... Si fueran presentados como mandatarios de hombres vivos, como se tiene el derecho de hacer en nuestros días, por ejemplo, para Mme.

Blavatsky, Annie Bessant y otros jefes de la Teosofía, cuando nos hablan de los Mahâtmâs, viviendo en una logia del Tíbet". A ello, se puede muy bien objetar que los sedicentes Mahâtmâs han precisamente sido inventados sobre el modelo, más o menos deformado, de los verdaderos Superiores Incógnitos, pues hay pocas imposturas que no reposen sobre una imitación de la realidad, y es además la hábil mezcla de lo verdadero y de lo falso lo que los hace más peligrosos y más difíciles de desenmascarar. Por otra parte, como hemos dicho, nada nos impide considerar como impostores, en ciertas circunstancias, a hombres que sin embargo han podido ser realmente agentes subalternos de un Poder oculto; hemos dicho las razones de ello y no vemos la necesidad de justificar a tales personajes de esta acusación, incluso por la suposición de que los superiores Incógnitos no fueran hombres de carne y hueso". En ese caso, ¿qué eran pues según M. Martigue? La continuación de nuestra cita va a enseñárnoslo, y no será, en su artículo, nuestro motivo menor de sorpresa.

"Pero eso no es de eso de lo que se trata (sic); esta interpretación es totalmente exotérica para los profanos y los adeptos no iniciados". Hasta aquí, habíamos creído que el "adeptado" era un estadio superior de la "iniciación"; pero sigamos. "El sentido esotérico ha sido siempre muy diferentes. Los famosos Superiores Incógnitos, para los verdaderos iniciados, existen perfectamente, pero ellos viven... en el Astral. Y es de ahí de donde, por la teúrgia, el ocultismo, el espiritismo, la videncia, etc., dirigen a los jefes de las Sectas, al menos al decir de éstos". Luego ¿es a concepciones tan fantásticas a lo que debe conducir el conocimiento del ocultismo, o al menos el de cierto ocultismo, a pesar de todo el "rigor" y de toda la "exactitud" de los "métodos científicos y críticos" y de las "pruebas históricas indiscutibles que se exigen hoy (!) por los historiadores serios y los eruditos?

De dos cosas una, o M. Martigue admite la existencia del "Astral" y de sus habitantes, Superiores Incógnitos u otros, y entonces estamos en el derecho de admitir que "hay antimasones muy extraños" distintos a Gustave Bord; o él no admite, como queremos creerlo según la última restricción, y, en ese caso, no puede decirse que los que la admiten son "los verdaderos iniciados". Pensamos, al contrario, que no son más que iniciados muy imperfectos, e incluso es demasiado evidente que los espiritistas, por ejemplo, no pueden de ningún modo ser considerados como iniciados. Tampoco habría que olvidar que el espiritismo no data sino de las manifestaciones de Hydesville, que comenzaron en 1847, y que era desconocido en Francia antes del H. ∴ Rivail, llamado Allan Kardec. Se pretende que éste: "fundó su doctrina con ayuda de las comunicaciones que había obtenido, y que fueron recogidas, controladas, revisadas y corregidas por "espíritus superiores"[174] ello sería, sin duda, un notable ejemplo de la intervención de Superiores Incógnitos según la definición de M. Martigue, si no supiéramos desgraciadamente que los "espíritus superiores" que tomaron parte en ese trabajo no estaban todos "desencarnados", e incluso no lo están todavía: si Eugène Nus y Victorien Sardou han, desde esta época, "pasado a otro plano de evolución", para emplear el lenguaje espiritista, M. Camille Flammarion continúa celebrando siempre la fiesta del Sol cada solsticio de verano.

Así, para los jefes de la Alta Masonería en el siglo XVIII, no podía ser cuestión de espiritismo, que no existía todavía, como tampoco de

---

[174] Dr. Gibier, *Le Spiritisme*, páginas 136-137.

ocultismo, pues, si había por entonces "ciencias ocultas", no había ninguna doctrina llamada "ocultismo"; parece que sea Eliphas Lévi el primero en haber empleado esta denominación, acaparada, tras su muerte (1875), por cierta escuela de la cual, desde el punto de vista iniciático, lo mejor es no decir nada. Son esos mismos "ocultistas" los que hablan corrientemente del "mundo astral", del cual pretenden servirse para explicar todas las cosas, sobre todo las que ignoran. También es Eliphas Lévi quien ha extendido el uso del término "astral", y, bien que esta palabra se remonte a Paracelso, parece haber sido casi desconocida de los Altos Masones del XVIII, que, en todo caso, no la habrían sin duda entendido totalmente de la misma manera que los ocultistas actuales. ¿está M. Martigue, del cual no contestamos sus conocimientos en ocultismo, bien seguro de que sus conocimientos mismos no le llevan a "una interpretación "totalmente exotérica" de Swedenborg, por ejemplo, y de todos los demás que cita asimilándolos, o casi, a los "médiums" espiritistas?

Citamos textualmente: "Los Superiores Incógnitos, son los Ángeles que dictan a Swedenborg sus obras, son la Sophia de Gichtel, de Boehme, de Martinez Pasqualis (sic), el Filósofo Incógnito de Saint Martin, las manifestaciones de la Escuela del Norte, el Guru de los Teósofos, el espíritu que se encarna en el médium, levanta el pie de la mesa parlante o dicta las elucubraciones de la oui-ja, etc, etc." No pensamos, por nuestra parte, que todo eso sea lo mismo, incluso con "variaciones y matices", y eso es quizás buscar a los Superiores Incógnitos allá donde es inútil. Acabamos de decir lo que hay de los espiritistas, en cuanto a los "Teósofos", o más bien teosofistas, se sabe bastante bien lo que hay que pensar de sus pretensiones. Notemos además, a propósito de estos últimos, que anuncian la encarnación de su "Gran Instructor" (Mahâguru), lo que prueba que no es del "plano astral" de donde cuentan con recibir sus enseñanzas. Por otra parte, no pensamos que Sophia (que representa un principio) se haya jamás manifestado de manera sensible a Boehme o a Gichtel. En cuanto a Swedenborg, él ha descrito simbólicamente unas "jerarquías espirituales" de las que todos los escalones podrían muy bien estar ocupados por iniciados vivos, de manera análoga a lo que encontramos, en particular, en el esoterismo musulmán.

En lo concerniente a Martinez de Pasqually, sin duda es bastante difícil saber exactamente lo que él llamaba "la Cosa"; pero, por todas partes donde hemos visto esta palabra empleada por él, parece que no haya querido designar así otra cosa que sus "operaciones", o lo que se entiende más ordinariamente por el Arte. Son los modernos ocultistas quienes han querido ver ahí "apariciones" pura y simplemente, y ello conforme a sus propias ideas; pero el H.·. Franz von Baader nos previene que: "sería erróneo pensar que su física (de Martinez) se reduce a los espectros y a los espíritus"[175]. Había ahí, como por lo demás en el fondo de toda la Alta Masonería de esta época, algo mucho más profundo y más verdaderamente "esotérico", que el conocimiento del ocultismo actual no basta de ningún modo para poder penetrar.

Pero lo que es quizá más singular, es que M. Martigue nos habla del "Filósofo Incógnito de Saint-Martin", mientras que Saint-Martin mismo y el Filósofo Incógnito eran el mismo, no siendo el segundo más que un seudónimo del primero. Conocemos, es cierto, las leyendas que circulan al respecto en ciertos medios; pero he aquí cómo pone admirablemente las cosas en su punto: Los Superiores Incogniti o S. I. Han sido atribuidos, por un autor fabulador, al teósofo Saint-Martin, quizá porque este último firmaba sus obras: un

---

[175] *Les enseignements secrets de Martines de Pasqually*, p. 18

Filósofo Incógnito, nombre de un grado de los Filaletos (régimen del que por otro lado nunca formó parte). Es cierto que el mismo fabulador ha atribuido el libro De los Errores y de la Verdad, del Filósofo Incógnito, a un Agente Ignoto; y que se titula él mismo como S. I. Cuando uno se engancha a lo incógnito ¡no se podría enganchar demasiado!"[176] Se ve así bastante bien cuán peligroso es quizás el aceptar sin control las afirmaciones de ciertos ocultistas; en semejantes casos conviene sobre todo mostrarse prudente y, según el consejo de M. Martigue mismo, "no exagerar nada".

Así, sería muy equivocado el tomar a esos mismos ocultistas en serio cuando se presentan como los descendientes y los continuadores de la antigua Masonería; y sin embargo encontramos como un eco de tales aserciones "fantásticas" en la frase siguiente de M. Martigue: Esta cuestión (de los Superiores Incógnitos) levanta problemas que estudiamos en el ocultismo, problemas de los cuales los Francmasones del siglo XVIII perseguían con ardor la solución" sin contar que esta misma frase, interpretada demasiado literalmente, podría hacer pasar al redactor de la Revue Internationale des Sociétés Secrètes por un "ocultista" a los ojos de "los lectores superficiales que no tengan tiempo de profundizar en esas cosas".

"Pero, continúa él, no se puede ver claro en esta cuestión más que si se conoce a fondo las ciencias ocultas y la mística". Tal es lo que quería probar contra el colaborador de la Agencia Internacional Roma; pero ¿no ha probado sobre todo, contra sí mismo, que este conocimiento debería extenderse aún más lejos de lo que había él supuesto? "Es por lo que tan pocos antimasones llegan a penetrar esos arcanos que no conocerán nunca los que pretenden permanecer

---

[176] *Notice historique sur le Martinesisme et le Martinisme*, páginas 35-36, en nota.

en el terreno positivista". Esto es, en nuestra opinión, mucho más justo que todo lo que precede; pero ¿no está un poco en contradicción con lo que M. Martigue nos ha dicho de sus "métodos"? Y entonces, si no se adhiere a la concepción "positivista" de la historia, ¿por qué toma frente a y contra todos la defensa de M. Gustave Bord, incluso cuando éste es menos defendible?

"Es imposible comprender los escritos de hombres que viven en lo sobrenatural y se dejan dirigir por él, como los teósofos swedenborgianos o martinistas del siglo XVIII, si uno no hace el esfuerzo de estudiar la lengua que hablan y la cosa de la que tratan en sus cartas y en sus obras. Todavía menos si, de antemano, se pretende negar la existencia de la atmósfera sobrenatural en la cual estaban sumergidos y que respiraban cada día". Sí, pero, además de que eso se vuelve contra M. Bord y sus conclusiones, no es una razón para pasar de un extremo a otro y atribuir más importancia de la que conviene a las "elucubraciones" de las tablillas espiritistas o a las de algunos seudo-iniciados, hasta el punto de remitir todo lo "sobrenatural" en cuestión, cualquiera que sea por otro lado su cualidad, a la estrecha interpretación de lo "Astral".

Otra observación: M. Martigue habla de los "teósofos swedenborgianos o martinistas", como esas dos denominaciones fueran casi equivalentes; luego ¿estaría tentado de creer en la autenticidad de cierta filiación que está sin embargo muy alejada de todo "dato científico" y de toda "base positiva"? "A este respecto, creemos deber decir que, cuando Papus afirma que Martinez de Pasqually ha recibido la iniciación de Swedenborg en el curso de un viaje a Londres, y que el sistema propagado por él con el nombre de rito de los Elegidos-Cohen no es más que un Swedenborgismo adaptado, este autor abusa o busca abusar de sus lectores en interés de una tesis muy personal. Para librarse a semejantes afirmaciones no basta, en efecto, haber leído en Ragon, que él mismo había en Reghelini, que Martinez ha tomado el rito de los Elegidos-Cohen al sueco Swedenborg. Papus habría podido abstenerse de reproducir, amplificándola, una afirmación que no reposa sobre nada serio. Habría podido buscar las fuentes de su documento y asegurarse de que hay muy pocas relaciones entre la doctrina y el rito de Swedenborg, y la doctrina y el rito de los Elegidos-Cohen... En cuanto al precedente viaje a Londres, no tuvo lugar más que en la imaginación de Papus"[177]. Es enojoso, para un historiador, dejarse atrapar por su imaginación... "en Astral"; y, desgraciadamente, las mismas observaciones pueden aplicarse a muchos otros escritores, que se esfuerzan en establecer las comparaciones menos verosímiles "en interés de una tesis muy personal", ¡frecuentemente incluso demasiado personal!

Pero volvamos a M. Martigue, que nos advierte aún una vez más que, "sin el socorro de esas ciencias, llamadas ocultas, es del todo imposible comprender la Masonería del siglo XVIII e incluso, lo que sorprenderá a los no iniciados, la de hoy". Aquí, uno o dos ejemplos nos habrían permitido aprehender mejor su pensamiento; pero veamos la continuación: "De esta ignorancia (del ocultismo), compartida no solamente por profanos, sino también por Masones, incluso revestidos de los altos grados, provienen errores como aquel del que nos ocupamos. Este error ha lanzado a la antimasonería a la búsqueda de Superiores Incógnitos que, bajo la pluma de los verdaderos iniciados, son simplemente manifestaciones extranaturales de seres vivientes en el Mundo Astral". Como hemos dicho, no creemos por nuestra parte, que los que puedan sostener

---

[177] *Notice historique sur le Martinesisme et le Martinisme*, página 17, en nota.

esta tesis sean "verdaderos iniciados"; pero, si M. Martigue, que lo afirma, lo cree verdaderamente, no vemos demasiado el porqué se apresura a añadir: "Lo que no prejuzga nada de su existencia (de esos Superiores Incógnitos), como tampoco, además, de dicho "Mundo Astral", sin parecer darse cuenta de que pone así todo en cuestión. Incluso "no pretendiendo indicar más que lo que pensaban los Altos Masones del siglo XVIII" ¿está bien seguro de interpretar fielmente su pensamiento, y de no haber simplemente introducido una complicación nueva en uno de los problemas de los cuales esos HH.·. "perseguían con ardor la solución", porque esta solución debía ayudarles a devenir los "verdaderos iniciados" que aún no eran, evidentemente, en tanto que no lo hubieran encontrado? Es que los "verdaderos iniciados" son todavía más raros de lo que se piensa, pero eso no quiere decir que no los haya, o que no existan más que "en Astral"; y ¿por qué, bien que viviendo sobre tierra, esos "adeptos", en el sentido verdadero y completo de la palabra, no serían los verdaderos Superiores Incógnitos?

"Por consiguiente, escribiendo las palabras Superiores Incógnitos, S. I. , los Iluminados, los Martinistas, los miembros de la Estricta Observancia y todos los Masones del siglo XVIII hablan de seres considerados como teniendo una existencia real superior, bajo la dirección de los cuales cada Logia y cada adepto iniciado (sic) están colocados". Haber hecho de los Superiores Incógnitos unos "seres astrales", después asignarles tal papel de "ayudas invisibles" (invisible helpers), como dicen los teosofistas ¿no es querer aproximarlos un poco demasiado a los "guías espirituales que dirigen igualmente desde "un plano superior", a los médiums y los grupos espiritistas? Luego no es quizás totalmente que "en ese sentido escriben Eques a Capite Galeato y sus corresponsales", a menos que se quiera hablar de una "existencia superior" pudiendo ser "realizada" por ciertas categorías de iniciados, que no son "invisibles" y "astrales" más que para los profanos y para los seudo-iniciados a los cuales hemos ya hecho algunas alusiones. Todo el ocultismo contemporáneo, incluso añadiéndole el espiritismo, el teosofismo y los otros movimientos "neo-espiritualistas", no puede con todo, diga lo quiera M-. Martigue, conducir más que a "una interpretación totalmente exotérica". Pero, si es difícil conocer exactamente el pensamiento de los Altos Masones del siglo XVIII, y, por consiguiente, "interpretar sus cartas como las comprendían ellos mismos", ¿es indispensable que tales condiciones sean cumplidas íntegramente para no equivocarse completamente prosiguiendo esos estudios, ya tan difíciles, incluso cuando se está en la buena vía"? Y ¿Hay alguien, entre los antimasones, que se pueda decir que está "en la buena vía" con exclusión de todos los demás? Las cuestiones que han de estudiar son demasiado complejas para eso, incluso sin hacer intervenir el "Astral" allá donde nada tiene que hacer. Por ello es siempre "fastidioso desdeñar a priori", incluso en nombre de la "ciencia" y de la "crítica", unos trabajos que, como lo dice muy bien el redactor de los Cahiers Romains, " no son definitivos, lo que no impide que sean muy importantes, que lo son". Sin duda, M. Gustave Bord tiene pretensiones de imparcialidad; pero ¿posee verdaderamente esta cualidad en el grado que debe necesitarse, suponemos al menos, para realizar el ideal de M. Martigue, "el historiador advertido que sabe encontrar lo mejor en todas partes, y a quien la sana crítica permite juzgar el valor de los documentos"? Aún más puede haber varias maneras de estar "en la buena vía", y basta estar en ella, de una u otra manera, para no "equivocarse completamente", sin incluso que sea "indispensable iluminar la buena ruta a las tenebrosas luces (? !) del ocultismo", ¡lo que está desde luego muy claro!

M. Martigue concluye en estos términos: "En la espera, reconocemos de buena gana que, si comprende el poder oculto en el sentido que acabamos de indicar, el redactor de los Cahiers Romains tiene razón al escribir, como lo hace: "Comprobamos que ningún argumento probatorio ha sido presentado, hasta aquí, contra el poder central oculto de la Secta". Pero si entiende, por tales palabras, contrariamente a los Francmasones iniciados del siglo XVIII, un comité de hombres de carne y hueso, estamos obligados a redargüir: "Comprobamos que ningún documento probatorio ha sido presentado hasta ahora, a favor de ese comité director desconocido. Y corresponde a los que afirman esta existencia el aportar la prueba decisiva. Nosotros esperamos. La cuestión permanece pues abierta". En efecto, está siempre abierta, y es cierto que "es de las más importantes"; pero ¿quien ha pues jamás pretendido que los Superiores Incógnitos, incluso "de carne y hueso", constituían un "comité", o incluso una "sociedad" en el sentido ordinario de la palabra? Esta solución parece muy poco satisfactoria, al contrario, cuando se sabe que existen ciertas organizaciones verdaderamente secretas, mucho más próximas al "poder central" de lo que está la Masonería exterior, y cuyos miembros no tienen ni reuniones, ni diplomas, ni medios de reconocimiento. Es bueno tener respeto por los "documentos", pero se comprende que sea más difícil descubrirlos "probatorios" cuando se trata precisamente de cosas que, como escribíamos anteriormente, " no son de naturaleza que pueda ser probada por un documento escrito cualquiera". Ahí aún, es preciso pues "no exagerar", y se precisa sobre todo evitar dejarse absorber exclusivamente por la preocupación "documental", hasta el punto de perder de vista, por ejemplo, que la antigua Masonería reconocía varios tipos de Logias trabajando "sobre planos diferentes", como diría un ocultista, y que, en el pensamiento de los Altos Masones de entonces, ello no significaba en modo alguno que la "tenidas" de algunas de esas Logias tuvieran lugar "en el Astral", cuyos archivos, por lo demás, apenas son accesibles más que a los "estudiantes" de la escuela de Leadbeater. Si hay hoy S. I. "de fantasía" que pretenden reunirse "en Astral", es para no confesarse simplemente que no se reúnen, y, si sus "grupos de estudios" han sido, en efecto, transportados "a otro plano", no es más que de la manera común a todos los seres "en sueño" o "desencarnados", ya se trate de individualidades o de colectividades, de "comités" profanos o de "sociedades" sedicentemente "iniciáticas". Hay, en estas últimas, muchas gentes que querrían hacerse pasar por "místicos" mientras que no son más que vulgares "mistificadores", y a quienes no importa juntar el charlatanismo al ocultismo, sin incluso poseer los "poderes" ocasionales que han podido exhibir a veces un Gugomos o un Schoepfer. También, quizá valdría más estudiar un poco más de cerca las "operaciones" y la "doctrina" de estos últimos, por imperfectamente iniciados que hayan sido, que las de los pretendidos "Magos" contemporáneos, que no son del todo iniciados, o al menos que no lo son en nada serio, lo que viene a ser lo mismo.

Todo ello, entiéndase bien, no quiere decir que no sea bueno estudiar y conocer incluso el ocultismo y "vulgarizador", pero no dándole más que la importancia muy relativa que merece, y mucho menos para buscar en él lo que no se encuentra, que para mostrar si hay ocasión toda su inanidad, y para poner en guardia a los que estuvieran tentados a dejarse seducir por las tramposas apariencias de una "ciencia iniciática" totalmente superficial y de segunda o de tercera mano. No hay que hacerse ninguna ilusión: si la acción de los verdaderos superiores Incógnitos existe un poco, a pesar de todo, hasta en los movimientos "neo-espiritualistas" de que se trata, cualesquiera que sean sus títulos y sus pretensiones, no es más que de una manera tan indirecta y lejana como en la Masonería más exterior y más moderna. Lo que acabamos de decir, lo prueba ya, y tendremos ocasión, en próximos estudios, de aportar al respecto otros ejemplos no menos significativos.

Capítulo IV

La Gnosis y la Francmasonería

Texto publicado en La Gnose, París, marzo de 1910, con el seudónimo Palingénius. Reproducido en René Guénon, Études sur la Franc-Maçonnerie, Tomo II, a título documental.

"**L**a Gnosis, ha dicho el M.·. III.·. H.·. Albert Pike, es la esencia de la Francmasonería". Lo que hay que entender aquí por Gnosis, es el Conocimiento tradicional que constituye el fondo común de todas las iniciaciones, y cuyas doctrinas y símbolos se han transmitido, desde la antigüedad más alejada hasta nuestros días, a través de todas las fraternidades secretas cuya larga cadena jamás ha sido interrumpida.

Toda doctrina esotérica no puede transmitirse más que por una iniciación, y toda iniciación comprende necesariamente varias fases sucesivas, a las cuales corresponden otros tantos grados diferentes. Estos grados y estas fases pueden siempre reducirse a tres; se los puede considerar como marcando las tres edades del iniciado, o las tres épocas de su educación, y caracterizarlos respectivamente por estas tres palabras: nacer, crecer, producir. He aquí lo que ha dicho al respecto el H.·. Oswald Wirth: "La iniciación masónica tiene como fin el iluminar a los hombres, a fin de enseñarles a trabajar útilmente, en plena conformidad con las finalidades mismas de su existencia. Ahora bien, para iluminar a los hombres, hay que despojarlos primero de todo lo que puede impedirles ver la luz. Esto se consigue sometiéndolos a ciertas purificaciones destinadas a eliminar las escorias heterogéneas, causa de la opacidad de las envolturas que sirven de cortezas protectoras al núcleo espiritual humano. Una vez que estas devienen límpidas, su transparencia perfecta deja penetrar los rayos de la luz exterior hasta el centro consciente del iniciado. Entonces todo su ser se satura de ella progresivamente, hasta que se convierta en un Iluminado en el sentido más elevado de la palabra, un Adepto, dicho de otra forma, transformado en adelante él mismo en un hogar irradiante de Luz.

"La iniciación masónica comporta así tres fases distintas, consagradas sucesivamente al descubrimiento, a la asimilación y a la propagación de la luz. Estas fases son representadas por los tres grados de Aprendiz, Compañero y Maestro, que corresponden a la triple misión de los Masones, consistente en buscar primero, con el fin de poseer a continuación, y poder finalmente expandir la Luz.

"El número de estos grados es absoluto: no podría haber más que tres, ni más ni menos, la invención de los diferentes sistemas denominados de altos grados sólo reposa sobre un equívoco, que ha hecho confundir los grados iniciáticos, estrictamente limitados al número de tres, con los grados de la iniciación, cuya multiplicidad es necesariamente indefinida.

"Los grados iniciáticos corresponden al triple programa perseguido por la iniciación masónica. Aportan en su esoterismo una solución a las tres cuestiones del enigma de la Esfinge: ¿de dónde venimos? ¿Qué somos? ¿Adónde vamos? Y responden así a todo lo que pueda interesar al hombre; son inmutables en sus caracteres fundamentales, y forman en su trinidad un todo completo, al cual nada hay que añadir ni que quitar: el Aprendizaje y el Compañerismo son los dos pilares que soportan la Maestría.

"En cuanto a los grados de la iniciación, permiten al iniciado penetrar más o menos profundamente en el esoterismo de cada grado, de ahí resulta un número indefinido de maneras diferentes de entrar en posesión de los tres grados de Aprendiz, de Compañero y de Maestro. Se puede no poseer de ellos más que la forma exterior, la letra incomprendida; en Masonería, como en todas partes, muchos son los llamados y pocos los elegidos, pues no es dado más que a los iniciados verdaderos la aprehensión del espíritu íntimo de los grados iniciáticos. Cualquiera no consigue, por lo demás, el mismo éxito; apenas se sale, lo más frecuentemente, de la ignorancia esotérica, sin avanzar de un modo decidido hacia el conocimiento integral, hacia la Gnosis perfecta.

"Ésta, figurada en Masonería por la letra G.·. de la Estrella Llameante, se aplica simultáneamente al programa de búsquedas intelectuales y de entrenamiento moral de los tres grados de Aprendiz, Compañero y Maestro. Ella busca con el Aprendizaje, penetrar el misterio del origen de las cosas; con el Compañerismo, desvela el secreto de la naturaleza del hombre, y revela, con la Maestría, los arcanos del destino futuro de los seres. Enseña, además, al Aprendiz a elevar hasta su más alta potencia las fuerzas que porta en sí mismo; muestra al Compañero cómo puede atraer a él las fuerzas del ambiente, y enseña al Maestro a regir como soberano la naturaleza sometida al cetro de su inteligencia. No hay que olvidar en todo ello, que la iniciación masónica se relaciona con el Gran Arte, con el "Arte Sacerdotal y Regio de los antiguos iniciados"[178].

Sin querer tratar aquí la cuestión tan compleja de los orígenes históricos de la Masonería recordaremos simplemente que la Masonería moderna, en la forma que conocemos actualmente, ha resultado de una fusión parcial de los Rosa-Cruz, que habían conservado la doctrina gnóstica desde la Edad Media, con las antiguas corporaciones de Masones Constructores, cuyos útiles habían sido ya empleados, por otra parte, como símbolos por los filósofos herméticos, como se ve en particular en una figura de Basilio Valentín[179].

Pero, dejando de lado por el momento el punto de vista restringido del Gnosticismo, insistiremos sobre todo sobre el hecho de que la iniciación masónica, como, por otra parte, toda iniciación, tiene como fin la obtención del Conocimiento integral, que es la gnosis en el sentido verdadero de la palabra. Podemos decir que es este Conocimiento mismo el que, propiamente hablando, constituye realmente el secreto masónico, y es por lo que este secreto es esencialmente incomunicable.

Para terminar, y a fin de descartar todo equívoco, diremos que, para nosotros, la Masonería no puede y no debe atarse a ninguna opinión filosófica particular, que no es más espiritualista que materialista, no es más deísta que atea o panteísta, en el sentido que se da de ordinario a esas diversas denominaciones, porque ella debe

---

[178] "L´Initiation Maçonnique", artículo publicado en *L´Initiation*, 4º año, nº 4, enero de 1891.

[179] V. Al respecto *Le Livre de l´Apprenti*, por el H∴ Oswald Wirth, págs, 24 a 29 de la nueva edición.

ser pura y simplemente la Masonería. Cada uno de sus miembros, entrando en el Templo, debe despojarse de su mentalidad profana y hacer abstracción de todo lo que es extraño a los principios fundamentales de la Masonería, principios sobre los cuales todos deben unirse para trabajar en común en la gran Obra de la Construcción universal.

Capítulo V

LA ORTODOXIA MASÓNICA

Publicado originalmente en La Gnose, París, abril de 1910 firmado por T. Palingénius. Recopilado en René Guénon, Études sur la Franc-Maçonnerie et le Compagnonnage II, a título documental.

Se ha escrito tanto sobre la cuestión de la regularidad masónica, se han dado tantas definiciones diferentes e incluso contradictorias, que este problema, lejos de estar resuelto, no ha hecho, quizá, sino devenir más oscuro. Parece que ha sido mal expuesto, pues, a menudo, se tiende a fundamentar dicha regularidad sobre consideraciones puramente históricas, apoyándose en la prueba, verdadera o supuesta, de una transmisión ininterrumpida de poderes desde una época más o menos alejada. Ahora bien, es preciso confesar que, desde este punto de vista, sería fácil encontrar algunas irregularidades en el origen de todos los Ritos practicados actualmente. Nosotros pensamos que todo ello dista mucho de tener la importancia que algunos, por razones diversas, han querido atribuirle, y que la verdadera regularidad reside esencialmente en la ortodoxia masónica, y que esta ortodoxia consiste ante todo en seguir fielmente la Tradición, en conservar con cuidado los símbolos y las formas rituales que expresan esta Tradición y que son como su ropaje, y en rechazar toda innovación sospechosa de modernidad. Y es a propósito que empleamos aquí la palabra modernidad, para designar esta tendencia demasiado difundida que, en Masonería como en todas partes, se caracteriza por el abuso de la crítica, el rechazo del simbolismo y la negación de todo aquello que constituye la Ciencia esotérica y tradicional.

No obstante, no queremos decir con ello, que la Masonería, para ser ortodoxa, deba ceñirse a un formalismo estrecho, en que lo ritual deba ser algo absolutamente inflexible, dentro de lo cual no se pueda añadir ni suprimir nada sin hacerse acreedor de algún tipo de sacrilegio; esto sería dar muestra de un dogmatismo que resulta del todo extraño e incluso contrario al espíritu masónico. La Tradición no excluye de ningún modo la evolución ni el progreso, los rituales pueden y deben ser modificados todas las veces que sea necesario para adaptarse a las condiciones variables del tiempo y del lugar pero, bien entendido, únicamente en la medida en que estas modificaciones no afecten a ningún aspecto esencial. El cambio en los detalles del ritual importa poco siempre y cuando la enseñanza iniciática que se desprenda de ellos no sufra ninguna alteración; y la multiplicidad de Ritos no tendría graves inconvenientes, quizá incluso tendría ciertas ventajas, si desgraciadamente no tuviera demasiado a menudo como consecuencia, sirviendo de pretexto a enojosas disensiones entre Obediencias rivales, el comprometer la unidad, si se quiere ideal, pero con todo real, de la Masonería universal.

Lo lamentable es, sobre todo, tener que comprobar demasiado a menudo en un gran número de Masones la ignorancia completa del simbolismo y de su interpretación esotérica, el abandono de los estudios iniciáticos sin los cuales el rito no es sino un cúmulo de ceremonias vacías de sentido, como en las religiones exotéricas. En este sentido hoy en día hay, particularmente en Francia e Italia, negligencias verdaderamente imperdonables; podemos citar, por ejemplo, aquella que cometen los Maestros que renuncian a llevar mandil, cuando no obstante, como bien ha demostrado recientemente el M∴ Il∴ H∴ Dr. Blatin, en un comunicado que debe estar todavía presente en la memoria de todos los HH∴, es el mandil la verdadera indumentaria del Masón, mientras que el cordón no es más que su adorno. Algo más grave todavía es la supresión o la simplificación exagerada de las pruebas iniciáticas y su reemplazo por el enunciado de fórmulas casi insignificantes; y, a este propósito, no podemos hacer nada mejor que reproducir unas líneas que al mismo tiempo nos dan una definición general del simbolismo, y que consideramos perfectamente exactas: "El simbolismo masónico es la forma sensible de una síntesis filosófica de orden trascendente o abstracta. Las concepciones que representan los Símbolos de la Masonería no pueden dar lugar a ningún tipo de enseñanza dogmática; ellas escapan a las fórmulas concretas del lenguaje hablado y en absoluto se dejan traducir por palabras. Son, como se dice muy justamente, los Misterios que se sustraen a la curiosidad del profano, es decir, las Verdades que el espíritu no puede alcanzar sino después de haber sido cabalmente preparado. La preparación al entendimiento de los Misterios es alegóricamente puesta en escena en las iniciaciones masónicas por las pruebas de los tres grados fundamentales de la Orden. Contrariamente a lo que alguno se ha imaginado, estas pruebas no tienen en absoluto como objetivo el de hacer resurgir el coraje o las cualidades morales del recipiendario; ellas figuran una enseñanza que el pensador deberá discernir, y luego meditar, en el transcurso de toda su carrera de iniciado".

Vemos en ello que la ortodoxia masónica, tal y como la hemos definido, se refiere al conjunto del simbolismo considerado como un todo armónico y completo y no exclusivamente a este o aquel símbolo en particular, incluso una fórmula como A L∴ G∴ D∴ G∴ A∴ D∴ U∴, de la que se ha querido a veces hacer una característica de la Masonería regular, como si ella pudiera por sí misma constituir una condición necesaria y suficiente de regularidad y cuya supresión, después de 1877, ha sido a menudo reprochada a la Masonería francesa. Aprovecharemos esta ocasión para protestar enérgicamente contra una campaña todavía más ridícula que odiosa, si cabe, dirigida desde hace ya algún tiempo contra esta última, en Francia mismo, en nombre de un pretendido espiritualismo que no tiene razón de ser en este caso, por ciertas gentes que se revisten de cualidades masónicas más que dudosas; si estas gentes a quienes no queremos hacer el honor de nombrar, creen que sus procedimientos asegurarán el triunfo de la pseudo-masonería que ellos mismos tratan vanamente de lanzar bajo etiquetas diversas, se equivocan extrañamente.

No queremos tratar aquí, al menos por el momento, la cuestión del G∴ A∴ D∴ U∴. Esta cuestión ha sido, en los últimos números de "La Acacia", objeto de una discusión muy interesante entre los HH:. Oswald Wirth y Ch. M. Limousin; desgraciadamente, esta discusión ha sido interrumpida por la muerte de este último, muerte que fue un duelo para la Masonería entera. Sea como fuere, diremos solamente que el símbolo del G∴ A∴ D∴ U∴ no es en absoluto la expresión de un dogma, y que, si se comprende como es debido, puede ser aceptado por todos los Masones, sin distinción de opiniones filosóficas, pues ello no implica en absoluto el reconocimiento por su parte de un Dios cualquiera, como se ha creído muy a menudo. Es lamentable que la Masonería francesa se haya equivocado a este respecto, pero es justo reconocer que no ha hecho en esto más que compartir un error bastante general; si se consigue disipar esta confusión, todos los Masones comprenderán que, en lugar de suprimir al G∴ A∴ D∴ U∴ es preciso, como dice el

H∴ Oswald Wirth, en las conclusiones a las que nos adherimos plenamente, buscar el hacerse una idea racional, y tratarlo de esta manera como a todos los demás símbolos iniciáticos.

Esperamos que llegará un día no muy lejano en que se establecerá el acuerdo definitivo sobre los principios fundamentales de la Masonería y sobre los aspectos esenciales de la doctrina tradicional. Todas las ramas de la Masonería universal volverán entonces a la verdadera ortodoxia, de la cual algunas de ellas se han alejado un poco, y todas se unirán al fin para trabajar en la realización de la Gran Obra que es el cumplimiento integral del Progreso en todos los dominios de la actividad humana.

Capítulo VI

Los altos grados masónicos

Publicado en La Gnose, mayo de 1910, firmado por Palingénius. Recopilado en René Guénon, Études sur la Franc-Maçonnerie II, a título documental.

Hemos visto, en un precedente artículo, que comportando la iniciación masónica tres fases sucesivas, no puede en ella haber más que tres grados, que representan esas tres fases; parece resultar de ahí que todos los sistemas de altos grados son completamente inútiles, al menos teóricamente, puesto que los rituales de los tres grados simbólicos describen, en su conjunto, el ciclo completo de la iniciación, Sin embargo, de hecho, siendo simbólica la iniciación masónica, forma unos Masones que no son sino el símbolo de los verdaderos Masones, y ella les traza simplemente el programa de las operaciones que tendrán que efectuar para llegar a la iniciación real. Es a este último fin al que tendían, al menos originariamente, los diversos sistemas de altos grados, que parecen haber sido precisamente instituidos para realizar en la práctica la gran Obra de la cual la Masonería enseñaba la teoría.

Con todo, hay que reconocer que bien pocos de esos sistemas alcanzaban realmente el fin que se proponían; en la mayor parte, se encuentran incoherencias, lagunas, redundancias, y algunos rituales son de muy débil valor iniciático, sobre todo cuando se los compara con los de los grados simbólicos, Estos defectos son, por otra parte, tanto más sensibles cuanto que el sistema comprende un mayor número de grados; y, si es ya así en el Escocismo de 25 y 33 grados, ¿qué será en los Ritos de 90, 97, o incluso 120 grados? Esta multiplicidad de grados es tanto más inútil cuanto que se está obligado a conferirlos por series. En el siglo XVIII, cada uno quiso inventar un sistema para él, siempre injertado, entiéndase bien, sobre la Masonería simbólica, de la cual no se hacía más que desarrollar los principios fundamentales, interpretados demasiado frecuentemente en el sentido de las concepciones personales del autor, como se ve en casi todos los Ritos herméticos, Kabalísticos y filosóficos, y en las Ordenes de Caballería y de Iluminismo. De ahí nació, en efecto, esta prodigiosa diversidad de Ritos, de los que muchos no existieron jamás más que sobre el papel, y de los cuales es casi imposible desembrollar la historia; todos los que han intentado poner un poco de orden en ese caos han debido renunciar a ello, a menos que, por una razón cualquiera, hayan preferido dar de los orígenes de los altos grados explicaciones más o menos fantásticas, a veces incluso totalmente fabuladas.

No señalaremos, a tal respecto, todas las aserciones sedicentemente históricas que hemos encontrado en diversos autores, pero, en todo caso, lo que es cierto, es que, contrariamente a lo que se ha pretendido frecuentemente, el caballero Ramsay no fue el inventor de los altos grados, y que, si es responsable de ellos, no es más que indirectamente, porque los que concibieron el sistema del Escocismo se inspiraron en un discurso que él había pronunciado en 1737, y en el cual relacionaba a la vez la Masonería a los Misterios de la Antigüedad y, más inmediatamente, a las Ordenes religiosas y militares de la Edad Media. Pero Ramsay es tan poco autor de los rituales de los grados escoceses como Elías Ashmole lo es de los grados simbólicos, como lo querría una opinión bastante generalmente admitida, reproducida por Ragon entre otros historiadores. "Elías Ashmole, sabio anticuario, adepto del hermetismo y de los conocimientos secretos entonces en boga, fue recibido como Masón el 16 de octubre de 1646, en Warrington, pequeña ciudad del condado de Lancaster. No reapareció en logia más que pasados 35 años, el 11 de marzo de 1682, por segunda y última vez en su vida, como lo testimonia su diario, que nunca cesó de llevar día tras día con escrupulosa minuciosidad[180].

Por otra parte, pensamos nosotros que los rituales iniciáticos no pueden ser considerados como la obra de una o de varias individualidades determinadas, sino que son constituidos progresivamente, por un proceso que nos es imposible precisar, que escapa a toda definición. Por el contrario, los rituales de aquellos de entre los altos grados que son casi insignificantes presentan todos los caracteres de una composición ficticia, artificial, creada en todas sus piezas por la mentalidad de un individuo. En suma, sin detenernos en consideraciones sin mucho interés, basta considerar todos los sistemas, en su conjunto, como las diversas manifestaciones de la tendencia realizadora de hombres que no se contentaban con la pura teoría, sino que queriendo pasar a la práctica, olvidaban demasiado frecuentemente que la iniciación real debe ser necesariamente en gran parte personal.

Hemos simplemente querido decir aquí lo que pensamos de la institución de los altos grados y de su razón de ser, nosotros los consideramos como teniendo una utilidad práctica incontestable, pero a condición, desgraciadamente muy pocas veces realizada, sobre

---

[180] Oswald Wirth, *Le Livre de l´Apprenti*, página 30 de la segunda edición.

todo hoy en día, que cumplan verdaderamente el fin para el que han sido creados. Para eso, haría falta que los Talleres de los altos grados fuesen reservados a los estudios filosóficos y metafísicos, demasiado descuidados en las Logias simbólicas; jamás se debería olvidar el carácter iniciático de la Masonería, que no es ni puede serlo, quienquiera que lo haya dicho, ni un club político ni una asociación de socorros mutuos. Sin duda, duda no se puede comunicar lo que es inexpresable por esencia, y por ello los verdaderos arcanos se defienden por sí mismos contra toda indiscreción, pero se puede al menos dar las claves que permitirán a cada uno obtener la iniciación real por sus propios esfuerzos y su meditación personal, y se puede también, según la tradición y la práctica constantes de los Templos y de los Colegios iniciáticos de todos los tiempos y de todos los países, emplazar a aquel que aspira a la iniciación en las condiciones más favorables de realización, y proporcionarle la ayuda sin la cual sería casi imposible completar esta realización. No nos extenderemos más tiempo sobre este asunto, pensando haber dicho lo suficiente para hacer entrever lo que podrían ser los altos grados masónicos, si en lugar de querer suprimirlos pura y simplemente, se hiciera de ellos unos centros iniciáticos verdaderos, encargados de transmitir la ciencia esotérica y de conservar el depósito sagrado de la Tradición ortodoxa, una y universal.

Capítulo VII

Acerca del Gran Arquitecto del Universo

Texto publicado en "La Gnose", nº de julio-agosto de 1911, firmado por T. Palingenius. Retomado aquí como anexo documental.

Hacia el final de nuestro precedente estudio[181], hemos hecho alusión a ciertos astrónomos contemporáneos a los que se les ocurre a veces salirse del dominio que les es propio, para darse a digresiones teñidas de una filosofía que no es ciertamente injusto señalar como totalmente sentimental, pues esencialmente poética en su expresión. Quien dice sentimentalismo dice siempre antropomorfismo, pues éste lo es de varios tipos; y aquel del que hablamos a este particular es el que se ha primero manifestado como una reacción contra la cosmogonía geocéntrica de las religiones reveladas y dogmáticas, para desembocar en las concepciones estrechamente sistemáticas de sabios que quieren

---

[181] Ver "El Simbolismo de la Cruz", en "La Gnose", 2º año, nº6, p. 166.- He aquí el pasaje en cuestión: "Si nos es imposible admitir el punto de vista estrecho del geocentrismo, no aprobamos tampoco esta especie de lirismo científico, o que se dice tal, que parece agradar sobre todo a ciertos astrónomos, y en el que sin cesar se trata del "espacio infinito" y del "tiempo eterno", que son puras absurdidades; no hay que ver ahí, como lo mostraremos en otro lugar, más que otro aspecto de la tendencia al antropomorfismo".

limitar el Universo a la medida de su comprehensión actual[182] por una parte, y, por otra parte, de las creencias por lo menos tan singulares y poco racionales (en razón misma de su carácter de creencias totalmente sentimentales) como las que pretenden reemplazar[183]. Sobre uno y otro de estos dos productos de la misma mentalidad, tendremos igualmente que volver a continuación; pero es bueno comprobar que se unen a veces, y apenas es necesario recordar, para dar un ejemplo, la famosa "religión positivista" que Auguste Comte instituyó hacia el fin de su vida. Que no se crea, por otro lado, que somos en absoluto hostiles a los positivistas; nosotros tenemos, al contrario, por ellos, cuando son estrictamente positivistas[184], y a pesar de que su positivismo se queda forzosamente incompleto, muy diferente estima a la que sentimos por los filósofos doctrinarios modernos, ya se declaren monistas o dualistas, espiritualistas o materialistas.

---

[182] "El hombre es la medida de todas las cosas", ha dicho un filósofo griego; pero es bien evidente que esto debe entenderse en realidad, no del hombre individual contingente, sino del Hombre Universal.

[183] Citemos como ejemplo, para no salir de las concepciones directamente sugeridas por la astronomía, la extraña teoría de la migración del ser individual a través de los diversos sistemas planetarios; hay un error del todo análogo al de la reencarnación Ver a este respecto "La Gnose", 2º año, nº 3, p. 94: "Una limitación de la Posibilidad Universal es, en el sentido propio de la palabra, una imposibilidad; veremos por otro lado que esto excluye la teoría reencarnacionista; lo mismo que el "eterno retorno" de Nietzsche, y que la repetición simultánea en el espacio, y que la repetición simultánea en el espacio, de individuos supuestamente idénticos, como lo imagina Blanqui". Para la exposición de esta concepción, además de las obras de Flammarion, ver Figuier, *El Amanecer de la Muerte o la Vida futura según la Ciencia*.

[184] Pero, bien entendido, el positivista, si quiere ser siempre lógico consigo mismo, jamás puede tomar, de la manera que sea, una actitud negadora, dicho de otra forma, sistemática (pues quien dice negación dice limitación y recíprocamente).

Pero volvamos a nuestros astrónomos; entre ellos, uno de los más conocidos del gran público (y por ese sólo motivo le citamos antes que a cualquier otro, aunque tuviese un valor científico muy superior) es, sin duda, Camille Flammarion, al que vemos, incluso en aquellas de sus obras que parecerían deber ser puramente astronómicas, decir cosas como éstas:

[...] Si los mundos murieran para siempre, si los soles una vez extinguidos no se encendieran ya más, es probable que no hubiera ya estrellas en el cielo.

"¿y eso por qué?

Porque la creación es tan antigua, que podemos considerarla como eterna en el pasado[185]. Desde la época de su formación, los innumerables soles del espacio han tenido largo tiempo para extinguirse. Con relación a la eternidad pasada (sic), no hay más que los nuevos soles que brillan. Los primeros están extinguidos. La idea de sucesión se impone, pues, por sí misma a nuestro espíritu[186].

"Cualquiera que sea la creencia íntima que cada uno de nosotros haya adquirido en su conciencia sobre la naturaleza del Universo, es imposible admitir la antigua teoría de una creación hecha de una vez

---

[185] Es una singular concepción la de una sedicente eternidad temporal, que se compone de duraciones sucesivas, y que parece partirse en dos mitades, una pasada y otra futura; eso no es en realidad, más que la indefinidad de la duración, a la cual corresponde la inmortalidad humana. Tendremos ocasión de volver sobre esta idea de una seudo eternidad divisible, y sobre las consecuencias que han querido sacar de ella algunos filósofos contemporáneos.

[186] Es casi superfluo atraer la atención sobre la cantidad de puras hipótesis que son acumuladas en algunas pocas líneas.

por todas[187]. La idea de Dios ¿no es, por sí misma, sinónimo de la idea de Creador? Desde el momento que Dios existe, él crea; si no hubiera creado más que una vez, no habría ya soles en la inmensidad, ni planetas impulsando alrededor de ellos la luz, el calor, la electricidad y la vida[188]. Es preciso, con absoluta necesidad, que la creación sea perpetua[189]. Y, si Dios no existiera, la antigüedad, la eternidad del Universo se impondría con mayor fuerza aún[190]".

El autor declara que la existencia de Dios "no es más que una cuestión de filosofía pura y no de ciencia positiva", lo que no le impide querer demostrar, en otro lugar[191], si no científicamente, al menos con argumentos científicos, esta misma existencia de Dios, o más bien de un dios, deberíamos decir, y aún de un dios muy poco luminoso[192], puesto que no es más que un aspecto del Demiurgo; Es el autor mismo quien lo declara, al afirmar que para él, "la idea de Dios es sinónimo de la de Creador", y, cuando habla de creación, se trata siempre solamente del mundo físico, es decir, del contenido del espacio que el astrónomo tiene posibilidad de explorar con su

---

[187] Uno se pregunta en nombre de qué principio es proclamada esta imposibilidad, desde el momento que se trata de una creencia (la palabra está ahí), es decir, algo que no surge sino de la conciencia individual.

[188] Resulta visiblemente de esta frase, que para el autor, Dios tiene un comienzo y está sometido al tiempo, así como al espacio.

[189] Pero perpetuo, que no implica más que la duración indefinida, no es sinónimo de eterno, y una antigüedad, por grande que sea, no tiene ninguna relación con la eternidad.

[190] *Astronomía popular*, p. 380 y 381.

[191] *Dios en la naturaleza*, o el Espiritualismo y el Materialismo ante la Ciencia moderna.

[192] Se sabe que la palabra "Dios" deriva del sánscrito "Deva" que significa "luminoso"; debe entenderse bien que se trata aquí de la Luz espiritual, y no de la luz física que no es más que su símbolo.

telescopio[193]. Por lo demás, hay sabios que se afirman ateos solamente porque les es imposible hacerse del Ser Supremo otra concepción que la citada, la cual repugna demasiado fuertemente a su razón (lo que testimonia al menos en favor de ésta); pero Flammarion no está entre éstos, puesto que, al contrario, no pierde ocasión de hacer una profesión de fe deísta. Aquí mismo, sobre todo tras el pasaje que hemos citado precedentemente, es conducido, por consideraciones tomadas de una filosofía totalmente atomista, a formular esta conclusión: "La vida es universal y eterna[194]". El pretende haber llegado a tal conclusión por la ciencia positiva solamente (¡por medio de muchas hipótesis!); pero es bastante singular que esta misma conclusión haya sido desde hace mucho tiempo afirmada y enseñada dogmáticamente por el Catolicismo, como surgiendo exclusivamente del dominio de la fe[195]. Si la ciencia y la fe debían reunirse tan exactamente, no valía la pena reprochar con tanta acrimonia a esta religión las molestias que Galileo tuvo antaño que sufrir de parte de sus representantes por haber enseñado la rotación de la Tierra y su

---

[193] En efecto, la ciencia moderna no admite, al menos en principio, más que lo susceptible de caer bajo el control de uno o varios de los cinco sentidos corporales; desde su punto de vista estrechamente especializado, todo el resto del Universo, es pura y simplemente considerado como inexistente.

[194] *Astronomie populaire*, p. 387.

[195] Volveremos sobre esta cuestión de la "vida eterna"; pero podemos señalar desde ahora que esta pretendida eternización de una existencia individual contingente no es más que la consecuencia de una confusión entre la eternidad y la inmortalidad. Por otra parte, esta ilusión es más fácilmente excusable, en cierta medida, que la de los espiritistas y otros psiquistas, que creen poder demostrar la inmortalidad "científicamente", es decir experimentalmente, mientras que la experiencia no podrá evidentemente probar jamás nada más que la supervivencia de algunos elementos de individualidad, tras la muerte del elemento corporal físico; conviene añadir, que desde el punto de vista de la ciencia positiva, incluso esta misma supervivencia de elementos "materiales" está aún muy lejos de encontrarse sólidamente establecida, a pesar de las pretensiones de las diversas escuelas neoespiritualistas.

revolución alrededor del Sol, opiniones contrarias a un geocentrismo que se quería entonces apoyar sobre la interpretación exotérica (y errónea) de la Biblia, pero de la cual, en nuestra época, los más ardientes defensores (pues aún los hay) ¿no se encuentran quizás más entre los fieles de las religiones reveladas?[196]

Viendo a Flammarion mezclar así el sentimentalismo con la ciencia so pretexto de "espiritualismo", no podemos sorprendernos de que haya llegado bastante rápidamente a un "animismo" que, como el de un Crookes, de un Lombroso (al final de su vida) o de un Richet (otros tantos ejemplos del fracaso de la ciencia experimental de cara a la mentalidad formada desde hace largo tiempo en Occidente por la influencia de las religiones antropomórficas), no difiere apenas del espiritismo ordinario más que por la forma, para salvar las apariencias "científicas". Pero lo que podría sorprender más, si se pensara que la concepción de un Dios individual, más aún que "personal", no podría satisfacer todas las mentalidades, ni incluso todas las sentimentalidades, lo que, decimos nosotros, sorprendería quizá más, es reencontrar esta misma "filosofía científica" sobre la cual Flammarion edifica su neoespiritualismo, y expuesta en términos casi idénticos, bajo la pluma de otros sabios que de ella se sirven precisamente para justificar al contrario una concepción materialista del Universo. Bien entendido, no podemos dar más la razón a los unos que a los otros, pues el espiritualismo o el "vitalismo" o el "animismo" de los unos, son tan extraños a la pura metafísica, como el materialismo y el "mecanicismo" de los otros, y todos se

---

[196] Hacemos especialmente alusión aquí a ciertos grupos de ocultistas, cuyas teorías son por otra parte demasiado poco serias para que se les dedique el menor desarrollo; esta simple indicación bastará ciertamente para poner a nuestros lectores en guardia contra elucubraciones de ese género.

hacen del Universo, concepciones igualmente limitadas, aunque de manera diferente[197]; todos toman por el infinito y la eternidad lo que no es en realidad más que la indefinidad espacial y la indefinidad temporal. "La creación se desarrolla en el infinito y en la eternidad", escribe en efecto Flammarion[198], y sabemos en qué sentido restringido entiende él la creación; dejémosle con esta afirmación y vamos ahora, sin más tardar, a lo que es la causa del presente artículo.

En "La Acacia" de marzo de 1911, ha aparecido un artículo del H∴ M.-I. Nergal sobre "La cuestión del Gran Arquitecto del Universo"; cuestión que había ya sido tratada precedentemente[199] en la misma revista, por el llorado H∴Ch.-M. Limousin y por el H∴ Oswald Wirth; nosotros hemos comentado algo al respecto hace más de un año[200].

Ahora bien, si hemos citado a Flammarion como simple ejemplo de la tendencia neoespiritualista de ciertos sabios contemporáneos, podemos tomar muy bien al H∴ Nergal como ejemplo de la tendencia materialista de ciertos otros. En efecto, se afirma claramente como tal, rechazando todas las otras denominaciones que (como la de "monista" especialmente) podrían dar lugar a algún equívoco; y se sabe que en realidad, los verdaderos materialistas son muy poco numerosos. Además les es muy difícil conservar siempre una actitud estrictamente lógica: mientras que creen ser espíritus

---

[197] Habría curiosas observaciones que hacer sobre las diferentes limitaciones del Universo concebidas por los sabios y los filósofos modernos; esa es una cuestión que trataremos quizás algún día.

[198] *Astronomie populaire*, p. 211.

[199] En 1908.

[200] Ver el artículo (ahora capítulo) "La Ortodoxia Masónica".

rigurosamente científicos[201], su concepción del Universo no es sino una visión filosófica como cualquier otra en la construcción de la cual entran buen número de elementos de orden sentimental; hay incluso entre ellos quienes van tan lejos en el sentido de la preponderancia permitida (al menos en la práctica) al sentimentalismo sobre la intelectualidad, que se pueden encontrar casos de verdadero misticismo materialista. ¿No es, en efecto, un concepto eminentemente místico y religioso el de una moral absoluta (o que se dice tal), que puede ejercer sobre la mentalidad de un materialista una influencia lo bastante poderosa como para hacerle confesar que, aunque no hubiera ningún motivo racional para ser materialista, él permanecería siéndolo aún, únicamente porque es "más bello" "hacer el bien" sin esperanza de alguna posible recompensa? Tal es, sin duda, una de esas "razones" que la razón ignora, pero creemos que el H∴ Nergal mismo concede una importancia demasiado grande a las consideraciones de orden moral para denegar todo valor a tal argumento[202].

Como quiera que sea, en el artículo al cual acabamos de hacer alusión, el H∴ Nergal define el Universo como "el conjunto de los mundos que gravitan a través de los infinitos (sic)"[203]; ¿no parecería

---

[201] Si lo fueran realmente, se limitarían a ser únicamente positivistas, sin preocuparse más del materialismo que del espiritualismo, pues las afirmaciones (y también las negaciones) de uno y de otro sobrepasan el alcance de la experiencia sensible.

[202] En el artículo mismo del que aquí se trata, el H∴ Nergal habla del "ideal de belleza y de sentimiento que tienen en perspectiva las sinceridades de las fuertes y profundas convicciones fundadas sobre los métodos y disciplinas científicas", sinceridades que él opone a la "del espiritualismo de H∴ G... , fruto natural de su educación literaria.

[203] Se podría creer que hay aquí una universalización excesiva de la ley de la gravitación, si no se reflexionara que, para el autor como para Flammarion, no se trata nunca más que del Universo físico, dependiente del dominio de la astronomía, que no es más que uno de los elementos de la manifestación universal, y que no es de ningún modo infinito; aún menos

estar oyendo a Flammarion? Es precisamente con una afirmación equivalente a ésta como hemos dejado antes a este último, y hacemos la observación primero para poner de manifiesto la similitud de ciertas concepciones entre hombres que, debido a sus tendencias individuales respectivas, deducen doctrinas filosóficas diametralmente opuestas.

Hemos pensado que la cuestión del Gran Arquitecto del Universo, por otro lado estrechamente ligada a las consideraciones que preceden, era de aquellas sobre las cuales es bueno volver a veces, y, puesto que el H∴ Nergal desea que su artículo dé lugar a respuestas, expondremos aquí alguna de las reflexiones que nos ha sugerido, ello sin ninguna pretensión dogmática, bien entendido, pues la interpretación del simbolismo masónico no podría admitirla[204].

Hemos ya dicho que para nosotros, el Gran Arquitecto del Universo constituye únicamente un símbolo iniciático, que se debe tratar como todos los otros símbolos, y del cual se debe buscar antes que nada hacerse una idea racional[205]; es decir, que esta concepción nada puede tener en común con el Dios de las religiones antropomórficas, que es no solamente irracional, sino incluso antirracional[206]. Sin embargo, si pensamos que "cada uno puede dar a este símbolo la significación de su propia concepción filosófica" o metafísica, estamos lejos de asimilarlo a una idea tan vaga e

---

abarca una pluralidad de infinitos, cuya coexistencia es por otra parte una pura y simple imposibilidad (ver "El Demiurgo", en "La Gnose", año 1º, nº1, p. 8).

[204] Ver el capítulo "La Ortodoxia Masónica" (cita del *Ritual interpretativo para el Grado de Aprendiz*).

[205] Idem.

[206] Lo que decimos aquí del antropomorfismo puede aplicarse igualmente al sentimentalismo en general, y al misticismo, en todas sus formas.

insignificante como "El Incognoscible" de Herbert Spencer, o, en otros términos, a "lo que la ciencia no puede alcanzar"; y es bien cierto que, como dice con razón el H.·. Nergal, "si nadie contesta que existe lo desconocido[207], nada absolutamente nos autoriza a pretender, como algunos lo hacen, que eso desconocido represente un espíritu, una voluntad". Sin duda, "lo desconocido retrocede" y puede retroceder indefinidamente; es pues limitado, lo que viene a significar que no constituye más que una fracción de la Universalidad; por lo tanto, tal concepción no podría ser la del Gran Arquitecto del Universo, que debe, para ser verdaderamente universal, implicar todas las posibilidades particulares contenidas en la unidad armónica del Ser Total[208].

El H.·. Nergal tiene razón aún cuando dice que frecuentemente "la fórmula del Gran Arquitecto no corresponde más que a un vacío absoluto, incluso entre los que son partidarios de ella", pero es poco verosímil que haya ocurrido lo mismo entre los que la han creado, pues ellos han debido querer inscribir en el frontón de su edificio iniciático otra cosa que una palabra vacía de sentido. Para adivinar su pensamiento, basta evidentemente preguntarse lo que significa esta palabra en sí misma, y, desde este punto de vista precisamente, nosotros la encontramos tanto mejor apropiada para el uso que de

---

[207] Ello, bien entendido, con relación a las individualidades humanas consideradas en su estado actual; pero "desconocido" no quiere necesariamente decir "incognoscible": nada es incognoscible cuando se consideran todas las cosas desde el punto de vista de la Universalidad.

[208] No hay que olvidar que, como hemos ya señalado en muchas ocasiones, la posibilidad material no es más que una de esas posibilidades particulares, y que existe una *indefinidad* de otras, siendo igualmente susceptible cada una de ellas de un desarrollo indefinido en su manifestación, es decir, pasando de la potencia al acto (ver particularmente "Le Symbolisme de la Croix", en "La Gnose", 2º año, nº2.

ella se hace cuanto que corresponde admirablemente al conjunto del simbolismo masónico, al que domina e ilumina todo entero, como la concepción ideal que preside la construcción del Templo Universal.

El Gran Arquitecto, en efecto, no es el Demiurgo, es algo más, infinitamente más incluso, pues representa una concepción mucho más elevada: él traza el plano ideal[209] que es realizado en acto, es decir, manifestado en su desarrollo indefinido (pero no infinito), por los seres individuales que son contenidos (como posibilidades particulares, elementos de esta manifestación al mismo tiempo que sus agentes) en su Ser Universal; y es la colectividad de esos seres individuales, considerada en su conjunto, la que en realidad, constituye el Demiurgo, el artesano o el obrero del Universo[210]. Esta concepción del Demiurgo, que es la que hemos expuesto precedentemente en otro estudio, corresponde en la Kábala, al "Adán Protoplastos"(primer formador)[211] mientras que el Gran Arquitecto, es idéntico al "Adam Kadmon", es decir, al Hombre Universal[212].

Esto basta para marcar la profunda diferencia que existe entre el Gran Arquitecto de la Masonería, por una parte, y por otra, los dioses de las diversas religiones, que no son más que aspectos diversos del

---

[209] "El Arquitecto es aquel que concibe el edificio, el que dirige su construcción", dice el H∴ Nergal mismo, y, sobre este punto aún, estamos perfectamente de acuerdo con él; pero, si se puede decir en ese sentido que él es verdaderamente el "autor de la obra", es evidente sin embargo que no lo es materialmente (o formalmente, de una manera más general) "el creador", pues el arquitecto que traza el plano no debe ser confundido con el obrero que lo ejecuta; esa es exactamente, desde otro punto de vista, la diferencia que existe entre la Masonería especulativa y la Masonería operativa.

[210] Ver "El Demiurgo", en "La Gnose", año 1º, nº 1 a 4.

[211] Y no "primer formado", como se ha dicho algunas veces equivocadamente, cometiendo así un manifiesto contrasentido en la traducción del término griego *Protoplastes*.

[212] Ver "El Demiurgo", en "La Gnose", año 1º, nº 2, pp. 25 a 27.

Demiurgo. Por otra parte, es erróneamente como, al Dios antropomorfo de los Cristianos exotéricos, el H.·. Nergal asimila Jehovah, es decir, el Hierograma del Gran Arquitecto del Universo mismo (cuya idea, a pesar de esta designación nominal, permanece mucho más indefinida de lo que el autor puede incluso suponer). Y Allâh, otro tetragrama cuya composición jeroglífica designa muy claramente al Principio de la Construcción Universal[213]; tales símbolos no son de ningún modo personificaciones, y lo son tanto menos cuanto que está prohibido representarlos por cualquier figura.

Por otra parte, tras lo que acabamos de decir se ve que, en realidad, no se ha hecho más que querer reemplazar la fórmula antiguamente en uso, "A la Gloria del Gran Arquitecto del Universo" (o del Sublime Arquitecto de los Mundos en el Rito Egipcio), por otras fórmulas exactamente equivalentes, cuando se ha propuesto sustituirla por estas palabras: "A la Gloria de la Humanidad", debiendo ésta ser entonces comprendida en su totalidad, que constituye el Hombre Universal[214], o incluso: "A la Gloria de la Francmasonería Universal", pues la Francmasonería en el sentido universal, se identifica con la Humanidad integral considerada en el cumplimiento (ideal) de la Gran Obra Constructiva[215].

---

[213] En efecto, simbólicamente, las cuatro letras que forman en árabe el nombre de Allâh equivalen respectivamente a la regla, a la escuadra, al compás y al círculo, este último siendo reemplazado por el triángulo en la Masonería de simbolismo exclusivamente rectilíneo; (ver "La Universalidad en el Islam" en "La Gnose", año 2º, nº 4, p. 126).

[214] Ni que decir tiene que, de hecho, cada individuo se hará de la Humanidad integral una concepción que será más o menos limitada, según la extensión actual de su percepción intelectual (lo que podríamos denominar su "horizonte intelectual"); pero nosotros no tenemos que considerar la fórmula más que en su sentido verdadero y completo, desprendiéndola de todas las contingencias que determinan las concepciones individuales.

[215] Debemos destacar que el primer precepto del Código Masónico es exactamente formulado así: "Honra al G.·. A.·. del U.·. ", y no "Adora al G.·. A.·. del U.·. ", esto con el fin

Podríamos extendernos aún más largamente sobre el asunto, que es naturalmente susceptible de desarrollos indefinidos, pero para concluir prácticamente, diremos que el ateísmo en la Masonería no es y no puede ser más que una máscara, que en los países latinos y particularmente en Francia, ha tenido sin duda temporalmente su utilidad, se podría casi decir su necesidad, y ello por razones diversas que no tenemos que determinar aquí, pero que hoy se ha convertido sobre todo en peligroso y comprometedor para el prestigio y la influencia exterior de la Orden. Esto no quiere decir, sin embargo, que se deba por ello, imitando la tendencia pietista que domina aún la Masonería anglosajona, pedir a la institución una profesión de fe deísta, implicando la creencia en un Dios personal y más o menos antropomorfo. Lejos de nosotros semejante pensamiento; aún más, si semejante declaración viniera nunca a ser exigida en una Fraternidad iniciática cualquiera, seríamos seguramente el primero en rechazar suscribirla. Pero la fórmula simbólica de reconocimiento del G∴ A∴ del U∴ no comporta nada semejante; ella es suficiente, aun dejando a cada uno la perfecta libertad de sus convicciones personales (carácter que tiene en común con la fórmula islamita del

---

de descartar hasta la menor apariencia de idolatría. Esta última, no sería, en efecto, más que una apariencia, pues, como lo prueban además las consideraciones que exponemos aquí, la fórmula que implicara la adoración estaría suficientemente justificada por la doctrina de la "Identidad Suprema", que, considerada en este sentido, puede expresarse en una ecuación numérica (literal) bien conocida en la Kábala musulmana. Según el Corán mismo, Allâh ordenó a los ángeles adorar a Adán, y ellos lo adoraron; el orgulloso Iblis rechazó obedecer, y (es por lo que) quedó en el bando de los infieles (cap. 2º, vers. 32).- Otra cuestión conexa y que sería interesante, desde el doble punto de vista rituálico e histórico, para determinar la significación y el valor original del símbolo del G∴ A∴, se refiere a la investigación de si se debe regularmente decir: "A la Gloria del G∴ A∴ del U∴", según el uso que había prevalecido en la Masonería francesa, o bien, según la fórmula inglesa: "En el Nombre del G∴ A∴ del U∴" (I.T.N.O.T.G.A.O.T.U.)

Monoteísmo[216], y, desde el punto de vista estrictamente masónico, no se puede razonablemente exigir nada más ni otra cosa que esta simple afirmación del Ser Universal, que corona tan armoniosamente el imponente edificio del simbolismo rituálico de la Orden.

---

[216] No hay que confundir "teísmo" con "deísmo", pues el "Theos" griego comporta una significación mucho más universal que el Dios de las religiones exotéricas modernas; tendremos en adelante la ocasión de volver sobre este punto.

P. (PALINGENIUS): RESEÑA DE
JOHN T. LAWRENCE HIGHWAYS AND BY-WAYS OF
FREEMASONRY[217]

E l autor de la serie de estudios reunidos bajo este título ha querido mostrar, como declara él mismo en el prefacio (y pensamos que lo ha logrado), que la literatura masónica puede encontrar temas dignos de interés fuera de los estudios puramente históricos y arqueológicos, que parecen constituir actualmente su preocupación casi exclusiva, al menos en Inglaterra. Así, él se ha propuesto tratar en este volumen diversas cuestiones que se plantean en cierto modo cotidianamente, sobre lo que pueden denominarse "los "injertos de la Masonería"; y afronta, en primer lugar, la del número de grados, de lo cual hemos ya otras veces hablado en la presente revista[218].

Según el "Libro de las Constituciones", no hay más que tres grados, incluido el Sacro Arco Real[219] y esta es, en efecto, la única respuesta conforme a la más estricta ortodoxia[220]. Resulta de ello, en primer

---

[217] Editor: A. Lewis, 13, Paternoster Row, London, E.C., e presso l'autore, St.Peter's Vicarage, Accrington. El mismo autor (ya director de "The Indian Masonic Review") ha publicado precedentemente otras diversas obras de tema masónico: *Masonic Jurisprudence and Symbolism, Sidelights on Freemasonry*, etc.

[218] "La Gnose et la Franc-Maçonnerie", año 1º, n° 5.

[219] El grado de "*Holy Royal Arch Mason*" tal como es practicado en los capítulos ingleses y americanos de la "*Arch Masonry*", no debe ser confundido con el grado 13º de la jerarquía escocesa, que porta igualmente el título de "Arco Real".

[220] Hay que surayar que los tres "grados" (*degrees*) de los que aquí se trata son exactamente los que hemos denominado en otra parte los "grados iniciáticos", distinguiéndolos de los

lugar, que la "Arch Masonry" no es de hecho real y originariamente distinta de la "Craft Masonry", sino que, (y sin ser para nada un grado especial) viene aquella a superponerse a la "Square Masonry" para constituir el complemento de la Maestría[221]. Otra consecuencia es que no se pueden considerar como esencialmente masónicos, y tampoco como formando parte efectiva de la Masonería, los diversos órdenes, ritos o sistemas de los altos grados; estos no son, en realidad, sino organizaciones "adjuntas", que se han venido añadiendo sucesivamente, en épocas más o menos lejanas, pero siempre relativamente recientes, sobre la primitiva Fraternidad de los "Antiguos Masones Libres y Aceptados"[222], y que, frecuentemente, no tiene con esta última y entre ellas otro ligamen que el hecho de reclutar los propios miembros exclusivamente entre los poseedores

---

"grados de iniciación" propiamente dichos, "cuya multiplicidad es necesariamente indefinida". (cf. "L'initiation Maçonnique", por el H. Oswald Wirth).

[221] Hay que entender por *"Square Masonry"* la Masonería de simbolismo puramente curvilíneo (que tiene el círculo como forma madre, como se ve particularmente en el trazado de la ojiva), no teniendo ya las figuraciones geométricas tomadas prestadas de la antigua Masonería operativa, naturalmente, más que el carácter de símbolos para la Masonería especulativa, como ya lo tenían para los antigüos Hermetistas (V. *"La Hierarchie Operative et le Grade de Royale Arche"*, del H: Oswald Wirth, y también *"Le livre de l'Apprenti"*, pp. 24 a 29). - En la antigua Masonería francesa, la expresión "pasar del triángulo al círculo" era empleada para caracterizar el paso de los "grados simbólicos" a los "grados de perfección", como se ve en particular en el Catecismo de los Elegidos Cohen (al respecto, véase "A propos du Grand Architecte de l'Univers", 2° año, n°8, p.215, nota 1 y, sobre la solución del problema hermético de la "cuadratura del círculo", "Remarques sur la production des Nombres", 1° año, n°8, p. 156).

[222] En la Masonería americana, *"Grand Lodge of Ancient Free and Accepted Masons"* es aún el título distintivo de todas las obediencias que se atienen rigurosamente a la práctica de los tres grados simbólicos, y que no reconocen oficialmente ningún otro; es cierto que el Rito Escocés, por su parte, se declara "Antigüo y Aceptado" y que hemos visto a otro sistema de grados múltiples, de origen todavía más reciente, proclamarse "Antigüo y Primitivo", o incluso "Primitivo y Originale", a despecho de toda evidencia histórica.

de uno u otro grado masónico[223]. Tal es, en primer lugar, la "Mark Masonry", que se podría, en cierto sentido, considerar como una continuación del grado de compañero (Fellow Craft)[224], y que, a su vez, sirve de base a la organización de los "Royal Arch Mariners"[225]; tales son también las múltiples órdenes de caballería, la mayor parte de las cuales no admiten como miembros más que "Royal Arch Masons", y entre las cuales se pueden citar principalmente las "Ordenes Unidas del Templo y de Malta" y la "Orden de la Cruz Roja de Roma y de Constantino"[226].

Entre los otros sistemas de altos grados practicados en Inglaterra (fuera del "Rito Escocés Antiguo y Aceptado") mencionaremos solamente la "Orden Real de Escocia" (comprendiendo los dos grados de H.R.D.M. y R.S.Y.C.S.[227], el Rito de "Royal and Selectd Masters" (o "Criptic Masonry) y el de "Allied Masonic Degrees", sin hablar de

---

[223] Frecuentemente también, sus rituales no son otra cosa que desarrollos más o menos felices de los de la Masonería simbólica (v. "Les Hauts Grades Maçonniques", año 1°, n°7).

[224] La leyenda del "*Mark Degree*" (que se subdividía en "*Mark Man*" y "*Mark Master*") está fundada sobre esta palabra de la Escritura : "La piedra que los constructores desecaron ha devenido la "piedra angular" (*Salmos* 118, 22), citada en el Evangelio (Lucas, 20, 17). - Entre los emblemas característicos de este grado, la "clave de bóveda" (*keystone*) desempeña análogo papel al de la escuadra en la "*Craft Masonry*".

[225] La leyenda de este grado adjunto, poco importante en sí mismo, remite al Diluvio Bíblico, como lo indica por lo demás su denominación.

[226] La cruz, bajo una u otra de sus diversas formas, es el emblema principal de todas estas órddenes de caballería, cuyo ritual es esencialmente "cristiano y trinitario".

[227] Abreviaciones de *Heredom* (o *Harodim*, término cuya derivación es controvertida) y *Rosy Cross*.

la Orden de los "Secret Monitor"[228], de la de los "Rosacrucianos"[229], etc.

No nos detendremos sobre los capítulos que no conciernen sino a puntos del todo peculiares a la Masonería inglesa; de interés mucho más general son aquellos en los cuales el autor (que, digámoslo de pasada, se muestra un poco severo frente al Gran Oriente de Francia[230] considera diversos temas de orden simbólico y más propiamente especulativo y formula en particular consideraciones que pueden contribuir a dilucidar diversas cuestiones relativas a la leyenda de los grados simbólicos y a su valor desde el punto de vista de la realidad histórica. Desafortunadamente, la falta de espacio no nos permite otra cosa que traducir aquí los títulos de los principales de tales capítulos: El Rey Salomón, La Biblia y el Ritual[231], Los Dos

---

[228] La leyenda sobre la que se apoya el ritual de esta orden (el cual parecería ser originario de Holanda) es la historia de la amistad de David y de Jonathán (*I Samuel* 20, 18 y sig.) - A la orden del "*Secret Monitor*" está superpuesta la del "*Scarlet Cord*", cuya leyenda se encuentra en el *Libro de Josué* (2, 18).

[229] Este, que comprende nueve grados, cuyo objeto es enteramente literario y arqueológico, nada tiene en común, a pesar del título, con el "Rosa-Cruz", grado 18° de la jerarquía escocesa.

[230] A este respecto, véase "La Ortodoxia Masónica", año 1°, n° 7 y n° 8 y "Concepciones científicas e ideal masónico", año 2°, n°10 - Pero no deseamos afrontar, al menos de momento, la cuestión tan discutida de los "*Landmarks*" de la Masonería.

[231] Nos permitimos una consideración a este respecto: para nosotros la Biblia no constituye en realidad más que una parte del "*Volume of the Sacred Law*", que en su iniversalidad, debe necesariamente comprender las Sagradas Escrituras de todos los pueblos.

San Juan[232], El Tetragrama[233], La Piedra Cúbica[234], La Escala de Jacob[235], La Tierrra Sacra, La Rama de Acacia. Recomendamos la lectura de esta interesante obra a todos aquellos que se ocupan de estudios masónicos, y que posean un conocimiento suficiente de la lengua inglesa.

---

[232] El punto de vista del autor, estrictamente evangélico, es totalmente diferente de aquel bajo el cual el H. Ragon ha tratado tal cuestión en "La Misa y sus Misterios", cap. XXI (véase "L'Archéomètre", año 1°, n°11, pp. 244 e 255).

[233] Parece haber, al inicio de este capítulo, algunas confusiones entre los nombres divinos "*aleph-heh-yud-heh*" (que siginifica "Yo soy") y "*yud-heh-vov-heh*", que son ambos de cuatro letras y que derivan igualmente de la raíz "*heh-yud-heh*", "ser".

[234] Hay que lamentar, opinamos, que el autor se haya limitado a la interpretación exclusivamente moral de este símbolo, así como de muchos otros. -"La piedra cúbica" es llamada en inglés "*perfect ashlar*", mientras que "*rough ashlar*" es la designación de la "piedra bruta."

[235] Sobre este símbolo véase "L'Archéomètre", año 2°, n°12. - El autor destaca, con razón, que la Escalera (de siete escalones, formados respectivamente por los metales que corresponden a los diversos planetas) figura igualmente en los Misterios de Mitra (8° grado): sobre estos últimos y su relación con la Masonería, véase "Discurso sobre el Origen de las Iniciaciones", del H.·. Jules Doinel (año 1°, n° 6).

Otros libros de René Guénon

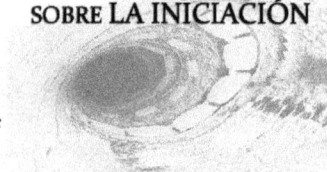

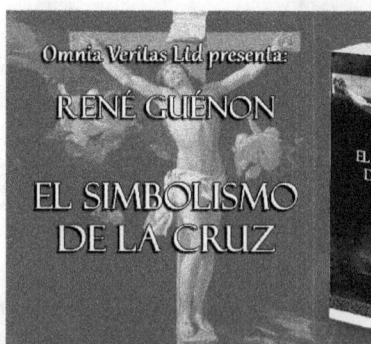

OMNIA VERITAS

RENÉ GUÉNON

EL TEOSOFISMO
HISTORIA DE UNA SEUDORELIGIÓN

"Nuestra meta, decía entonces Mme Blavatsky, no es restaurar el hinduismo, sino barrer al cristianismo de la faz de la tierra"

El término teosofía sirvió como una denominación común para una variedad de doctrinas

OMNIA VERITAS

RENÉ GUÉNON

INICIACIÓN
Y
REALIZACIÓN ESPIRITUAL

« Necedad e ignorancia pueden reunirse en suma bajo el nombre común de incomprensión »

La gente es como un "reservorio" desde el cual se puede disparar todo, lo mejor y lo peor

OMNIA VERITAS

RENÉ GUÉNON
INTRODUCCIÓN GENERAL
AL ESTUDIO DE
LAS DOCTRINAS HINDÚES

« Muchas dificultades se oponen, en Occidente, a un estudio serio y profundo de las doctrinas orientales »

... este último elemento que ninguna erudición jamás permitirá penetrar

OMNIA VERITAS

OMNIA VERITAS LTD PRESENTA:

RENÉ GUÉNON

SÍMBOLOS DE LA CIENCIA SAGRADA

« Este desarrollo material ha sido acompañado de una regresión intelectual, que ese desarrollo es harto incapaz de compensar »

¿Qué importa la verdad en un mundo cuyas aspiraciones son únicamente materiales y sentimentales?

OMNIA VERITAS

OMNIA VERITAS LTD PRESENTA:

RENÉ GUÉNON

APRECIACIONES SOBRE EL ESOTERISMO CRISTIANO

« Este cambio convirtió al cristianismo en una religión en el verdadero sentido de la palabra y una forma tradicional ... »

Las verdades esotéricas estaban fuera del alcance del mayor número...

OMNIA VERITAS

Omnia Veritas Ltd presenta:

RENÉ GUÉNON

ORIENTE Y OCCIDENTE

«La civilización occidental moderna aparece en la historia como una verdadera anomalía...»

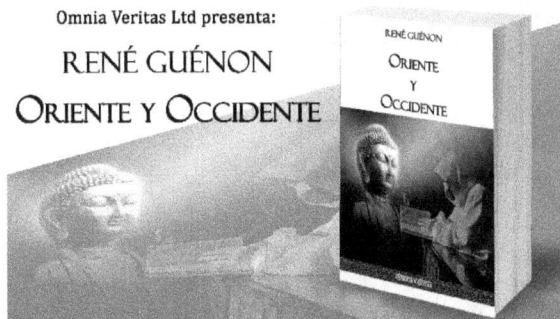

Esta civilización es la única que se ha desarrollado en un aspecto puramente material

www.ingramcontent.com/pod-product-compliance
Lightning Source LLC
Chambersburg PA
CBHW071634270326
41928CB00010B/1910